TUTORIUM JURA

Jan Eltzschig · Jens Wenzel

Die Anfängerklausur im BGB

Kernprobleme des Allgemeinen Teils in der Fallbearbeitung

Dritte, überarbeitete und erweiterte Auflage

 Springer

Jan Eltzschig, LL.M., Maître en Droit
Universität zu Köln
Institut für internationales
und ausländisches Privatrecht
Albertus-Magnus-Platz
50923 Köln
jan.eltzschig@uni-koeln.de
www.ipr.uni-koeln.de

Dr. Jens Wenzel, LL.M., Maître en Droit
Rechtsanwalt / Associate
Hengeler Mueller
Bockenheimer Landstraße 24
60323 Frankfurt am Main
jens.wenzel@hengeler.com
www.hengeler.de

ISSN 1613-8724

ISBN 978-3-540-71282-4   3. Auflage Springer Berlin Heidelberg New York
ISBN 978-3-540-26012-7   2. Auflage Springer Berlin Heidelberg New York

Bibliografische Information der Deutschen Nationalbibliothek
Die Deutsche Nationalbibliothek verzeichnet diese Publikation in der Deutschen Nationalbibliografie;
detaillierte bibliografische Daten sind im Internet über http://dnb.d-nb.de abrufbar.

Springer ist ein Unternehmen von Springer Science+Business Media

springer.de

© Springer-Verlag Berlin Heidelberg 2004, 2005, 2008

Herstellung: LE-TEX Jelonek, Schmidt & Vöckler GbR, Leipzig
Umschlaggestaltung: WMX Design GmbH, Heidelberg

SPIN 120320082   64/3180YL - 5 4 3 2 1 0   Gedruckt auf säurefreiem Papier

Geleitwort zur 1. Auflage

Das Fallbuch ist auf den Wissens- und Verstehenshorizont von Studienanfängern ausgerichtet. Nichts wird vorausgesetzt; alles wird leicht verständlich erklärt. Das macht das Buch für Studienanfänger besonders empfehlenswert.

Es baut auf den Arbeitsgemeinschaften an der Universität zu Köln auf, die beide Autoren als unsere Mitarbeiter mit nachdrücklichem didaktischem Erfolg vorlesungsbegleitend für Erstsemester abgehalten haben. Das Ziel des Fallbuchs entspricht dem dieser Arbeitsgemeinschaften: Es soll den Zugang zur Falllösung eröffnen, die klausurrelevanten Rechtsfragen des Allgemeinen Teils des Bürgerlichen Gesetzbuchs erklären, Wissen und Methodik verfestigen und die handwerklichen Fertigkeiten vermitteln, die mit den Klausur- und Hausarbeitserfolg und damit letztlich auch den Erfolg im Examen bestimmen. Die Tatsache, dass das Buch aus den von beiden Autoren geleiteten Arbeitsgemeinschaften hervorgegangen ist, hat einen großen Vorteil für den Leser. Das Buch gibt auch Erfahrungen an die Leser weiter, welche die beiden Autoren bei der Erprobung der behandelten Fälle in den Arbeitsgemeinschaften gesammelt haben. Ein besonderes Merkmal sind die vollständig im Gutachtenstil ausformulierten Lösungen. Sie bieten dem Studienanfänger, aber nicht nur ihm, anschauliche Beispiele für gelungene Klausurlösungen. Das Buch will mehr als dem Leser den Konsum des umfangreichen Rechtsstoffes erleichtern. Es regt zum Nachdenken und eigenständigen Arbeiten an.

Köln, im März 2004

Prof. Dr. Klaus Peter Berger   Prof. Dr. Heinz-Peter Mansel

Vorwort zur 3. Auflage

Für die 3. Auflage haben wir den Text nochmals durchgesehen und auf den Stand von Juli 2007 gebracht. Insbesondere wurden die Erläuterungen zum Insichgeschäft den neueren Tendenzen in der Rechtsprechung angepasst. Neu aufgenommen wurde Fall 20. Er behandelt die Annahmefrist beim Vertragsschluss, den Zugang elektronischer Willenserklärungen, den Übermittlungsirrtum und die Problematik des Boten ohne „Botenmacht". Insgesamt enthält das Buch damit nun 26 Fälle.

Wir bedanken uns herzlich für die zahlreichen Hinweise unserer Leser zu den Vorauflagen. Wir haben uns bemüht, diese bei der Überarbeitung der Fälle zu berücksichtigen und hoffen auf weitere Anregungen und Kritik.

Köln, im Juli 2007

Jan Eltzschig   Jens Wenzel

Vorwort zur 1. Auflage

Dieses Buch richtet sich vornehmlich an Studienanfänger im Fach Rechtswissenschaft. Es soll Studierenden ermöglichen, sich die Technik der Fallbearbeitung anhand der typischerweise in einer Anfängerklausur geprüften Problemstellungen zu erarbeiten.

Es enthält 24 Fälle aus dem Bereich des Allgemeinen Teils des Bürgerlichen Rechts mit vollständig im Gutachtenstil ausformulierten Lösungen. Auf diese Weise soll den Studierenden die Umsetzung des abstrakt erworbenen Wissens in die Anspruchsprüfung nahe gebracht werden. Zentrale Fragestellungen kommen in den Fällen auch mehrfach und in unterschiedlichen Konstellationen vor, um den Studierenden verschiedene Möglichkeiten der Darstellung im Gutachten aufzuzeigen. Zur Ergänzung der Falllösungen haben wir diejenigen Probleme, die Studierenden erfahrungsgemäß sowohl inhaltlich als auch in der Darstellung im Gutachten erhebliche Schwierigkeiten bereiten, in Form von „Einschüben" erläutert und vertieft.

Das Buch soll ein Lehrbuch zum Allgemeinen Teil des BGB nicht ersetzen. Es ist vielmehr zur ergänzenden Verwendung neben einem Lehrbuch gedacht. Daher enthält es keine umfassende Darstellung des Allgemeinen Teils des BGB, sondern beschränkt sich auf Schwerpunkte. Auf Rechtsprechungs- und Literaturnachweise wurde weitgehend verzichtet. Sie sind nur bei weiterführenden Hinweisen auf andere Rechtsgebiete und für solche Probleme eingearbeitet, zu denen sich die Literatur dem Studienanfänger möglicherweise nicht ohne weiteres erschließt. Zudem beschränken sich die Nachweise auf gängige Studienliteratur, um dem Anfänger einen Ausgangspunkt für die selbständige Erarbeitung des Stoffs zu geben.

Wesentliche Grundlage für den Lernerfolg bei der Verwendung dieses Buchs ist die Mitarbeit des Lesers. Er sollte zumindest die genannten Vorschriften nachlesen. Erfahrungsgemäß bereitet aber gerade die selbständige Erstellung eines Gutachtens in der Klausur die größten Schwierigkeiten. Daher ist es am besten, die Fälle zunächst selbst zu lösen und erst dann die eigene Lösung mit der im Buch enthaltenen zu vergleichen. Auf diese Weise erlangt der Leser die für eine gute Klausurbearbeitung unerlässliche Übung.

Das Buch ist aus unserer Tätigkeit als Leiter von Arbeitsgemeinschaften für Studienanfänger an der Rechtswissenschaftlichen Fakultät der Universität zu Köln hervorgegangen.

Das Geleitwort haben Professor Dr. Klaus Peter Berger und Professor Dr. Heinz-Peter Mansel erstellt, an deren Lehrstühlen wir als wissenschaftliche Mitarbeiter tätig sind. Ihnen danken wir herzlich für ihre freundliche Unterstützung.

Für seine Hilfe bei der Erstellung des Manuskripts bedanken wir uns bei Herrn stud. iur. Christian Stempel. Besonderer Dank für die kritische Durchsicht des Entwurfs gebührt Frau Rechtsreferendarin Mirja Mertin, LL.M.

Köln, im März 2004

Jan Eltzschig   Jens Wenzel

Inhaltsverzeichnis

Fall 1 1
(Einführung in die Fallbearbeitung; Anspruchsgrundlage; Gutachtenstil)

Fall 2 9
(Vertragsschluss; Willenserklärung; Rechtsgeschäft; Anspruchsaufbau; Entstehen des Anspruchs; Erlöschen des Anspruchs; Durchsetzbarkeit des Anspruchs)

Fall 3 15
(Konkludente Willenserklärungen; Verpflichtungs- und Verfügungsgeschäfte; Trennungsprinzip)

Fall 4 21
(Prüfung der Eigentumsverhältnisse an einer Sache; Abstraktionsprinzip)

Fall 5 31
(Vertragsschluss; Modifizierende Annahmeerklärung; Schweigen als Willenserklärung)

Fall 6 35
(Voraussetzungen des § 130 Abs. 1 BGB; Abgabe einer Willenserklärung; „Abhanden gekommene" Willenserklärungen)

Fall 7 41
(Konkludente Willenserklärungen; § 151 BGB; Notarielle Beurkundung gem. § 518 BGB; Heilung eines Formmangels)

Fall 8 49
(Zugang von Willenserklärungen; Kenntnisnahme vor Zugang; Zugangshindernisse; Zugangsvereitelung; Rechtzeitigkeits- und Zugangsfiktion; eingeschriebene Sendungen)

Fall 9 63
(Widerruf der Willenserklärung; Kenntnisnahme des verspäteten Widerrufs vor Kenntnisnahme der Erklärung; Erklärungsbote; Empfangsbote; Empfangsvertreter)

Fall 10   71
          (Objektiver und subjektiver Tatbestand der Willenserklärung; Erklä-
          rungs- und Inhaltsirrtum; Auslegung vom Empfängerhorizont; Anfech-
          tung)

Fall 11   83
          (Teilanfechtung; Teilnichtigkeit; Ersatz des Vertrauensschadens gem.
          § 122 BGB)

Fall 12   91
          (Eigenschaftsirrtum gem. § 119 Abs. 2 BGB; Irrtum über den Wert ei-
          ner Sache; Anfechtbarkeit des Verfügungsgeschäfts)

Fall 13 105
          (Auslegung von Willenserklärungen; Inhalts- und Rechtsfolgenirrtum;
          Vertrauensschaden nach § 122 BGB)

Fall 14 115
          (Folgen des fehlenden Erklärungsbewusstseins; Analogie)

Fall 15 123
          (Minderjährigenrecht; Lediglich rechtlicher Vorteil; Einwilligung gem.
          § 107 BGB; § 110 BGB – „Taschengeldparagraph")

Fall 16 135
          (Minderjährigenrecht; Lediglich rechtlicher Vorteil; Einwilligung gem.
          § 107 BGB; § 110 BGB – „Taschengeldparagraph"; Überlassung von
          Mitteln durch einen Dritten; Wiederherstellung des Schwebezustands
          gem. § 108 Abs. 2 BGB)

Fall 17 145
          (Scheingeschäft; Formunwirksamkeit gem. § 125 BGB)

Fall 18 149
          (Grundlagen des Stellvertretungsrechts; Beschränkt geschäftsfähiger
          Vertreter)

Fall 19 159
          („Geschäft für den, den es angeht"; Ausschluss der Anfechtung gem.
          § 164 Abs. 2 BGB)

Fall 20 165
          (Annahmefrist; Zugang elektronischer Willenserklärungen; Übermitt-
          lungsirrtum gem. §120 BGB; Bote ohne „Botenmacht")

Fall 21 183
          (Fortbestehen der kundgegebenen Innenvollmacht kraft Rechtsscheins;
          Duldungsvollmacht; Anscheinsvollmacht)

Fall 22   195
           (Trennung von Außen- und Innenverhältnis bei der Stellvertretung;
           Missbrauch der Vertretungsmacht)

Fall 23   207
           (Anfechtung der ausgeübten Innenvollmacht)

Fall 24   217
           (Anfechtung des Vertretergeschäfts durch den Geschäftsherrn; Vertre-
           ter „mit gebundener Marschroute"; Berücksichtigung von Willensmän-
           geln des Geschäftsherrn gem. § 166 Abs. 2 BGB analog)

Fall 25   223
           (Vertretung ohne Vertretungsmacht; Eigenes Anfechtungsrecht des
           Vertreters ohne Vertretungsmacht; Anfechtung aufgrund arglistiger
           Täuschung durch einen Dritten gem. § 123 Abs. 2 BGB)

Fall 26   231
           (Beschränkung der Vertretungsmacht gem. § 181 BGB beim Selbst-
           kontrahieren; Teleologische Reduktion des § 181 BGB; Gesamtbe-
           trachtung bei rechtlich nachteilhaftem Erfüllungsgeschäft)

Sachverzeichnis 249

Abkürzungsverzeichnis

a.A.	anderer Ansicht
Abs.	Absatz
aE	am Ende
Alt.	Alternative
AT	Allgemeiner Teil
Aufl.	Auflage
BGB	Bürgerliches Gesetzbuch in der Fassung der Bekanntmachung vom 2. Januar 2002
BGH	Bundesgerichtshof
BGHZ	Entscheidungen des Bundesgerichtshofes in Zivilsachen – Amtliche Sammlung
bzw.	beziehungsweise
d.h.	das heißt
etc.	et cetera
f.	folgende (Seite/Vorschrift)
ff.	folgende (Seiten/Vorschriften)
gem.	gemäß
ggf.	gegebenenfalls
HGB	Handelsgesetzbuch v. 10. Mai 1897
h.M.	herrschende Meinung
Hs.	Halbsatz
i.S.d.	im Sinne des/der
i.V.m.	in Verbindung mit
Jura	Juristische Ausbildung (Zeitschrift)
JuS	Juristische Schulung (Zeitschrift)
m.w.N.	mit weiteren Nachweisen
MüKo	Münchener Kommentar zum Bürgerlichen Gesetzbuch
NJW	Neue Juristische Wochenschrift (Zeitschrift)
RGZ	Entscheidungen des Reichsgerichts in Zivilsachen – Amtliche Sammlung
Rz.	Randziffer
S.	Satz
s.	siehe
sog.	so genannte(r)
str.	streitig
vgl.	vergleiche
z.B.	zum Beispiel

Fall 1

Ausgangsfall:

Student A fährt abends mit dem Fahrrad in ein Brauhaus, um sich dort mit Kommilitonen zu treffen. Im Brauhaus angekommen, hängt er seine graue Jacke an einen Kleiderständer. Als das Brauhaus schließt und die Gruppe aufbricht, nimmt der Kommilitone K versehentlich die Jacke des A, die der des K sehr ähnlich sieht, vom Ständer und zieht sie sich an.

Kann A, der dies gesehen hat, von K die Jacke herausverlangen?

Fortführung:

Die Kommilitonen treffen sich in der Parterrewohnung des A, um dort auf der Terrasse ein rauschendes Sommerfest zu feiern. Um sich zu später Stunde nach dem Ende des Festes das Aufräumen „zu erleichtern", wirft A zahlreiche leere Bierflaschen auf das Grundstück des Nachbarn N.

Kann N von A die Beseitigung der Flaschen von seinem Grundstück verlangen?

Lösung Fall 1

A. Einführung: Die Fallbearbeitung in der Klausur

Im juristischen Studium und im ersten Staatsexamen besteht die am häufigsten anzutreffende Aufgabenstellung in der juristischen Begutachtung eines fiktiven Lebenssachverhaltes, des Falls.

Es ist wichtig, diesen Sachverhalt erst einmal gründlich zu lesen. Die tatsächlichen Vorgänge stehen dabei so fest, wie im Sachverhalt dargestellt. Zusätzliche Tatsachen dürfen vom Bearbeiter nicht unterstellt werden. Allerdings kann es vorkommen, dass bestimmte Angaben im Sachverhalt unterschiedliche Deutungen zulassen. In solchen Fällen ist der Sachverhalt „lebensnah" zu interpretieren.

Die Erstellung des Gutachtens geht dann von der Fallfrage aus. Durch die Fallfrage wird das „Prüfungsprogramm" vorgegeben. Es darf nicht mehr oder weniger beantwortet werden, als in der Fallfrage gefragt ist.

Meist ist danach gefragt, ob eine Person von einer anderen Person etwas Bestimmtes verlangen kann, wie hier z.B. Herausgabe einer Jacke oder die Beseitigung von Bierflaschen von einem Grundstück. Aufgabe des Bearbeiters ist es jetzt, sich zu fragen: **„Wer will was von wem?"** Damit ist das Prüfungsprogramm festgelegt.

Ob jemand etwas von einem anderen verlangen kann, bedarf der Herleitung aus dem Gesetz. Es bedarf also einer **Rechtsnorm**, in der festgelegt ist, dass jemand von einem anderen etwas verlangen kann. Eine solche Rechtsnorm ist Grundlage des in Frage stehenden Begehrens und muss daher von Anfang an mit in die Fragestellung einbezogen werden. Die vollständige Frage, die am Beginn der Fallbearbeitung steht, lautet also:

Wer	(Anspruchsteller)
will **was**	(Anspruchsinhalt)
von **wem**	(Anspruchsgegner)
woraus?	(Anspruchsgrundlage)

Dabei ergeben sich die ersten drei Elemente meist recht unproblematisch aus dem Sachverhalt. Der erste selbständige Bearbeitungsschritt ist das Auffinden der richtigen Anspruchsgrundlage im Gesetz. Die Wahl der richtigen Anspruchsgrundlage ist eine der wichtigsten Voraussetzungen für die Lösung des Falls.

Die Anspruchsgrundlage

Eine Anspruchsgrundlage ist eine besondere Rechtsnorm, deren Rechtsfolge darin besteht, dass jemand bei Vorliegen der Tatbestandsvoraussetzungen berechtigt ist, von einem anderen ein Tun oder Unterlassen (Anspruchsinhalt) zu verlangen.

Rechtsnorm
Jede Rechtsnorm besteht aus *Tatbestand* und *Rechtsfolge*. Tatbestand und Rechtsfolge sind miteinander verknüpft. Das Vorliegen des Tatbestands ist Voraussetzung für den Eintritt der Rechtsfolge. Jede Rechtsnorm kann daher in die Form „Wenn [Tatbestand] vorliegt, dann tritt [Rechtsfolge] ein" übertragen werden.

Tatbestand
Das Vorliegen des Tatbestandes setzt voraus, dass alle in ihm genannten Voraussetzungen erfüllt sind. Diese einzelnen Voraussetzungen nennt man *Tatbestandsmerkmale* oder *Tatbestandsvoraussetzungen*. Meist besteht ein Tatbestand aus mehreren Tatbestandsmerkmalen. Bei § 985 BGB sind dies z.B. „Eigentümer", „Besitzer" und „Sache". Bei der Falllösung ist das Vorliegen jedes einzelnen Tatbestandsmerkmals zu überprüfen. Kommt man dann zu dem Ergebnis, dass alle Tatbestandsmerkmale und damit der gesamte Tatbestand vorliegen, so kann man den Eintritt der Rechtsfolge feststellen, wie etwa bei § 985 BGB die Pflicht des Besitzers zur Herausgabe der Sache. Diese Überprüfung des Vorliegens der Tatbestandsmerkmale am Sachverhalt ist im Gutachtenstil durchzuführen. Vgl. dazu unten „Der Gutachtenstil".

Rechtsfolge der Anspruchsgrundlage: Anspruch
Die Besonderheit der Anspruchsgrundlage liegt in ihrer Rechtsfolge. Diese sieht stets einen *Anspruch* vor. Der Begriff des Anspruchs ist in § 194 Abs. 1 BGB legaldefiniert. Eine Legaldefinition liegt vor, wenn eine Definition im Gesetz selbst gegeben wird. Der definierte Begriff steht dabei in Klammern. Weitere Beispiele für eine Legaldefinition finden sich etwa in § 121 Abs. 1 BGB und § 122 Abs. 2 BGB.

Der Anspruchsinhalt
Anspruchsinhalt ist gem. § 194 Abs. 1 BGB immer ein Tun oder Unterlassen. Beispiele:

Tun: Herausgabe einer Sache, Beseitigung einer Sache von einem Grundstück, Zahlung eines Geldbetrages

Unterlassen: Nichtbetreten eines Grundstücks

Das Auffinden der richtigen Anspruchsgrundlage
Die Wahl der richtigen Anspruchsgrundlage muss von der Rechtsfolge ausgehen. Ziel ist also das Auffinden einer Norm, deren Rechtsfolge dem Begehren des Anspruchstellers entspricht. Eine Anspruchsgrundlage erkennt man in der Regel an der Formulierung „...kann ... verlangen" bzw. „...ist ... verpflichtet".

Beispiel: Hier verlangt A von K Herausgabe der Jacke. In Betracht kommt also nur eine Anspruchsgrundlage, deren Rechtsfolge eine Herausgabepflicht, also einen Anspruch auf Herausgabe, vorsieht. Hier ist § 985 BGB einschlägig: „Der Eigentümer **kann** von dem Besitzer die **Herausgabe** der Sache **verlangen.**"

Die Mehrzahl der Rechtsnormen im Zivilrecht sind keine Anspruchsgrundlagen. Sie werden Hilfsnormen genannt. Darunter finden sich verweisende, erläuternde und einschränkende Normen, z.B. § 480 BGB, der für den Tausch auf das Kaufrecht verweist, § 935 BGB, der die Rechtsfolgen des § 932 BGB einschränkt oder § 276 BGB, der die in anderen Normen verwendeten Begriffe „Vertretenmüssen" oder „zu vertreten haben" erläutert.

Der Gutachtenstil

Das Gutachten ist im Gutachtenstil abzufassen. Dieser ist vom Urteilsstil zu unterscheiden. Beim Urteilsstil wird zunächst das Ergebnis festgestellt und dann folgt die Erklärung für dieses Ergebnis.

Beispiel: A kann von K Herausgabe der Jacke verlangen, *weil* A Eigentümer und K Besitzer der Jacke ist.

Beim Gutachtenstil dagegen ist es genau umgekehrt. Hier kommt das Ergebnis immer erst zum Schluss. Zum Ergebnis gelangt man in vier Schritten:

1. Obersatz
In einem Obersatz wird zunächst die Fallfrage mit einer Anspruchsgrundlage in Zusammenhang gebracht. Der Obersatz ist letztlich nichts anderes als die Frage „Wer will was von wem woraus?" für den konkreten Fall.

Beispiel: A (wer?) könnte gegen K (von wem?) einen Anspruch auf Herausgabe der Jacke (was?) gem. § 985 BGB (woraus?) haben.

Der Obersatz legt fest, was im Ergebnis festgestellt werden soll, nämlich ob ein Anspruch besteht. Da dies erst am Schluss der Prüfung eindeutig feststeht, ist der Obersatz immer im Konjunktiv zu formulieren.

2. Definition/Voraussetzungen
Jetzt ist darzulegen, unter welchen Voraussetzungen der Anspruch, nach dem im Obersatz gefragt ist, tatsächlich besteht. Diese Voraussetzungen sind die im Gesetz genannten Tatbestandsmerkmale der Anspruchsgrundlage. Sind in der Anspruchsgrundlage mehrere Tatbestandsmerkmale genannt, so ist ihr Vorliegen jeweils einzeln zu prüfen.

Beispiel 1: Der Anspruch aus § 985 BGB setzt voraus, dass A Eigentümer der Jacke ist.
Beispiel 2: Der Anspruch aus § 985 BGB setzt voraus, dass K Besitzer der Jacke ist.

In der Regel wird es dann erforderlich sein, die genannte Voraussetzung, hier z.B. das Eigentum, weiter zu definieren, indem man sozusagen die „Voraussetzungen der Voraussetzung", hier die des Eigentums, nennt. Diese Voraussetzungen ergeben sich entweder auch aus dem Gesetz, z.B. durch Legaldefinitionen oder Hilfsnormen, oder sie sind unter Berücksichtigung von Rechtsprechung und Literatur herzu-leiten. Das Konkretisieren der Voraussetzungen durch Definitionen setzt man so lange fort, bis man in einem dritten Schritt den Sachverhalt mit der herausgearbeite-ten Definition in Beziehung setzen kann. Angewendet auf die Beispiele bedeutet dies:

Beispiel 1: Werden Sachen im Sachverhalt einer Person dadurch zugeordnet, dass sie z.B. als „seine Sache" oder „die Sache des A" bezeichnet werden, so soll damit zum Ausdruck gebracht werden, dass diese Person Eigentü-mer der Sache ist. Eine weitere Konkretisierung des Begriffs „Eigentü-mer" ist daher in solchen Fällen nicht mehr erforderlich.

Beispiel 2: Den abstrakten Begriff des Besitzers kann man demgegenüber noch nicht mit dem Sachverhalt in Beziehung setzen. Daher ist der Begriff „Besitzer" näher zu definieren. Die Definition findet sich in § 854 Abs. 1 BGB. Man würde also z.B. formulieren:
„Besitzer ist gem. § 854 Abs. 1 BGB der Inhaber der tatsächlichen Ge-walt über eine Sache."

3. Subsumtion

Nun hat man die Voraussetzungen der Anspruchsgrundlage so fein herausgearbei-tet, dass sie sich mit dem Sachverhalt in Beziehung setzen bzw. abgleichen lassen. Dieses Inbeziehungsetzen nennt man Subsumtion.

Dabei legt man zunächst dar, was nach dem Sachverhalt geschehen ist und stellt dann fest, ob den rechtlichen Voraussetzungen damit genügt wird oder nicht.

Beispiel: K hat die Jacke vom Ständer genommen und sie sich angezogen. Dadurch hat er die tatsächliche Gewalt über die Jacke erlangt.

4. Ergebnis

Jetzt kann man das Ergebnis in einem Ergebnissatz feststellen. Dieser Ergebnissatz ist immer im Indikativ zu formulieren, da jetzt die Antwort auf die „Frage", ob ein Tatbestandsmerkmal vorliegt oder nicht, feststeht. Typischerweise wird der Ergeb-nissatz mit Wörtern wie „somit", „daher" oder „mithin" eingeleitet.

Beispiel: Daher ist K Besitzer der Jacke.

Hat man die genannten vier Schritte für alle Tatbestandsmerkmale der Anspruchs-grundlage durchgeführt, z.B. bei § 985 für die Begriffe „Eigentümer", „Besitzer" und „Sache", so kann das Gesamtergebnis festgestellt werden. Dieser Ergebnissatz ist das „Spiegelbild" des Obersatzes im Indikativ.

Beispiel: Mithin hat A einen Anspruch gegen K auf Herausgabe der Jacke aus § 985 BGB.

B. Lösung des Ausgangsfalls

I. Vorüberlegung

Wer	A
will **was**·	Herausgabe der Jacke
von **wem**	K
woraus?	§ 985 BGB

II. Gutachten

Obersatz: A *könnte* gegen K einen Anspruch auf Herausgabe der Jacke gem. § 985 BGB haben.

1. Tatbestandsmerkmal: „Sache"

Obersatz:	Zunächst müsste es sich bei der Jacke um eine Sache handeln (oder: Fraglich ist, ob die Jacke eine Sache ist).
Definition:	Sachen sind gem. § 90 BGB körperliche Gegenstände.
Subsumtion:	Die Jacke ist ein körperlicher Gegenstand.
Ergebnis:	Folglich handelt es sich bei der Jacke um eine Sache.

2. Tatbestandsmerkmal: „Eigentümer"

Obersatz:	Zudem müsste A Eigentümer der Jacke sein (oder: Fraglich ist, ob A Eigentümer der Jacke ist).

> **Anmerkung:** Da dem Sachverhalt unmittelbar zu entnehmen ist, dass A Eigentümer der Jacke ist („seine" Jacke), bedarf es keiner weiteren Konkretisierung des Begriffs „Eigentümer" mehr. Eine genauere Definition des Tatbestandsmerkmals „Eigentümer" braucht hier daher nicht zu erfolgen (vgl. oben).

Subsumtion:	Die Jacke gehört laut Sachverhalt dem A.
Ergebnis:	A ist daher Eigentümer der Jacke.

3. Tatbestandsmerkmal: „Besitzer"

Obersatz: Schließlich müsste K Besitzer der Jacke sein (oder: Fraglich ist, ob K Besitzer der Jacke ist).

Definition: Besitzer ist gem. § 854 Abs. 1 BGB der Inhaber der tatsächlichen Gewalt über eine Sache.

Subsumtion: K hat die Jacke an sich genommen und sich angezogen. Dadurch hat der die tatsächliche Gewalt über die Jacke erlangt.

Ergebnis: Also ist K Besitzer der Jacke.

4. Gesamtergebnis des Gutachtens:

Die Voraussetzungen des § 985 BGB *sind* erfüllt. *Daher* hat A gegen K einen Anspruch auf Herausgabe der Jacke gem. § 985 BGB.

C. Lösung der Fortführung

Obersatz: N *könnte* gegen A einen Anspruch auf Beseitigung der Bierflaschen von seinem Grundstück gem. § 1004 Abs. 1 BGB haben.

I. Eigentümer

Dazu müsste N zunächst Eigentümer des Grundstücks sein. N ist laut Sachverhalt Eigentümer des Grundstücks.

II. Eigentumsbeeinträchtigung durch A

Zudem müsste das Eigentum des N an dem Grundstück durch A beeinträchtigt worden sein. Eine Beeinträchtigung des Eigentums ist jeder dem Inhalt des Eigentums widersprechende Eingriff in die Herrschaftsmacht des Eigentümers. Der Inhalt des Eigentums ist grundsätzlich in § 903 S. 1 BGB geregelt. Danach kann der Eigentümer einer Sache mit dieser Sache nach Belieben verfahren und andere von jeder Einwirkung ausschließen. A hat leere Bierflaschen auf das im Eigentum des N stehende Grundstück geworfen und so auf das Grundstück tatsächlich eingewirkt. Dadurch hat A in die Herrschaftsbefugnisse des N an seinem Grundstück eingegriffen. Daher hat A das Eigentum des N an seinem Grundstück beeinträchtigt.

III. Keine Entziehung oder Vorenthaltung des Besitzes

Diese Beeinträchtigung dürfte nicht in einer Entziehung oder Vorenthaltung des Besitzes liegen. Besitz ist gem. § 854 Abs. 1 BGB die tatsächliche Sachherrschaft über eine Sache. Die tatsächliche Herrschaft über das Grundstück des N lag trotz des Herüberwerfens der Bierflaschen durch A weiterhin bei N. Mithin war N weiterhin Besitzer des Grundstücks. Daher lag die Beeinträchtigung nicht in einer Entziehung oder Vorenthaltung des Besitzes.

IV. Keine Duldungspflicht

Zudem dürfte N nicht gem. § 1004 Abs. 2 BGB zur Duldung der Beeinträchtigung verpflichtet gewesen sein. Eine solche Duldungspflicht kann sich aus gesetzlichen Vorschriften oder auch aus vertraglichen Vereinbarungen ergeben. Umstände, die hier zu einer solchen Duldungspflicht des N führen könnten, sind dem Sachverhalt nicht zu entnehmen. Daher war N nicht gem. § 1004 Abs. 2 BGB zur Duldung verpflichtet.

V. Ergebnis

N *hat* daher gegen A einen Anspruch auf Beseitigung der Bierflaschen von seinem Grundstück gem. § 1004 Abs. 1 BGB.

Die Zitierweise von gesetzlichen Vorschriften im Gutachten	
Paragraph:	§
Paragraphen:	§§
Absatz 1:	I oder Abs. 1
Satz 1:	1 oder S. 1
Halbsatz 1:	Hs. 1
Alternative 1:	Alt. 1
Nummer 1:	Nr. 1
Buchstabe a:	a oder lit. a
Beispiel:	§ 812 Abs. 1 S. 1 Alt. 1 BGB *oder* § 812 I 1 Alt. 1 BGB.

Fall 2

Ausgangsfall:

K will bei dem Möbelhändler V ein Bett kaufen. Er sucht den V am 6.3.2003 auf und bittet um Lieferung eines Bettes der Marke „Schlummerland" für € 1.000,-. V sagt zu. Als V das Bett am nächsten Tag bei K vorbeibringt, hat es sich K anders überlegt und will von der Sache nichts mehr wissen. V beharrt auf der Zahlung des Kaufpreises.

Zu Recht?

Abwandlung 1:

Wie der Ausgangsfall; jedoch freut sich K über die prompte Lieferung des Bettes am nächsten Morgen und zahlt den Kaufpreis sofort in Bar. Als V am Mittag wieder in sein Geschäft kommt, vergisst er jedoch, die Zahlung des K in seinen Büchern zu vermerken. Zwei Monate später kontrolliert V seine Bücher auf ausstehende Zahlungen des letzten Quartals und entdeckt, dass unter der Rechnungsnummer des von K erteilten Auftrags noch keine Zahlung vermerkt ist. Da V die Barzahlung des K inzwischen vergessen hat, verlangt er erneut Zahlung von K.

Zu Recht?

Abwandlung 2:

Wie der Ausgangsfall; bei Lieferung des Bettes am 10.3.2003 vereinbaren K und V, dass K den Kaufpreis spätestens am 31.3.2003 auf das Konto des V überweisen soll. V vermerkt dies in seinem Computer, auf dem er ein spezielles Programm zur Buchhaltung eingerichtet hat. K, der knapp bei Kasse ist, zahlt den Kaufpreis zum vereinbarten Termin nicht. Wegen eines Programmfehlers wird V auch nicht am 31.3.2003 von dem Computerprogramm über den Zahlungstermin informiert, wie dies sonst der Fall ist, so dass ihm das Ausbleiben der Zahlung des K nicht auffällt. Erst als V vier Jahre später im Jahr 2007 ein neues Programm auf dem PC installiert und die alten Daten nochmals durchgeht, fällt ihm die „offene Rechnung" des K auf. V verlangt von K die Zahlung des Kaufpreises. K beruft sich auf Verjährung und verweigert die Zahlung.

Zu Recht?

Lösung Fall 2

Der Anspruchsaufbau

Um die Fallfrage zu beantworten, ob jemand etwas von einem anderen verlangen kann, reicht es nicht aus, die Anspruchsvoraussetzungen, wie in Fall 1 dargelegt, zu überprüfen. Es kann nämlich sein, dass der zunächst entstandene Anspruch bereits wieder entfallen ist oder zur Zeit trotz seines Bestehens nicht durchsetzbar ist. Dem wird mit folgendem **Prüfungsaufbau** Rechnung getragen:

1. **Ist der Anspruch entstanden?**
2. **Ist der Anspruch bereits (teilweise) erloschen?**
3. **Ist der Anspruch zur Zeit durchsetzbar?**

Beispiel:
1. Anspruch entstanden?   Wurde ein wirksamer Kaufvertrag geschlossen?
2. Anspruch erloschen?   Wurde der Kaufpreis schon gezahlt (Erfüllung gem. § 362 Abs. 1 BGB)?
3. Anspruch durchsetzbar?   Ist der Anspruch verjährt (§ 214 BGB)?

Diese Prüfungspunkte sind bei jeder Anspruchsprüfung zu beachten. Im ausformulierten Gutachten ist auf die Punkte 2. und 3. allerdings nur einzugehen, wenn sich aus dem Sachverhalt Anhaltspunkte dafür ergeben.

Der Vertragsschluss

Sehr häufig wird in der Fallfrage nach einem Anspruch gefragt sein, der sich aus einem Vertrag zwischen Anspruchssteller und Anspruchsgegner ergibt. Voraussetzung eines solchen Anspruchs ist dann, dass ein Vertrag geschlossen wurde.

Beispiel: Ist ein Kaufvertrag geschlossen worden, so verpflichtet § 433 Abs. 1 S. 1 BGB den Verkäufer zur Übergabe und Übereignung des Kaufgegenstands. Der Käufer ist gem. § 433 Abs. 2 BGB zur Kaufpreiszahlung verpflichtet.

Wie ein Vertrag geschlossen wird, ist in den §§ 145 ff. BGB geregelt. Aus diesen Vorschriften ergibt sich, dass ein Vertrag durch zwei übereinstimmende Willenserklärungen, Angebot und Annahme, zu Stande kommt. Als Angebot bezeichnet man die zeitlich frühere, als Annahme die zeitlich spätere Erklärung.
Inhaltlich müssen Angebot und Annahme übereinstimmen und die für den Vertrag wesentlichen Punkte (*essentialia negotii*) regeln. Welche die wesentlichen Elemente des angestrebten Vertrages sind, richtet sich nach dem Vertragstyp. Beim Kauf-

vertrag sind dies z.B. Kaufpreis, Kaufgegenstand und die Vertragsparteien. Daraus ergeben sich die folgenden **Definitionen**:

Das **Angebot** ist eine Willenserklärung, mit der sich jemand, der einen Vertrag abschließen möchte, an einen anderen wendet und die wesentlichen Vertragsbedingungen in der Weise vollständig zusammenfasst, dass der andere, ohne inhaltliche Änderungen vorzunehmen, den Vertrag durch ein bloßes „Ja" entstehen lassen kann.

Die **Annahme** ist eine Willenserklärung, mit der sich derjenige, an den sich das Angebot richtet, mit dem Inhalt des Angebots einverstanden erklärt.

Die Willenserklärung

Eine Willenserklärung ist jede Äußerung eines rechtlich relevanten Willens. Rechtlich relevant ist der Wille dann, wenn er darauf abzielt, einen rechtlichen Erfolg herbeizuführen. Ein solcher rechtlicher Erfolg kann zum Beispiel das Zustandekommen eines Vertrages mit den daraus resultierenden Ansprüchen sein. Angebot und Annahme sind Willenserklärungen, weil sie genau auf diesen Erfolg abzielen. **Definiert** werden kann die Willenserklärung dementsprechend als Äußerung eines privaten Willens, der auf die Herbeiführung eines rechtlichen Erfolges gerichtet ist. Zu den Bestandteilen einer Willenserklärung und zu den Voraussetzungen für ihre Wirksamkeit im Einzelnen siehe unten die Fälle 3 und 5 bis 10.

Das Rechtsgeschäft

Ein Rechtsgeschäft besteht immer aus mindestens einer Willenserklärung und möglicherweise noch weiteren Elementen und führt einen rechtlichen Erfolg unmittelbar herbei. Ein Rechtsgeschäft unterscheidet sich dadurch von einer bloßen Willenserklärung, dass es einen rechtlichen Erfolg *unmittelbar herbeiführt* und nicht lediglich auf die Herbeiführung eines solchen Erfolges *abzielt*.

Beispiel: Derjenige, der ein Angebot zum Abschluss eines Kaufvertrages abgibt, zielt zwar darauf ab, einen Kaufvertrag zu Stande zu bringen. Er möchte also die in § 433 BGB genannten Ansprüche entstehen lassen. Sein Angebot (Willenserklärung) allein kann diesen rechtlichen Erfolg aber nicht herbeiführen. Erst wenn eine zweite, übereinstimmende Willenserklärung (Annahme) auf dieses Angebot trifft, wird ein Kaufvertrag (Rechtsgeschäft) geschlossen. Erst dieses Rechtsgeschäft (hier der Kaufvertrag) führt den rechtlichen Erfolg (die Entstehung der Ansprüche aus § 433 BGB) herbei.
Daher handelt es sich weder bei dem Angebot noch bei der Annahme allein um ein Rechtsgeschäft.

Der Vertrag ist also ein Unterfall des Rechtsgeschäfts. Er besteht aus zwei Willenserklärungen, Angebot und Annahme, und führt unmittelbar zur Entstehung von Ansprüchen, also zu einem rechtlichen Erfolg.
Allerdings sind nicht nur Verträge Rechtsgeschäfte. Auch andere Tatbestände können unmittelbar eine Rechtsfolge herbeiführen und sind daher Rechtsgeschäfte. Einige dieser Tatbestände werden wir im folgenden noch kennen lernen, insbesondere in Fall 3 (Übereignung nach § 929 S. 1 BGB), Fall 8 (Kündigungserklärung), Fall 10 (Anfechtungserklärung gem. § 142 Abs. 1 BGB).

Ausgangsfall

Obersatz: V könnte gegen K einen Anspruch auf Zahlung des Kaufpreises in Höhe von € 1.000,- gem. § 433 Abs. 2 BGB haben.

Tatbestandsvoraussetzung (Ebene 1): Dann müsste zwischen K und V ein Kaufvertrag zustande gekommen sein.

Definition (Ebene 1): Ein Kaufvertrag kommt zustande durch zwei übereinstimmende Willenserklärungen, Angebot und Annahme (§§ 145 ff. BGB).

1. Tatbestandsvoraussetzung (Ebene 2): Fraglich ist, ob K vorliegend ein Angebot abgegeben hat.

Definition (Ebene 2): Das Angebot ist eine Willenserklärung, mit der sich jemand, der einen Vertrag abschließen möchte, an einen anderen wendet und die wesentlichen Vertragsbedingungen in der Weise vollständig zusammenfasst, dass der andere, ohne inhaltliche Änderungen vorzunehmen, den Vertrag durch ein bloßes „Ja" entstehen lassen kann.

Subsumtion (Ebene 2): Indem K den V um Lieferung eines Bettes der Marke „Schlummerland" für € 1000,- bat, hat er die künftigen Vertragsbedingungen so zusammengefasst, dass V nur noch „ja" sagen musste.

Ergebnis (Ebene 2): Folglich liegt ein Angebot des K vor.

2. Tatbestandsvoraussetzung (Ebene 2): Dieses Angebot müsste von V auch angenommen worden sein.

Definition (Ebene 2): Die Annahme ist eine Erklärung, mit der sich derjenige, an den sich das Angebot richtet, mit dem Inhalt des Angebots einverstanden erklärt.

Subsumtion (Ebene 2): V hat sich mit dem Angebot einverstanden erklärt.

Ergebnis (Ebene 2): Also liegt eine Annahme seitens des V vor.

Ergebnis (Ebene 1): Da sowohl ein Angebot als auch eine auf das Angebot bezogene Annahme vorliegen, ist ein Kaufvertrag zustande gekommen.

Gesamtergebnis (zum Obersatz): V hat gegen K einen Anspruch auf Zahlung des Kaufpreises gem. § 433 Abs. 2 BGB in Höhe von € 1000,-.

Abwandlung 1

V könnte gegen K einen Anspruch auf Zahlung des Kaufpreises aus § 433 Abs. 2
BGB haben.

A. Anspruch entstanden?

Ein solcher Anspruch müsste zunächst entstanden sein. Dazu müsste zwischen K
und V ein Kaufvertrag zustande gekommen sein.

Zwischen K und V ist ein Kaufvertrag geschlossen worden (siehe oben). Daher
ist ein Anspruch des V gegen K auf Kaufpreiszahlung aus § 433 Abs. 2 BGB zunächst entstanden.

B. Anspruch durch Erfüllung gem. § 362 Abs. 1 BGB erloschen?

Der Anspruch des V gegen K auf Zahlung des Kaufpreises könnte jedoch gem.
§ 362 Abs. 1 BGB durch Erfüllung erloschen sein.

Dazu müsste die geschuldete Leistung, die Zahlung des Kaufpreises, an den
Gläubiger bewirkt worden sein. K hat den Kaufpreis bereits an V gezahlt. Eine Er-
füllung des Kaufpreisanspruchs des V aus § 433 Abs. 2 BGB ist daher gem. § 362
Abs. 1 BGB erfolgt.

Mithin ist der Kaufpreisanspruch des V gem. § 362 Abs. 1 BGB erloschen. V
hat also keinen Anspruch (mehr) gegen K auf Zahlung des Kaufpreises gem. § 433
Abs. 2 BGB.

Abwandlung 2

V könnte gegen K einen Anspruch auf Zahlung des Kaufpreises aus § 433 Abs. 2
BGB haben.

A. Anspruch entstanden?

Ein solcher Anspruch müsste zunächst entstanden sein. Dazu müsste zwischen K
und V ein Kaufvertrag zustande gekommen sein.

Zwischen K und V ist ein Kaufvertrag geschlossen worden (siehe oben). Daher
ist ein Anspruch des V gegen K auf Kaufpreiszahlung aus § 433 Abs. 2 BGB zunächst entstanden.

B. Anspruch erloschen?

Anhaltspunkte für das Vorliegen einer rechtsvernichtenden Einwendung liegen nicht vor. Der Anspruch des V ist mithin auch nicht erloschen.

C. Anspruch durchsetzbar (rechtshemmende Einrede)?

Vorliegend könnte dem Anspruch des V jedoch die Einrede der Verjährung gem. § 214 Abs. 1 BGB entgegenstehen.

Dazu müsste bezüglich des Anspruchs des V Verjährung eingetreten sein.

Mangels einschlägiger Sonderregelungen verjährt die Kaufpreisforderung des V innerhalb der regelmäßigen Verjährungsfrist von 3 Jahren gem. § 195 BGB. Diese Frist beginnt gem. § 199 Abs. 1 Nr. 1, 2 BGB mit dem Schluss des Jahres, in dem der Anspruch entstanden ist und in dem der Gläubiger von den den Anspruch begründenden Umständen und der Person des Schuldners Kenntnis erlangt oder ohne grobe Fahrlässigkeit erlangen müsste.

Fraglich ist also zunächst, wann der Anspruch des V gegen K auf Zahlung des Kaufpreises gem. § 433 Abs. 2 BGB entstanden ist. Zunächst kommt als Entstehungszeitpunkt der Zeitpunkt des Abschlusses des Kaufvertrags am 6.3.2003 in Betracht. Nach herrschender Ansicht ist ein Anspruch im Sinne des § 199 Abs. 1 Nr. 1 BGB jedoch erst dann entstanden, wenn er auch fällig ist, das heißt wenn der Gläubiger Zahlung verlangen und gegebenenfalls gerichtlich geltend machen kann. Gem. § 271 Abs. 1 S. 1 BGB können die Parteien die Leistungszeit und damit den Fälligkeitszeitpunkt vertraglich bestimmen. Hier haben sich K und V darüber geeinigt, dass die Zahlung spätestens am 31.3.2003 erfolgen sollte, so dass die Forderung des V gegen K jedenfalls am 31.3.2003 fällig war.

Im Jahr 2003 hatte V auch Kenntnis vom Kaufvertragsschluss mit K, so dass ihm die den Anspruch begründenden Umstände und die Person des Schuldners bekannt waren. Daher beginnt die Verjährungsfrist vorliegend mit dem Schluss des Jahres 2003, also am 31.12.2003 um 24 Uhr. Die dreijährige Verjährungsfrist gem. § 195 BGB ist daher am 31.12.2006 um 24 Uhr abgelaufen, so dass der Anspruch im Jahre 2007 verjährt ist.

Angesichts der Tatsache, dass es sich bei der Einrede der Verjährung gem. § 214 Abs. 1 BGB um eine rechtshemmende Einrede handelt, muss sich der Schuldner auf sie berufen. Dies hat K ausdrücklich getan.

Daher ist der Anspruch des V gegen K aus § 433 Abs. 2 BGB wegen Verjährung gem. §§ 214, 195, 199 BGB nicht durchsetzbar.

Mithin kann V von K nicht die Zahlung des Kaufpreises gem. § 433 Abs. 2 BGB verlangen.

Fall 3

Zu Beginn des Wintersemesters begibt sich der Jurastudent K in die Universitäts-
buchhandlung V, um dort die druckfrische Neuauflage des Standardlehrbuchs für
den Allgemeinen Teil des Strafrechts zu erwerben. Dieses Werk ist bei V gerade
in großer Stückzahl eingetroffen. Zahlreiche Exemplare liegen auf einem Stapel
direkt neben der Kasse. Die Bücher sind mit einem Preis von € 20,- ausgezeichnet.
K nimmt sich ein Buch vom Stapel und stellt sich an der Kasse an. Als er an der
Reihe ist, legt er das Buch auf die Theke und begrüßt die Inhaberin V, die an der
Kasse steht, mit einem freundlichen „Guten Tag". V grüßt zurück, legt das Buch
in eine Plastiktüte und nimmt den 20-Euro-Schein, den K auf die Theke gelegt hat,
an sich. K nimmt die Plastiktüte mit dem Buch von der Theke, verabschiedet sich
von V und verlässt die Buchhandlung.

Wie viele Verträge wurden hier geschlossen?

Lösung Fall 3

Es wurden drei Verträge geschlossen:

I. Kaufvertrag zwischen V und K gem. § 433 BGB

Ein Kaufvertragsschluss zwischen V und K gem. § 433 BGB setzt zwei übereinstimmende Willenserklärungen, Angebot und Annahme, voraus.

Zwar haben hier weder K noch V ausdrücklich erklärt, einen Kaufvertrag über das Buch zum angegebenen Preis von € 20,- abschließen zu wollen. Dadurch, dass K das Buch an der Kasse vorgelegt hat, hat er aber ein *konkludentes* Angebot zum Abschluss eines Kaufvertrages über das Buch zum Preis von € 20,- gemacht. Auch die Annahme dieses Angebots durch V erfolgte konkludent, nämlich durch Verpacken und Überreichen des Buchs und Entgegennahme des Geldes. Daher ist zwischen V und K ein Kaufvertrag gem. § 433 BGB über das Buch zum Preis von € 20,- geschlossen worden.

Konkludente Willenserklärungen

Der Inhalt einer Willenserklärung bestimmt sich grundsätzlich durch Auslegung gem. §§ 133, 157 BGB. Diese beiden Vorschriften scheinen ihrem Wortlaut nach zunächst im Widerspruch zu stehen: § 133 BGB stellt auf den (subjektiven) wirklichen Willen des Erklärenden ab. Es soll also ermittelt werden, was der Erklärende wirklich wollte. Demgegenüber kommt es nach § 157 BGB auf die (objektiven) Maßstäbe von „Treu und Glauben" und „Verkehrssitte" an. Danach soll ermittelt werden, wie die Erklärung vom Standpunkt des Empfängers aus zu verstehen war.

Dennoch ist anerkannt, dass die Auslegung einer Willenserklärung, das heißt die Ermittlung ihres Erklärungsinhalts, vom Standpunkt eines objektivierten Empfängers der Erklärung aus vorzunehmen ist. Es wird also darauf abgestellt, wie ein vernünftiger Empfänger in der konkreten Situation die Erklärung verstehen musste.

Ein Erklärungswert kommt aber nicht nur ausdrücklichen Erklärungen zu, sondern kann sich auch aus schlüssigem Handeln ergeben. Es kommt allein darauf an, dass der vernünftige Empfänger in der konkreten Situation dem Verhalten einen eindeutigen Erklärungsinhalt entnehmen kann. Solche Erklärungen durch schlüssiges Verhalten nennt man **konkludente Willenserklärungen**.

Beispiel 1: Wer in einer Buchhandlung ein Buch auf die Kassentheke legt, bringt dadurch schlüssig zum Ausdruck, er wolle dieses Buch kaufen. Dies ist ein Angebot zum Abschluss eines Kaufvertrages.

Beispiel 2: Wer in einen Getränkeautomaten Geld einwirft und ein Getränk wählt, nimmt ein Angebot des Automatenbetreibers zum Abschluss eines Kaufvertrages an (h.M., vgl. *Palandt/Heinrichs*, BGB, 66. Aufl. 2007, § 145 Rz. 7).

Hinweis: Die Fälle, in denen der wirkliche Wille des Erklärenden von dem durch Auslegung gem. §§ 133, 157 BGB ermittelten objektiven Erklärungswert abweicht, werden unter dem Stichwort „Willensmängel" behandelt (vgl. dazu unten die Fälle 10 ff.).

II. Einigung zwischen V und K über den Übergang des Eigentums an dem 20-Euro-Schein

Um seine aus dem soeben geschlossenen Kaufvertrag resultierende Verpflichtung zur Kaufpreiszahlung gem. § 433 Abs. 2 BGB zu erfüllen (§ 362 Abs. 1 BGB), hat K der V das Eigentum an seinem 20-Euro-Schein übertragen. Die Eigentumsübertragung ist gem. § 929 S. 1 BGB durch Einigung und Übergabe erfolgt. Dadurch, dass K den 20-Euro-Schein auf die Theke gelegt hat, hat er *konkludent* erklärt, sich mit V gem. § 929 S. 1 BGB über den Übergang des Eigentums an der Geldnote auf sie einigen zu wollen. Dieses Angebot hat V dadurch, dass sie den Geldschein an sich genommen hat, konkludent angenommen. In dieser Einigung liegt der zweite Vertrag, der zwischen V und K geschlossen wurde.

III. Einigung zwischen V und K über den Übergang des Eigentums an dem Buch

Aus dem soeben geschlossenen Kaufvertrag war V gem. § 433 Abs. 1 S. 1 BGB verpflichtet, dem K das Eigentum an dem Buch zu verschaffen. Um diese Verpflichtung zu erfüllen (§ 362 Abs. 1 BGB), hat V dem K das Eigentum an ihrem Buch übertragen. Die Eigentumsübertragung ist gem. § 929 S. 1 BGB durch Einigung und Übergabe erfolgt. Dadurch, dass V das Buch in eine Tüte gepackt und dem K zur Mitnahme überlassen hat, hat sie *konkludent* erklärt, sich mit K gem. § 929 S. 1 BGB über den Übergang des Eigentums an dem Buch auf ihn einigen zu wollen. Dieses Angebot hat K dadurch, dass er das Buch in der Tüte von der Theke und mit aus dem Laden genommen hat, konkludent angenommen. In dieser Einigung liegt der dritte Vertrag, der zwischen V und K geschlossen wurde.

Anmerkung: Angesichts der untypischen Fallfrage, in der nicht nach einem Anspruch gefragt ist, stellen diese Ausführungen keine gutachterliche Falllösung dar. Sie dienen lediglich zur Veranschaulichung des Trennungsprinzips.

Das Trennungsprinzip

Das BGB unterscheidet zwischen **Verpflichtungsgeschäften** und **Verfügungsgeschäften**. Diese Geschäfte sind voneinander **getrennt** (Trennungsprinzip).

I. Das Verpflichtungsgeschäft

Das Verpflichtungsgeschäft ist ein Rechtsgeschäft, durch das die Verpflichtung zu einer Leistung begründet wird. Ein Verpflichtungsgeschäft kann auch mehrere Verpflichtungen enthalten.

Beispiel: Bei einem Kaufvertrag verpflichtet § 433 Abs. 1 S. 1 BGB den Verkäufer zur Übergabe und Übereignung des Kaufgegenstands. Der Käufer ist gem. § 433 Abs. 2 BGB zur Kaufpreiszahlung verpflichtet.

Daraus, dass § 433 Abs. 1 BGB zur Übertragung des Eigentums *verpflichtet*, wird bereits deutlich, dass § 433 Abs. 1 S. 1 BGB noch nicht dazu führt, dass das Eigentum übergeht. **Das Verpflichtungsgeschäft sagt also darüber, ob das Eigentum an einer Sache übergegangen ist, nichts aus.** Das Verpflichtungsgeschäft wirkt nicht auf die an seinem Gegenstand (z.B. Kaufsache) bestehenden Rechte (z.B. Eigentum) ein. Es bewirkt nur die Entstehung schuldrechtlicher Ansprüche (Verpflichtungen). Diese wirken ausschließlich zwischen den beteiligten Parteien (*inter partes*) und werden daher auch *relative Rechte* genannt. Für die Veränderung der *an einer Sache* bestehenden Rechte (z.B. Übertragung des Eigentums) ist dagegen ein **Verfügungsgeschäft** erforderlich.

II. Das Verfügungsgeschäft

Das Verfügungsgeschäft ist ein Rechtsgeschäft, durch das ein Recht unmittelbar übertragen, belastet, geändert oder aufgehoben wird. Das wichtigste Beispiel ist die Übereignung (das heißt die Übertragung des Eigentums) durch Einigung und Übergabe nach § 929 S. 1 BGB. Das Eigentum ist ein Recht an einer Sache, das gegenüber jedermann (*erga omnes*) wirkt (vgl. § 903 BGB). Es ist daher ein sog. *absolutes Recht*. Die Tatbestandsvoraussetzungen für die Übertragung des Eigentums nach § 929 S. 1 BGB sind:

1. Einigung: Die Einigung ist ein Vertrag, in dem die Parteien sich darüber einigen, dass das Eigentum an der betreffenden Sache übergehen soll. Wie bei jedem Vertrag sind auch zum Abschluss dieses (dinglichen) Vertrags Angebot und Annahme (§§ 145 ff. BGB) erforderlich.

2. Übergabe: Die Übergabe ist die Übertragung des Besitzes (§ 854 BGB) durch den Veräußerer an den Erwerber. Hierbei handelt es sich um einen rein tatsächlichen Vorgang (Realakt) und nicht um einen Vertrag.

Die Übereignung nach § 929 S. 1 BGB ist also ein Rechtsgeschäft, das aus zwei Willenserklärungen (Angebot zur Einigung und dessen Annahme) und einem weiteren Element, der Übergabe, besteht. Es führt unmittelbar einen rechtlichen Erfolg, nämlich den Übergang des Eigentums, herbei (vgl. zum Begriff des Rechtsgeschäfts oben Fall 2).

Neben § 929 S. 1 BGB gibt es noch zahlreiche andere Normen, welche auf die Eigentumsverhältnisse Einfluss haben können (z.B. Übereignung nach §§ 929 S. 2, 930, 931 BGB).

Achtung: Die §§ 929 ff. BGB gelten nur für bewegliche Sachen. Grundstücke werden gem. § 873 Abs. 1 BGB durch Einigung und Eintragung im Grundbuch übereignet. Die Einigung nennt sich hier gem. § 925 Abs. 1 BGB „Auflassung" und ist nach dieser Vorschrift bei gleichzeitiger Anwesenheit von Veräußerer und Erwerber vor dem Notar zu erklären.

III. Wesentliche Charakteristika von Verfügungsgeschäften

Verfügungsgeschäfte werden auch **Erfüllungsgeschäfte** genannt, weil sie oftmals zur Erfüllung der Verpflichtung aus einem Verpflichtungsgeschäft, z.B. einem Kaufvertrag, führen.

Aus der Tatsache, dass Verfügungsgeschäfte die an einer Sache bestehenden Rechte mit Wirkung gegenüber jedermann (*erga omnes*) verändern, folgen zwei Grundsätze:

1. Verfügungsbefugnis: Grundsätzlich ist es nicht möglich, über mehr Rechte zu verfügen, als einem selbst zustehen (Ausnahme: §§ 932 ff. BGB). Zur wirksamen Vornahme eines Verfügungsgeschäfts muss der Verfügende daher entweder selbst Inhaber des Rechts sein oder sonst zur Verfügung berechtigt sein (vgl. z.B. § 185 BGB). Dies bedeutet z.B. für die Übereignung nach § 929 S. 1 BGB, dass grundsätzlich nur der Eigentümer einer Sache sie auch übereignen kann.

Unterschied zum Verpflichtungsgeschäft: *Verpflichten* kann sich eine Person auch zu etwas, das nicht in ihrer Macht steht.

Beispiel: A kann sein einziges Fahrrad gleichzeitig an B, C und D *verkaufen*. Dass er nur einen dieser Kaufverträge (durch ein Verfügungs- bzw. Erfüllungsgeschäft) erfüllen kann, steht der Wirksamkeit der anderen Kaufverträge nicht entgegen. Die Rechtsfolgen der Unfähigkeit des A, alle Verträge zu erfüllen, ergeben sich aus dem Schuldrecht (z.B. Verpflichtung des A zur Leistung von Schadensersatz).

2. Prioritätsgrundsatz: Bei Verfügungen gilt der Prioritätsgrundsatz. Dieser besagt, dass der Inhaber eines Rechts nicht mehrfach darüber verfügen kann. Nur die erste von mehreren Verfügungen über ein Recht wird wirksam. Dies ergibt sich schon daraus, dass der Verfügende nach der ersten Verfügung bereits nicht mehr Rechtsinhaber ist und daher keine Verfügungsbefugnis mehr hat. Bei Verpflichtungsgeschäften gilt dieser Grundsatz nicht (vgl. das Beispiel zur Verfügungsbefugnis).

Fall 4

Ausgangsfall:

K hat die Nacht durchgezecht. Als er gegen 9.30 Uhr morgens die letzte Kneipe verlässt, öffnen schon die ersten Geschäfte. In volltrunkenem Zustand (Blutalkoholkonzentration 3,5 Promille) betritt er den Unterhaltungselektronikmarkt „Elektro-Ede", um sich endlich einen neuen Fernseher zu kaufen. Er sieht in dem Markt ein Ausstellungsstück, das genau seinen Vorstellungen entspricht und im Preis erheblich reduziert ist. Er erklärt dem anwesenden Inhaber des Marktes E, er wolle das Ausstellungsstück zu dem angegebenen Preis kaufen. E ist einverstanden. Er benötige das Ausstellungsstück aber noch für drei Tage und werde es dann zu K nach Hause liefern. Gezahlt werden solle später, wenn K die Rechnung zugesandt werde. Nach drei Tagen erscheint E bei K, der in der Zwischenzeit keinen Alkohol mehr zu sich genommen hat und stellt den Fernseher im Wohnzimmer des K auf. Daraufhin verlässt E die Wohnung des K wieder.

Wer ist Eigentümer des Fernsehers? Darf K den Fernseher behalten?

Abwandlung:

K ist nüchtern, als er den Elektronikmarkt des E betritt. Dort geschieht das gleiche wie im Ausgangsfall. Als E den Fernseher morgens liefert, ist K allerdings vor fünf Minuten von seiner Kneipentour heimgekehrt. Er hat eine Blutalkoholkonzentration von 3,5 Promille.

Wer ist Eigentümer des Fernsehers? Welche Ansprüche hat K gegen E?

Lösung Fall 4

> **Vorbemerkung:** Ist danach gefragt, wer Eigentümer einer Sache ist, ist **chronologisch** vorzugehen: Zunächst ist festzustellen, wer zu Beginn der im Sachverhalt geschilderten Ereignisse Eigentümer der Sache war. Dann sind alle im Sachverhalt geschilderten Vorgänge in chronologischer Reihenfolge darauf zu untersuchen, ob sie zu einem Eigentümerwechsel geführt haben. Am Ende dieser Prüfung steht fest, wer nunmehr Eigentümer der Sache ist.
>
> Die Eigentümerstellung einer Person ist häufig ein Tatbestandsmerkmal einer Anspruchsgrundlage (z.B. § 985 BGB), so dass sie im Rahmen der Anspruchsprüfung (inzident) festzustellen ist.

Ausgangsfall

A. Wer ist Eigentümer des Fernsehers?

I. Ursprüngliches Eigentum des E

Nach dem Sachverhalt ist davon auszugehen, dass der Fernseher zunächst im Eigentum des E stand.

II. Verlust des Eigentums an K gem. § 929 S. 1 BGB?

K könnte das Eigentum an dem Fernseher gem. § 929 S. 1 BGB von E erworben haben.

1. Einigung

Fraglich ist zunächst, ob eine Einigung gem. § 929 S. 1 BGB vorliegt. Die Einigung ist ein Vertrag und kommt durch zwei übereinstimmende Willenserklärungen (Angebot und Annahme) zustande (§§ 145 ff. BGB). Voraussetzung sind also zwei übereinstimmende Willenserklärungen des K und des E. E hat den Fernseher in die Wohnung des K geliefert und den Fernseher dort aufgestellt. Damit hat er konkludent zum Ausdruck gebracht, das Eigentum an dem Fernseher auf K übertragen zu wollen.

Durch die Entgegennahme des Fernsehers hat K sich konkludent mit der Übertragung des Eigentums auf ihn einverstanden erklärt. K war zu diesem Zeitpunkt auch nicht mehr betrunken, so dass eine etwaige Unwirksamkeit seiner Willenserklärung gem. § 105 Abs. 2 BGB nicht in Betracht kommt.

Damit haben K und E sich über den Übergang des Eigentums an dem Fernseher von E auf K im Sinne des § 929 S. 1 BGB geeinigt.

2. Übergabe

Darüber hinaus müsste der Fernseher dem K übergeben worden sein. Übergabe bedeutet die Übertragung des Besitzes im Sinne von § 854 Abs. 1 BGB, also der tatsächlichen Sachherrschaft.

Zunächst war E Besitzer des Fernsehers. Dadurch dass er den Fernseher in die Wohnung des K gebracht und ihn dort aufgestellt hat, hat er die tatsächliche Sachherrschaft und damit den Besitz an K übertragen. Der Fernseher ist dem K also auch von E übergeben worden.

3. Verfügungsbefugnis des E?

Schließlich müsste E zur Verfügung über das Eigentum an dem Fernseher berechtigt gewesen sein. Als Eigentümer war E zur Vornahme der Verfügung über das Eigentum an dem Fernseher befugt.

4. Zwischenergebnis

Eine Übereignung des Fernsehers von E an K gem. § 929 S. 1 BGB ist somit erfolgt.

III. Ergebnis

K ist nunmehr Eigentümer des Fernsehers.

B. Darf K den Fernseher behalten?

K darf den Fernseher nicht behalten, wenn E gegen K einen Anspruch auf Rückübertragung des Eigentums und des Besitzes an dem Fernseher hat.

I. Anspruch auf Rückgabe und Rückübertragung des Eigentums gem. § 812 Abs. 1 S. 1 Alt. 1 BGB?

E könnte gegen K einen Anspruch auf Rückübertragung des Eigentums und des Besitzes am Fernseher gem. § 812 Abs. 1 S. 1 Alt. 1 BGB haben.

1. Etwas erlangt?

Voraussetzung für diesen Anspruch ist zunächst, dass K etwas erlangt hat. Hier hat K das Eigentum und den Besitz an dem Fernseher erlangt (vgl. oben).

2. Durch Leistung des E?

Weitere Voraussetzung ist, dass K Eigentum und Besitz an dem Fernseher durch Leistung des E erlangt hat. Eine Leistung im Sinne des § 812 Abs. 1 S. 1 Alt. 1 BGB ist jede bewusste, zweckgerichtete Mehrung fremden Vermögens. Hier hat E das Vermögen des K um das Eigentum und den Besitz an dem Fernseher bewusst gemehrt, indem er ihm den Fernseher übereignete und übergab.

Fraglich ist, ob E das Vermögen des K auch zweckgerichtet gemehrt hat. Dies ist der Fall, wenn E das Vermögen des K vermehrt hat, um sich von einer Verpflichtung zu befreien.

E hat dem K Eigentum und Besitz an dem Fernseher übertragen, weil er erkennbar davon ausging, dass er mit K einen Kaufvertrag abgeschlossen hatte, der ihn gem. § 433 Abs. 1 S. 1 BGB dazu verpflichtete. Damit hat E zur Erfüllung einer Verbindlichkeit aus einem Kaufvertrag und somit zweckgerichtet gehandelt.

Anmerkung: Das Merkmal der *bewussten* Vermögensmehrung wird jedenfalls in Fällen, in denen Eigentum und Besitz erlangt wurden, selten ein Problem sein, da dem Veräußerer in der Regel klar ist, dass er einem fremden Vermögen einen Wert zuführt.

Eine *zweckgerichtete* Vermögensmehrung liegt jedenfalls immer dann vor, wenn der Leistende handelt, um eine Verbindlichkeit (z.B. aus § 433 Abs. 1 S. 1 BGB) zu erfüllen, die ihn genau zu dieser Vermögensmehrung verpflichtet. Der Leistende verfolgt dann den Zweck, sich von einer Verbindlichkeit durch Erfüllung (§ 362 Abs. 1 BGB) zu befreien. Nicht erforderlich für das Vorliegen einer „Leistung" i.S.d. § 812 Abs. 1 S. 1 Alt. 1 BGB ist, dass dieser Zweck auch tatsächlich erreicht wird. Daher liegt eine Leistung auch dann vor, wenn die Verbindlichkeit, die erfüllt werden sollte, nicht bestand.

---

3. Ohne Rechtsgrund?

Schließlich müsste K Eigentum und Besitz am Fernseher ohne Rechtsgrund erlangt haben.

Als Rechtsgrund kommt hier allein ein zwischen K und E geschlossener Kaufvertrag in Betracht.

a. Wirksamer Kaufvertrag

Fraglich ist jedoch, ob ein wirksamer Kaufvertrag über den Fernseher zwischen E und K geschlossen wurde. Die Erklärung des K könnte nämlich gem. § 105 Abs. 2 BGB nichtig sein. Dies setzt voraus, dass sich K in einem Zustand der vorübergehenden Störung der Geistestätigkeit befand. K war völlig betrunken, als er das Geschäft des E betrat (3,5 Promille). Damit befand er sich in einem Zustand der vorübergehenden Störung der Geistestätigkeit im Sinne von § 105 Abs. 2 BGB. Seine Willenserklärung war daher gem. § 105 Abs. 2 BGB unwirksam. Ein wirksamer Kaufvertrag ist somit nicht zustande gekommen.

b. Zwischenergebnis

Mithin liegt kein Rechtsgrund für die Erlangung des Eigentums und des Besitzes an dem Fernseher durch K vor.

II. Ergebnis

Nach § 812 Abs. 1 S. 1 Alt. 1 BGB hat K das Erlangte herauszugeben. Er muss also das Eigentum und den Besitz am Fernseher (zurück)übertragen und darf diesen nicht behalten.

Anmerkung: K ist aus § 812 Abs. 1 S. 1 Alt. 1 BGB zur Rückübereignung *verpflichtet*. Diese Rückübereignung muss ebenfalls durch ein *Verfügungsgeschäft* (z.B. nach § 929 S. 1 BGB) erfolgen. Bis zur Vornahme der Rückübereignung bleibt K jedoch Eigentümer.

Damit sagt auch § 812 Abs. 1 S. 1 Alt. 1 BGB (genau wie z.B. § 433 BGB) nichts über die Rechtsverhältnisse an einer Sache aus, sondern kann lediglich eine *Verpflichtung* begründen, eine Verfügung vorzunehmen.

Das Abstraktionsprinzip

Das Abstraktionsprinzip besagt, dass die Unwirksamkeit des Verpflichtungsgeschäfts die Wirksamkeit des Verfügungsgeschäfts nicht berührt und umgekehrt. Verpflichtungsgeschäft und Verfügungsgeschäft sind **abstrakt** voneinander, das heißt bei der Beurteilung des einen Geschäfts muss man „von dem anderen Geschäft vollkommen absehen".
Man unterscheidet zwischen kausalen und abstrakten Geschäften:

I. Kausale Geschäfte
Kausale Geschäfte bilden den Rechtsgrund (*causa*) für Verfügungsgeschäfte (z.B. Übereignung nach § 929 S. 1 BGB). Kausalgeschäfte sind regelmäßig Verpflichtungsgeschäfte (z.B. Kaufvertrag nach § 433 BGB). Ihnen ist der rechtliche Grund für die durch das Verfügungsgeschäft getätigte Zuwendung zu entnehmen.

Beispiel: A übereignet ein Buch an B nach § 929 S. 1 BGB, weil ihn ein mit B geschlossener Kaufvertrag gem. § 433 Abs. 1 S. 1 BGB dazu verpflichtet.

II. Abstrakte Geschäfte
Abstrakte Geschäfte tragen die Rechtfertigung für die durch sie bewirkte Zuwendung nicht in sich. Ein Rechtsgrund ist ihnen nicht zu entnehmen.

Beispiel: Aus der Tatsache, dass A ein Buch gem. § 929 S. 1 BGB übereignet, lässt sich nicht entnehmen, durch welches Verpflichtungsgeschäft A zu dieser Übereignung verpflichtet ist oder ob er überhaupt zu dieser Übereignung verpflichtet ist. Selbst wenn A überhaupt nicht zu der Übereignung verpflichtet ist, ist die Übereignung wegen des Abstraktionsprinzips dennoch wirksam.

III. Ohne Rechtsgrund vorgenommene Verfügungsgeschäfte

Wie bereits dargestellt, sind ohne Rechtsgrund vorgenommene Verfügungsgeschäfte wirksam (Abstraktionsprinzip). Da für sie aber keine rechtliche Rechtfertigung (Rechtsgrund) besteht, sieht das Gesetz eine Möglichkeit vor, sie rückgängig zu machen.

Beispiel: A kauft beim Möbelhaus I ein Regal und vereinbart Lieferung zu sich nach Hause. Wegen eines Versehens übereignet I das Regal gem. § 929 S. 1 BGB an B, der ein Stockwerk unter A wohnt. Zwischen I und B besteht kein Kaufvertrag. Die Verfügung ist daher ohne Rechtsgrund erfolgt. Es wäre unbillig, wenn I das Eigentum an dem Regal nicht von B zurückfordern könnte, obwohl ein Rechtsgrund für die Zuwendung (Kaufvertrag) nicht besteht und I daher auch keine Kaufpreiszahlung von B verlangen kann.

Das Rechtsinstitut, das eine Rückabwicklung in solchen Fällen ermöglicht, ist das Bereicherungsrecht (§§ 812 ff. BGB). Das Bereicherungsrecht „verknüpft" Verpflichtungs- und Verfügungsgeschäft dahingehend, dass bei Fehlen eines wirksamen Verpflichtungsgeschäfts als Rechtsgrund die (dann rechtsgrundlos) erlangten Rechtspositionen (z.B. Eigentum, Besitz) herauszugeben sind.

Abwandlung

A. Wer ist Eigentümer des Fernsehers?

I. Ursprüngliches Eigentum des E

Nach dem Sachverhalt war E ursprünglich Eigentümer des Fernsehers.

II. Verlust des Eigentums an K gem. § 929 S. 1 BGB?

E könnte das Eigentum durch Übereignung an K gem. § 929 S. 1 BGB verloren haben.

1. Einigung

Dies setzt zunächst eine Einigung gem. § 929 S. 1 BGB voraus. Die Einigung ist ein Vertrag und kommt durch zwei übereinstimmende Willenserklärungen, Angebot und Annahme, zustande (§§ 145 ff. BGB).

E hat den Fernseher in die Wohnung des K geliefert und den Fernseher dort aufgestellt. Damit hat er konkludent zum Ausdruck gebracht, sich mit K über den Eigentumsübergang an dem Fernseher einigen zu wollen. Ein Angebot zur Übereignung liegt damit vor.

Fraglich ist, ob dieses Angebot von K angenommen wurde. Zwar hat K durch die Entgegennahme des Fernsehers konkludent zum Ausdruck gebracht, mit der Übertragung des Eigentums auf ihn einverstanden zu sein. Fraglich ist allerdings, ob diese Erklärung des K wirksam war. K war bei seiner Erklärung volltrunken und damit in einem vorübergehenden Zustand der Störung der Geistestätigkeit im Sinne des § 105 Abs. 2 BGB. Seine Willenserklärung ist daher nach § 105 Abs. 2 BGB nichtig. Es liegt mithin keine wirksame Annahme vor.

2. Zwischenergebnis

Eine wirksame Einigung über den Übergang des Eigentums gem. § 929 S. 1 BGB ist nicht zustande gekommen.

III. Ergebnis

E hat das Eigentum an dem Fernseher daher nicht gem. § 929 S. 1 BGB auf K übertragen. Andere Erwerbstatbestände kommen hier nicht in Betracht. E ist somit weiterhin Eigentümer des Fernsehers.

B. Ansprüche des K gegen E

I. Anspruch des K gegen E auf Übereignung des Fernsehers gem. § 433 Abs. 1 S. 1 BGB

K könnte gegen E einen Anspruch auf Übereignung des Fernsehers nach § 433 Abs. 1 S. 1 BGB haben.

1. Kaufvertrag

Voraussetzung für diesen Anspruch ist ein wirksamer Kaufvertrag zwischen K und E. Ein Kaufvertrag kommt zustande durch zwei übereinstimmende Willenserklärungen, Angebot und Annahme. K und E haben im Geschäft des E einen Kaufvertrag über den Fernseher geschlossen. Zu diesem Zeitpunkt war K nüchtern, so dass auch keine Zweifel an der Wirksamkeit seiner Willenserklärung gem. § 105 Abs. 2 BGB bestehen.

2. Zwischenergebnis

Damit ist der Anspruch des K gegen E auf Übereignung des Fernsehers gem. § 433 Abs. 1 S. 1 BGB entstanden.

3. Anspruch erloschen?

Zu prüfen bleibt, ob der Anspruch inzwischen erloschen ist.

a. Erfüllung gem. § 362 Abs. 1 BGB?

Der Anspruch des K könnte gem. § 362 Abs. 1 BGB durch Erfüllung erloschen sein. Diese setzt voraus, dass die geschuldete Leistung an den Gläubiger bewirkt worden ist.

Gläubiger des Anspruchs auf Übereignung und Übergabe des Fernsehers war K.

Die Bewirkung der Leistung setzt voraus, dass E dem K den Fernseher übergeben und übereignet hat (§ 433 Abs. 1 S. 1 BGB). Zwar hat die Übergabe des Fernsehers an K stattgefunden, allerdings ist die Übereignung, wie oben bei der Prüfung des Eigentumsüberganges von E auf K festgestellt, aufgrund der Unwirksamkeit der Erklärung des K gescheitert. Damit ist die geschuldete Leistung im Sinne des § 362 Abs. 1 BGB noch nicht bewirkt.

b. Zwischenergebnis

Daher ist keine Erfüllung des Anspruchs des K auf Übereignung des Fernsehers eingetreten. Der Anspruch des K auf Übereignung des Fernsehers aus § 433 Abs. 1 S. 1 BGB ist somit nicht erloschen.

II. Ergebnis

K hat einen Anspruch gegen E auf Übereignung des Fernsehers gem. § 433 Abs. 1 S. 1 BGB.

Anmerkung: Diesen Anspruch kann E erfüllen, indem er sich mit K gem. § 929 S. 2 BGB über den Eigentumsübergang am Fernseher einigt. Nach § 929 S. 2 BGB reicht die bloße Einigung über den Eigentumsübergang zur Eigentumsübertragung auf K aus, da sich der Fernseher schon im Besitz des K befindet. Eine Übergabe ist nach § 929 S. 2 BGB nicht erforderlich. § 929 S. 2 BGB ist neben § 929 S. 1 BGB also eine weitere Möglichkeit, das Eigentum an einer beweglichen Sache zu übertragen.

<u>Achtung</u>: Danach ist in der Fallfrage nicht gefragt. Daher dürfen in einer Klausur auch keine Erörterungen hierzu erfolgen.

Fall 5

Student V hat von seinem Großonkel ein Klavier geerbt, mit dem er jedoch als Liebhaber elektronischer Musik nicht viel anfangen kann. Daher möchte er das Klavier verkaufen. Er bietet es dem Musiklehrer K in einem Schreiben zu einem Preis von € 2.500,- an. K schreibt zurück, er kaufe das Klavier, allerdings zu einem Preis von € 2.200,-. Darauf schweigt V.

Kann K von V Übergabe und Übereignung des Klaviers verlangen?

Lösung Fall 5

A. Anspruch des K gegen V auf Übergabe und Übereignung des Klaviers gem. § 433 Abs. 1 S. 1 BGB

K könnte gegen V einen Anspruch auf Übereignung und Übergabe des Klaviers gem. § 433 Abs. 1 S. 1 BGB haben. Dies setzt zunächst voraus, dass K und V einen Kaufvertrag geschlossen haben.

I. Kaufvertrag

Ein Kaufvertrag kommt durch zwei übereinstimmende Willenserklärungen, Angebot und Annahme, zustande.

1. Angebot des V

Zunächst müsste ein Angebot zum Abschluss eines Kaufvertrages vorliegen. Ein Vertragsangebot ist eine empfangsbedürftige Willenserklärung, durch die ein Vertragsschluss einem anderen so angetragen wird, dass nur von dessen Einverständnis das Zustandekommen des Vertrages abhängt. V hat dem K mitgeteilt, dass er das Klavier für € 2.500,- verkaufen wolle. Damit hat V dem K den Abschluss eines Kaufvertrages zu diesen Bedingungen angeboten.

2. Annahme durch K

Dieses Angebot müsste K angenommen haben. Die Annahme ist eine empfangsbedürftige Willenserklärung, die inhaltlich mit dem Angebot übereinstimmt. Zwar hat K erklärt, er wolle das Klavier kaufen, allerdings zu dem niedrigeren Preis von € 2.200,-. Diese Erklärung stimmt inhaltlich nicht mit dem Angebot überein.

Gem. § 150 Abs. 2 BGB gilt eine Annahme unter Erweiterungen, Einschränkungen oder sonstigen Änderungen als Ablehnung, die zugleich einen neuen Antrag darstellt (sog. „modifizierende Annahme"). Daher hat K, der eine gegenüber der Erklärung des V inhaltlich veränderte Erklärung abgegeben hat, das Angebot des V gem. § 150 Abs. 2 BGB abgelehnt.

> **Anmerkung**: Nicht nur eine modifizierende, sondern auch eine verspätete Annahme gilt gem. § 150 Abs. 1 BGB als neues Angebot. Zur Annahmefrist siehe §§ 146 ff. BGB und ausführlich unten Fall 20.

3. Neues Angebot des K

Gem. § 150 Abs. 2 BGB ist in einer „modifizierenden Annahme" ein neues Angebot zum Abschluss eines Kaufvertrages, nun zu den zuletzt genannten Bedingungen, zu sehen. K hat dem V daher ein Angebot zum Abschluss eines Kaufvertrages über das Klavier zum Preis von € 2.200,- gemacht.

4. Annahme des neuen Angebotes durch V

Dieses Angebot müsste V auch angenommen haben. V hat auf das Angebot des K geschwiegen.

Fraglich ist, ob in bloßem Schweigen eine Annahmeerklärung gesehen werden kann. Grundsätzlich kann ein objektiver Empfänger dem Schweigen gem. §§ 133, 157 BGB keinen Erklärungswert entnehmen. Es fehlt bereits an einem Erklärungszeichen, so dass gar keine Äußerung eines Willens, weder Annahme noch Ablehnung, nach außen erkennbar wird. Schweigen gilt daher grundsätzlich auch nicht als Annahme.

> **Anmerkung**: Ausnahmen zu diesem Grundsatz können sich aus dem Gesetz ergeben (z.B. § 516 Abs. 2 S. 2 BGB für die Schenkung, § 362 HGB für das Handelsrecht), aus einer Vereinbarung der Parteien oder aus Gewohnheitsrecht (z.B. Grundsätze über das kaufmännische Bestätigungsschreiben, vgl. *Larenz/Wolf*, BGB AT, 9. Aufl. 2004, § 30 Rz. 28 ff.).

Hier sind keine Umstände ersichtlich, z.B. eine entsprechende Vereinbarung zwischen K und V, die es rechtfertigen würden, dem Schweigen des V ausnahmsweise den Erklärungswert einer Annahme zuzumessen. In dem Schweigen des V liegt somit keine Annahme des Angebotes des K, einen Kaufvertrag über das Klavier zu einem Preis von € 2.200,- abzuschließen.

II. Ergebnis - Kaufvertrag

Eine wirksame Annahmeerklärung des V liegt nicht vor. Daher ist kein Kaufvertrag über das Klavier zustande gekommen.

B. Gesamtergebnis

K hat gegen V keinen Anspruch auf Übergabe und Übereignung des Klaviers gem. § 433 Abs. 1 S. 1 BGB.

Fall 6

K hat das Bahnfahren satt und möchte einen Gebrauchtwagen kaufen. Am schwarzen Brett in der Stadtbibliothek sieht K einen Aushang des V. Dieser möchte einen „gebrauchten Opel Astra Club, Baujahr 1992, Metallicblau, 150.000 km, TÜV neu, Preis Verhandlungssache" verkaufen. K, der schon immer gerne ein solches Fahrzeug fahren wollte, bietet dem V in einem Brief an, den Wagen für € 1.500,- zu kaufen.

V ist von dem gebotenen Preis freudig überrascht und verfasst ein Antwortschreiben, in dem er das Angebot des K annimmt. K könne den Wagen nächste Woche abholen. Da V den Wagen aber noch seinem Freund F anbieten will, schickt er den fertigen Brief noch nicht ab. Er lässt den Brief auf dem Küchentisch liegen.

Dort findet ihn die Babysitterin B des V vor, als sie auf dessen 5jährige Tochter aufpasst. Sie meint, dass V den Brief vergessen habe und wirft ihn bei dem nachmittäglichen Spaziergang mit der Tochter in einen Postbriefkasten. V hat sich inzwischen entschlossen, den Wagen lieber seinem Freund F zu verkaufen, der sogar € 1.600,- zahlen will. Am nächsten Tag ruft K bei V an, um „die Einzelheiten" der Abholung zu besprechen.

Kann K von V die Übereignung des Wagens verlangen?

Lösung Fall 6

A. Anspruch des K gegen V auf Übereignung des Wagens gem. § 433 Abs. 1 S. 1 BGB

K könnte gegen V einen Anspruch auf Übereignung des Wagens gem. § 433 Abs. 1 S. 1 BGB haben.

I. Kaufvertrag

Dann müsste zwischen V und K ein Kaufvertrag über den Wagen zustande gekommen sein. Dies setzt zwei übereinstimmende auf den Abschluss eines Kaufvertrages gerichtete Willenserklärungen, Angebot und Annahme, voraus.

1. Angebot

a. Aushang des V

In dem Aushang des V könnte ein Angebot zum Abschluss eines Kaufvertrags liegen. Ein Angebot ist eine empfangsbedürftige Willenserklärung, durch die ein Vertragsschluss einem anderen so angetragen wird, dass er durch ein bloßes „Ja" die Annahme erklären kann. Dies setzt voraus, dass zumindest die wesentlichen Vertragsbestandteile, hier Kaufpreis und Kaufsache, aus der Erklärung zu entnehmen sind (*essentialia negotii*). Angesichts der Tatsache, dass V in seinem Aushang den Preis als „Verhandlungssache" bezeichnete, war dieser Erklärung jedenfalls noch kein Preis zu entnehmen, so dass hierin kein Angebot zu sehen ist.

b. Schreiben des K

Ein Angebot zum Abschluss eines Kaufvertrages über den Wagen könnte jedoch in dem Schreiben des K an V zu sehen sein. Diesem Schreiben sind Kaufsache und Kaufpreis zu entnehmen. Das Schreiben des K an V ist folglich ein Angebot.

2. Annahme

Fraglich ist, ob V das Angebot des K durch sein Schreiben an K angenommen hat.

a. Annahmeerklärung

In seinem Schreiben hat sich V mit dem Angebot einverstanden erklärt. Es handelt sich also bei dem Schreiben um eine Annahmeerklärung.

> **Anmerkung:** Die Feststellung, dass V die Annahme erklärt hat, erfolgt hier in einem „verkürzten" Gutachtenstil ohne Obersatz. Auch beim „verkürzten" Gutachtenstil kommt das Ergebnis erst am Ende. Dieses Vorgehen ist hier angebracht, da das Schreiben des V inhaltlich vollkommen unproblematisch ist. Unproblematisches darf auch im Gutachten im verkürzten Gutachtenstil oder sogar im Urteilsstil festgestellt werden (Urteilsstil nur bei offensichtlich vorliegenden Tatbestandsmerkmalen).
>
> In einer Falllösung wird vom Bearbeiter erwartet, Unproblematisches kurz und Problematisches ausführlich darzustellen und so Schwerpunkte zu setzen.

b. Wirksamkeit der Annahmeerklärung

Die Annahmeerklärung des V müsste auch wirksam geworden sein.

> **Die Wirksamkeitsvoraussetzungen einer Willenserklärung gem. § 130 Abs. 1 BGB**
>
> Die Wirksamkeit einer unter Abwesenden abgegebenen empfangsbedürftigen Willenserklärung richtet sich nach § 130 Abs. 1 BGB und kann gedanklich nach folgendem Aufbauschema geprüft werden.
>
> **1. Vorliegen des Erklärungstatbestands einer Willenserklärung**
> Vgl. zu den objektiven und subjektiven Tatbestandsvoraussetzungen der Willenserklärung die Fälle 10 ff.
>
> **2. Abgabe der Willenserklärung**
> Die Erklärung muss willentlich so in Richtung auf den Empfänger entäußert worden sein, dass unter normalen Umständen mit einem Zugang beim Empfänger zu rechnen ist (dazu sogleich).
>
> **3. Zugang der Willenserklärung**
> Eine Willenserklärung ist zugegangen, wenn sie in den Machtbereich des Empfängers gelangt ist, und wenn unter normalen Umständen mit der Kenntnisnahme durch den Empfänger zu rechnen ist (vgl. dazu die Fälle 7 bis 9 und 20).
>
> **4. Kein Widerruf der Willenserklärung**
> Eine Willenserklärung wird nicht wirksam, wenn dem Empfänger vorher oder gleichzeitig eine Widerrufserklärung zugeht, § 130 Abs. 1 S. 2 BGB (vgl. dazu Fall 9).

Eine Annahmeerklärung ist eine empfangsbedürftige Willenserklärung, die unter Abwesenden gem. § 130 Abs. 1 BGB erst wirksam wird, wenn sie abgegeben worden und zugegangen ist.

aa. Abgabe

Eine empfangsbedürftige Willenserklärung ist abgegeben, wenn sie vom Erklärenden mit seinem Willen so in Richtung auf den Empfänger in den Verkehr gebracht
worden ist, dass der Erklärende davon ausgehen durfte, dass die Erklärung unter
normalen Umständen ihren Empfänger erreichen wird. Die Erklärung des V wurde
hier von B in Richtung des Empfängers K in den Verkehr gebracht. Dies geschah
jedoch ohne den Willen des V. Die Annahmeerklärung des V ist nach dieser Definition daher nicht abgegeben worden.

Fraglich ist jedoch, ob eine Abgabe ausnahmsweise in Fällen anzunehmen ist,
in denen eine Erklärung den Bereich des Erklärenden ohne dessen Willen verlassen hat und dadurch der Schein einer Abgabe durch den Erklärenden entstanden
ist. Dies ist umstritten.

> **Anmerkung:** Vergleiche zu den unterschiedlichen Ansichten *Medicus*, BGB AT, 9.
> Aufl. 2006, Rz. 266; *Palandt/Heinrichs*, BGB, 66. Aufl. 2007, § 130 Rz. 4; MüKo/
> *Einsele*, BGB, 5. Aufl. 2006, § 130 Rz. 14 m.w.N.; *Klein-Benkers*, Jura 1993, 640
> ff. Für das Vorliegen einer Abgabe in solchen Konstellationen wird insbesondere
> die Überlegung angeführt, dass der Empfänger normalerweise nicht wissen kann,
> unter welchen Umständen eine Erklärung in den Verkehr gelangte und daher regel-
> mäßig auf die wirksame Abgabe einer ihm zugegangenen Willenserklärung ver-
> traut.

Selbst wenn man aus Gründen des Verkehrsschutzes die Möglichkeit einer solchen Fiktion einer Abgabe bejaht, so wird diese jedoch nur dann angenommen,
wenn dem Erklärenden der Schein einer Abgabe auch zuzurechnen ist. Erforderlich ist danach, dass der Empfänger nach Treu und Glauben und mit Rücksicht auf
die Verkehrssitte von einer Abgabe der Willenserklärung ausgehen durfte und der
Erklärende das Inverkehrgelangen bei Anwendung der im Verkehr erforderlichen
Sorgfalt hätte erkennen und vermeiden können.

> **Anmerkung:** Ansonsten müsste man selbst in Fällen, in denen sich ein Dritter ge-
> gen den Willen des Erklärenden einer Erklärung bemächtigt hat (z.B.: Brief wird
> aus einem Safe gestohlen und abgeschickt), von einer wirksam abgegebenen Wil-
> lenserklärung ausgehen. Dieses Ergebnis wäre nicht mehr mit dem Grundsatz der
> Privatautonomie vereinbar, wonach das Inverkehrgelangen einer Willenserklärung
> vom Erklärenden zumindest in einem gewissen Maß veranlasst worden sein muss.

Insofern wird vorliegend jedenfalls nur dann von einer Abgabe der Willenserklärung durch V ausgegangen werden können, wenn V das Inverkehrbringen hätte
erkennen und vermeiden können. Eine solche Zurechnung könnte angesichts der
Tatsache gegeben sein, dass V den Brief offen auf dem Küchentisch hat liegen
lassen.

Fraglich ist jedoch, ob er damit rechnen musste, dass jemand den Brief an K
absenden würde. Hier ist nicht ersichtlich, dass jemand anders als B Zugang zu
dem Küchentisch des K hatte. Möglicherweise hätte V aber damit rechnen müs-

sen, dass B selbst den Brief an K auf den Weg bringt. B ist bei V Babysitterin. Ihre Pflichten bestehen in der Betreuung der Tochter des V, nicht aber in der Erledigung seiner sonstigen Angelegenheiten. Es liegen auch keine Anhaltspunkte im Sachverhalt dafür vor, dass B ihren Pflichtenkreis bereits zuvor überschritten hatte und V davon wusste oder hätte wissen müssen. Daher musste V nicht damit rechnen, dass B den Brief in einen Postbriefkasten wirft, wenn er ihn offen auf seinem Küchentisch liegen lässt. V konnte daher nicht voraussehen und vermeiden, dass B den Brief abschicken und dadurch den Anschein der Abgabe einer Willenserklärung erwecken würde. Der Schein der abgegebenen Annahmeerklärung ist dem V also nicht zuzurechnen. Daher ist die Annahmeerklärung des V auch nicht aus Gründen des Verkehrsschutzes zu fingieren, so dass eine Entscheidung zwischen den unterschiedlichen Meinungen zur Fiktion der Abgabe einer Willenserklärung dahinstehen kann.

bb. Zwischenergebnis

V hat seine Willenserklärung mithin nicht abgegeben. Sie ist somit nicht wirksam geworden.

II. Ergebnis - Kaufvertrag

Ein Kaufvertrag zwischen K und V ist daher nicht zustande gekommen.

B. Gesamtergebnis

K hat keinen Anspruch gegen V auf Übereignung des Wagens gem. § 433 Abs. 1 S. 1 BGB.

Fall 7

Juraprofessor X schickt seinem Kollegen Y ein Exemplar seines gerade erschienenen Werkes „Das Recht – Eine Gesamtdarstellung" zu. In dem Buch befindet sich ein Kärtchen, auf dem steht: „Vom Verfasser meinem verehrten Kollegen Dr. Dr. Dr. h.c. mult. Y ergebenst überreicht." Y nimmt das Buch und stellt es in seinen Schrank, in dem sich bereits ca. 500 Bände mit ähnlichen Kärtchen befinden. Als X sich ärgert, dass er von Y keine Nachricht erhält, obwohl er damit gerechnet hatte, dass dieser die Vorzüge seiner Gesamtdarstellung preisen werde, verlangt X von Y das Buch zurück, um es einem anderen Kollegen zu schicken. Y meint, dass er das Buch nicht herausgeben müsse.

Wer hat Recht?

Lösung Fall 7

A. Anspruch des X gegen Y auf Herausgabe des Buches gem. § 985 BGB

X könnte gegen Y einen Anspruch auf Herausgabe des Buches gem. § 985 BGB haben.

I. Eigentum des X

Voraussetzung ist zunächst, dass X Eigentümer des Buches ist. Ursprünglich war X Eigentümer des Buches.

1. Übereignung an Y nach § 929 S. 1 BGB

Er könnte das Eigentum jedoch gem. § 929 S. 1 BGB durch eine Übereignung an Y verloren haben. Die Übereignung nach § 929 S. 1 BGB setzt eine Einigung von Veräußerer und Erwerber über den Eigentumsübergang und die Übergabe der Sache voraus.

a. Übergabe

X hat das Buch dem Y zugesandt und damit seinen Besitz an dem Buch aufgegeben. Y hat Besitz an dem Buch erlangt. Eine Übergabe im Sinne des § 929 S. 1 BGB hat damit stattgefunden.

b. Einigung

Fraglich ist, ob X und Y sich auch über den Eigentumsübergang geeinigt haben. Die Einigung im Sinne des § 929 S. 1 BGB ist ein Vertrag. Sie setzt zwei im Hinblick aufeinander abgegebene und sich deckende Willenserklärungen voraus.

Durch die Übersendung des Buches mit dem Kärtchen „....vom Verfasser ergebenst überreicht." hat X dem Y ein Angebot zur Übereignung des Buches gemacht. Dieses Angebot ist dem Y, der das Buch samt Kärtchen in Empfang nahm, auch zugegangen und damit gem. § 130 Abs. 1 S. 1 BGB wirksam geworden.

Y müsste dieses Angebot angenommen haben. Zwar hat er nicht ausdrücklich erklärt, er nehme das Angebot des X zur Übereignung an. Y hat aber das Buch genommen und in sein Bücherregal zu seinen anderen Büchern gestellt. Dieses Verhalten lässt darauf schließen, dass Y das Buch als sein Eigentum behalten wollte. Das Verhalten des Y stellt somit eine konkludente Annahmeerklärung des von X gemachten Angebots dar.

Allerdings ist die Annahme eines Vertragsangebots grundsätzlich eine empfangsbedürftige Willenserklärung, die unter Abwesenden gem. § 130 Abs. 1 S. 1 BGB erst wirksam wird, wenn sie dem Empfänger zugeht. Dem X, der das Verhalten des Y nicht beobachtet hat, ist überhaupt keine Erklärung des Y zugegangen. Eine Einigung könnte jedoch dann zustande gekommen sein, wenn der *Zugang* der Annahmeerklärung des Y ausnahmsweise gem. § 151 S. 1 BGB entbehrlich ist.

Anmerkung: Nach § 151 S. 1 BGB ist *nicht* die *Annahmeerklärung selbst* entbehrlich, sondern *lediglich deren Zugang* beim Antragenden. Hier liegt eine Annahmeerklärung des Y vor (nämlich konkludent durch das Ins-Regal-Stellen), deren Zugang bei X gem. § 151 S. 1 BGB entbehrlich sein könnte.

---

§ 151 S. 1 BGB setzt für die Entbehrlichkeit des Zugangs der Annahmeerklärung voraus, dass der Antragende auf den Zugang der Annahmeerklärung verzichtet hat oder dass eine Annahmeerklärung *gegenüber dem Antragenden* nach der Verkehrssitte nicht zu erwarten ist.

X hat hier nicht auf den Zugang der Annahmeerklärung verzichtet. Die Entbehrlichkeit des Zugangs kann sich hier daher nur aus der Verkehrssitte ergeben.

Die Verkehrssitte ist die im Verkehr der beteiligten Kreise herrschende tatsächliche Übung. In Professorenkreisen ist es üblich, sich untereinander Freiexemplare der neuesten Veröffentlichungen zuzusenden. Es kommt zwar vor, dass der Empfänger sich bei dem Verfasser meldet und sich für das übersandte Werk bedankt. Es ist aber jedenfalls nicht unüblich, dass das Buch einfach in die Handbibliothek eingestellt und gegebenenfalls bei einem Treffen aus einem anderen Grund (Konferenz, Sitzung, etc.) kurz angesprochen wird. Eine unmittelbar nach Empfang des Werkes übersandte Annahmeerklärung kann jedenfalls nicht erwartet werden. Nach der Verkehrssitte des Verkehrskreises, dem X und Y angehören, war daher der Zugang der Annahmeerklärung nicht zu erwarten.

Gem. § 151 S. 1 BGB war somit der Zugang der Annahmeerklärung des Y, die dieser in seinem Büro konkludent abgegeben hat, für deren Wirksamkeit nicht erforderlich. Eine wirksame Annahmeerklärung des Y liegt daher vor. X und Y haben sich über den Eigentumsübergang im Sinne von § 929 S. 1 BGB geeinigt.

c. Verfügungsbefugnis des X

X müsste schließlich noch zur Übereignung des Buches gem. § 929 S. 1 BGB berechtigt gewesen sein. X war Eigentümer des Buches. Er war daher auch zur Übereignung berechtigt.

d. Ergebnis - Übereignung

Der Tatbestand des § 929 S. 1 BGB ist erfüllt. Y ist jetzt Eigentümer des Buches. X hat sein Eigentum an dem Buch verloren.

2. Ergebnis - Eigentum des X

Also ist X nicht mehr Eigentümer des Buches.

II. Ergebnis - § 985 BGB

Damit ist ein Anspruch des X gegen Y aus § 985 BGB auf Herausgabe des Buches nicht gegeben.

B. Anspruch des X gegen Y auf Rückübereignung und Herausgabe des Buches gem. § 812 Abs. 1 S. 1 Alt. 1 BGB

X könnte gegen Y einen Anspruch auf Rückübereignung und Herausgabe des Buches gem. § 812 Abs. 1 S. 1 Alt. 1 BGB haben.

Anmerkung: Oftmals kommen für das Begehren des Anspruchsstellers verschiedene Anspruchsgrundlagen in Betracht. Diese sind im Gutachten alle zu prüfen, da hier der Sachverhalt (im Rahmen der Fallfrage) unter allen in Betracht kommenden Gesichtspunkten zu würdigen ist. Bei der Prüfung der in Betracht kommenden Anspruchsgrundlagen ist stets die folgende Reihenfolge einzuhalten:

1. Vertragliche Ansprüche (z.B. § 433 Abs. 1 S. 1 BGB; § 280 Abs. 1 BGB)
2. Quasivertragliche Ansprüche (z.B. Ansprüche aus *culpa in contrahendo* (§ 311 Abs. 2 BGB); Geschäftsführung ohne Auftrag (§§ 677 ff. BGB))
3. Sachenrechtliche Ansprüche (z.B. § 985 BGB; § 1004 BGB)
4. Deliktische Ansprüche (z.B. § 823 Abs. 1 BGB; § 831 BGB)
5. Ansprüche aus ungerechtfertigter Bereicherung (§§ 812 ff. BGB)

Selbst wenn im Gutachten bereits festgestellt wurde, dass die Tatbestandsvoraussetzungen einer Anspruchsgrundlage gegeben sind und der Anspruch daher besteht, sind dennoch alle weiteren in Betracht kommenden Anspruchsgrundlagen zu prüfen (vgl. z.B. unten Fall 15 Teil 2). Liegen für das Begehren des Anspruchsstellers die Tatbestandsvoraussetzungen mehrerer Anspruchsgrundlagen vor, so führt dies nicht dazu, dass der Anspruchsinhalt mehrfach verlangt werden kann; der Anspruchsinhalt wird dann durch diese Anspruchsgrundlagen alternativ begründet.

I. Etwas erlangt

Dies setzt zunächst voraus, dass Y etwas erlangt hat. Wie oben (A. I. 1.) dargelegt, hat Y Eigentum und Besitz an dem Buch erlangt.

II. Durch Leistung

Eigentum und Besitz an dem Buch müsste der Y durch Leistung im Sinne des § 812 Abs. 1 S. 1 Alt. 1 BGB erlangt haben. Leistung im Sinne dieser Vorschrift ist die bewusste und zweckgerichtete Mehrung fremden Vermögens. X hat dem Y das Buch übereignet und damit das Vermögen des Y bewusst gemehrt. Dies hat X getan, um eine Schenkung zu vollziehen, so dass X bei der Übereignung auch zweckgerichtet handelte. Y hat daher Eigentum und Besitz an dem Buch durch Leistung des X Sinne von § 812 Abs. 1 S. 1 Alt. 1 BGB erlangt.

III. Ohne rechtlichen Grund

Darüber hinaus müsste Y Eigentum und Besitz ohne rechtlichen Grund erlangt haben. Rechtsgrund ist das der Vermögensverschiebung zugrunde liegende kausale Rechtsgeschäft.

1. Einigung über Schenkungsvertrag?

Als rechtlicher Grund für die Erlangung von Eigentum und Besitz an dem Buch durch Y kommt hier ein Schenkungsvertrag in Betracht. Als X dem Y Buch und Kärtchen zusandte, bot er ihm die dauerhafte und unentgeltliche Überlassung des Buches und damit den Abschluss eines Schenkungsvertrages gem. § 516 Abs. 1 BGB an. Dieses Angebot ist dem Y zugegangen, als er das Buch samt Kärtchen entgegennahm.

Fraglich ist, ob Y dieses Angebot auf Abschluss eines Schenkungsvertrages auch angenommen hat. Bloßes Schweigen gilt grundsätzlich nicht als Annahme (vgl. oben Fall 5).

Allerdings könnten hier die Voraussetzungen des § 516 Abs. 2 S. 2 BGB vorliegen, so dass das Schweigen des Y ausnahmsweise als Annahme zu werten sein könnte. Dann müsste X den Y zu einer Erklärung über die Annahme des Angebots zum Abschluss eines Schenkungsvertrages aufgefordert haben. X hat dem Y nur das Kärtchen zukommen lassen, auf dem sich keine solche Aufforderung befand. Die Voraussetzungen des § 516 Abs. 2 S. 2 BGB liegen daher nicht vor. Das Schweigen des Y ist daher nicht als Annahme zu werten.

Y könnte das Angebot auf Abschluss eines Schenkungsvertrages aber konkludent angenommen haben. Er hat das Buch in sein Regal zu den anderen Büchern gestellt, die er auf die gleiche Weise erhalten hatte und dauerhaft behalten wollte. In diesem Verhalten des Y liegt eine konkludente Annahme des ihm von X unterbreiteten Angebots zum Abschluss eines Schenkungsvertrages (vgl. oben

A. I. 1. b.). Grundsätzlich bedarf die Wirksamkeit der Annahmeerklärung gem. § 130 Abs. 1 S. 1 BGB des Zugangs beim Empfänger. Dem X ist diese Annahmeerklärung allerdings nicht zugegangen.

Der Zugang der Annahmeerklärung könnte jedoch gem. § 151 S. 1 BGB entbehrlich sein, wenn ein solcher Zugang nach der Verkehrssitte nicht zu erwarten war. Für die Voraussetzungen des § 151 S. 1 BGB im vorliegenden Fall kann nach oben (unter A. I. 1. b.) verwiesen werden.

> **Anmerkung:** Man muss sich darüber im Klaren sein, dass es sich hier rechtlich um eine andere Erklärung als die oben unter A. I. 1. b. untersuchte handelt. Lediglich die Argumente, warum auch für diese Erklärung auf das Zugangserfordernis verzichtet werden kann (Verkehrssitte in Professorenkreisen), sind die gleichen.

Gem. § 151 S. 1 BGB war also der Zugang der Erklärung des X, er nehme das Angebot auf Abschluss eines Schenkungsvertrages an, für ihre Wirksamkeit nicht erforderlich. X und Y haben sich daher über den Abschluss eines Schenkungsvertrages i.S.d. § 516 BGB über das Buch geeinigt.

2. Form

Fraglich ist, ob die Einigung wegen Verstoßes gegen eine gesetzlich vorgeschriebene Form gem. § 125 S. 1 BGB nichtig ist. In Betracht kommt hier das Formerfordernis der notariellen Beurkundung gem. § 518 Abs. 1 S. 1 BGB.

Allerdings ist in dieser Vorschrift von einem „Schenkungsversprechen" die Rede, woraus von der überwiegenden Meinung entnommen wird, das Formerfordernis sei auf die sog. Handschenkung (das heißt den Fall, dass der Abschluss des Schenkungsvertrages und seine Erfüllung zeitlich zusammenfallen) nicht anwendbar. Die Übereignung des Buches und der Abschluss des Schenkungsvertrages fanden hier gleichzeitig statt. Der Schenkungsvertrag wurde daher unmittelbar erfüllt, so dass eine Handschenkung vorliegt. Nach der genannten Meinung wäre das Formerfordernis nach § 518 Abs. 1 S. 1 BGB daher vorliegend nicht anwendbar; der Schenkungsvertrag wäre nicht nach § 125 S. 1 BGB nichtig.

Folgt man dieser Meinung nicht, so ist § 518 Abs. 1 S. 1 BGB auch auf die Handschenkung anzuwenden. Eine notarielle Beurkundung des Schenkungsvertrages zwischen X und Y hat nicht stattgefunden. Der Mangel der gesetzlich vorgeschriebenen Form könnte allerdings nach § 518 Abs. 2 BGB geheilt worden sein. Dies setzt voraus, dass die schenkweise versprochene Leistung bewirkt wurde. Gegenstand des Schenkungsvertrages war hier das dem Y zugesandte Buch. Y erlangte Eigentum an dem Buch, als er es in sein Regal stellte, nachdem er das Kärtchen gelesen hatte. Damit ist die von X versprochene Leistung bewirkt worden. Der Formmangel des Schenkungsvertrages ist damit geheilt. Der Schenkungsvertrag ist also auch dann nicht nach § 125 S. 1 BGB nichtig, wenn man das Formerfordernis des § 518 Abs. 1 S. 1 BGB auf die Handschenkung anwendet.

Der zwischen X und Y abgeschlossene Schenkungsvertrag ist daher nach beiden Ansichten wirksam; eine Entscheidung zwischen ihnen kann unterbleiben.

Y hat Besitz und Eigentum an dem Buch also aufgrund eines Schenkungsvertrages gem. § 516 BGB und damit nicht ohne rechtlichen Grund erlangt. Die Voraussetzungen des § 812 Abs. 1 S. 1 Alt. 1 BGB liegen daher nicht vor.

IV. Ergebnis - § 812 Abs. 1 S. 1 Alt. 1 BGB

X hat keinen Anspruch gegen Y auf Rückübereignung und Herausgabe des Buches gem. § 812 Abs. 1 S. 1 Alt. 1 BGB.

C. Anspruch des X gegen Y auf Rückübereignung und Herausgabe des Buches gem. §§ 530 Abs. 1, 531 BGB i.V.m. §§ 812 ff. BGB

X könnte gegen Y einen Anspruch auf Rückübereignung und Herausgabe des Buches gem. §§ 530 Abs. 1, 531 BGB i.V.m. §§ 812 ff. BGB haben. Dies setzt zunächst den wirksamen Widerruf der Schenkung voraus.

I. Widerruf

Der wirksame Widerruf der Schenkung durch X setzt einen Widerrufsgrund (§ 530 Abs. 1 BGB) und eine Widerrufserklärung (§ 531 Abs. 1 BGB) voraus.

1. Widerrufsgrund

Als Widerrufsgrund kommt hier nur grober Undank des Y in Betracht. Dies setzt gem. § 530 Abs. 1 BGB eine schwere Verfehlung des Y gegenüber dem X voraus. In der Tatsache, dass Y sich hier nicht ausdrücklich bei X bedankt hat und das Buch des X auch sonst nirgends angepriesen hat, kann keine schwere Verfehlung des Y gesehen werden, entsprach dies doch sogar der in den Kreisen von Y und X herrschenden Verkehrssitte (vgl. oben unter A. I. 1. b.). Die höheren Erwartungen, die X an Y stellte, ändern daran nichts. Y hat gegenüber X keine schwere Verfehlung begangen, die als grober Undank im Sinne von § 530 Abs. 1 BGB qualifiziert werden könnte. Es liegt mithin kein Widerrufsgrund vor.

2. Ergebnis - Widerruf

X hat die Schenkung nicht wirksam widerrufen.

II. Ergebnis - §§ 530 Abs. 1, 531 BGB i.V.m. §§ 812 ff. BGB

X hat keinen Anspruch gegen Y auf Rückübereignung und Herausgabe des Buchs gem. §§ 530 Abs. 1, 531 BGB i.V.m. §§ 812 ff. BGB.

D. Gesamtergebnis

X hat keinen Anspruch auf Herausgabe des Buches, so dass Y das Werk behalten darf.

Fall 8

Ausgangsfall:

Jurastudent J wohnt in Köln zur Miete in einer Ein-Zimmer-Wohnung. In dem Mietvertrag ist für J eine Kündigungsmöglichkeit jeweils zum Monatsende mit einer Kündigungsfrist von einem Monat vorgesehen.

In der Vorlesung hat J die Jurastudentin S kennen gelernt, und nach einiger Zeit überlegen sich J und S, zusammen eine Zwei-Zimmer-Wohnung zu beziehen, um gemeinsam lernen zu können.

J schreibt daher am 23.5.2006 seinem Vermieter V einen Brief, in dem er zum Ende des Monats Juni kündigt. Da J und S von der Wohnungssuche stark in Anspruch genommen sind, kommt J erst am Abend des 31.5.2006 dazu, den Brief in den Briefkasten des V zu werfen. V findet den Brief am Morgen des 1.6.2006, als er seine Zeitung hereinholt. V ist mit der Kündigung nicht einverstanden. Er meint, J habe nicht wirksam gekündigt und habe noch mindestens bis einschließlich Juli Miete zu bezahlen. J ist der Auffassung, das Mietverhältnis ende am 30.6.2006. Miete für Juli müsse er nicht bezahlen.

Wer hat Recht?

Abwandlung 1:

V hat noch am späten Abend des 31.5.2006 in seinen Briefkasten geschaut, den Brief gefunden und gelesen.

Wie ist der Fall dann zu beurteilen?

Abwandlung 2:

J wirft den Brief noch am 23.5.2006 in einen Briefkasten der Deutschen Post AG. Diese hatte kurz zuvor das Briefporto erhöht, um sich für den Börsengang „fit zu machen". Dies hatte J allerdings nicht mitbekommen, weil er in den Vorbereitungen für eine Sachenrechtsklausur steckte. Daher ist sein Brief nicht ausreichend frankiert. Der Postbote klingelt bei V, hält ihm den Brief vor und verlangt Nachporto. V erkennt, dass es sich bei dem Absender um J handelt und befürchtet schon eine Kündigung des Mietverhältnisses. Da aber der Brief nicht ausreichend

frankiert ist und V meint, es sei ja nicht seine Sache, dafür zu bezahlen, dass Briefe ihn auch erreichten, weigert er sich, Nachporto zu bezahlen. Der Postbote
nimmt den Brief daher wieder mit. Erst am 31.5.2006 wird das Schreiben zu J zurückbefördert mit dem Hinweis „Zustellung aufgrund nicht ausreichender Frankierung nicht möglich". Daraufhin schickt J das Schreiben am 2.6.2006 erneut ab.
Am Morgen des 3.6.2006 liest es der V.

Muss J für den Monat Juli Miete zahlen?

Abwandlung 3:

V war umgezogen und hatte dem J am 1.5.2006 seine neue Adresse und Telefonnummer mitgeteilt. V wohne jetzt nicht mehr in der Mainzer Str. 53, sondern in
der Luxemburger Str. 124-136, einem Hochhaus mit mehreren hundert Wohnungen. Als J sich zur Kündigung entschieden hat, sendet er daher am 26.5.2006 einen ordnungsgemäß frankierten Brief an V unter seiner neuen Adresse Luxemburger Str. 124-136. Am 28.5.2006 steht der Postbote vor den zahlreichen Briefkästen
in der Luxemburger Str. 124-136 und will den an V adressierten Brief einwerfen.
Allerdings findet er keinen Briefkasten mit dem Namen des V. Tatsächlich hatte V
vergessen, das Schild des Voreigentümers seiner Wohnung auszutauschen und
seinen Namen am Briefkasten anzubringen. Der Postbote nimmt den Brief wieder
mit und lässt ihn an J zurückbefördern. Noch am nächsten Tag bringt V ein Schild
mit seinem Namen an seinem Briefkasten an. J erhält den Brief am 3.6.2006 mit
dem Vermerk „Empfänger unter dieser Adresse nicht bekannt" zurück und unternimmt zunächst nichts mehr. Als J am 30.6.2006 auszieht, legt er seinen Woh-
nungsschlüssel zu dem Kündigungsschreiben in den zurückbeförderten Umschlag.
Er fährt am frühen Morgen in die Luxemburger Straße, findet den Briefkasten des
V und wirft den Umschlag mit Kündigungsschreiben und Schlüssel dort ein. Auf
dem Umschlag hat J vermerkt, es täte ihm leid, seinen Auszug so kurzfristig mit-
zuteilen, aber er habe V unter seiner Adresse per Post nicht erreichen können.

Muss J Miete für Juli bezahlen?

Lösung Fall 8

Ausgangsfall

A. Anspruch des V gegen J auf Zahlung der Miete für den Monat Juli gem. § 535 Abs. 2 BGB

V könnte gegen J einen Anspruch auf Zahlung der Miete für den Monat Juli gem. § 535 Abs. 2 BGB haben.

I. Bestehen eines Mietvertrags

Dies setzt voraus, dass zwischen den Parteien für diesen Monat ein wirksamer Mietvertrag besteht. J und V haben nach dem Sachverhalt zunächst einen Mietvertrag geschlossen.

1. Kündigung zum 1.7.2006

Der Mietvertrag könnte jedoch durch eine wirksame Kündigung des J mit Wirkung zum 1.7.2006 beendet worden sein. Dies setzt eine fristgerechte Kündigung des J voraus. Eine Kündigung ist eine empfangsbedürftige Willenserklärung, deren Wirksamkeit Abgabe und Zugang voraussetzt (§ 130 Abs. 1 S. 1 BGB).

Inhaltlich ist in dem Schreiben des J vom 23.5.2006 eine Kündigungserklärung zu sehen.

> Hinweis: Eine Kündigung ist ein Rechtsgeschäft, das aus nur einer Willenserklärung besteht. Der rechtliche Erfolg einer wirksamen Kündigungserklärung besteht in der Beendigung eines Vertragsverhältnisses. Zum Begriff des Rechtsgeschäfts siehe oben Fall 2.

a. Abgabe

Abgabe bedeutet, dass die Erklärung in der Weise willentlich in Richtung auf den Empfänger in Verkehr gebracht wird, dass unter normalen Umständen damit zu rechnen ist, dass die Erklärung den Empfänger auch erreicht. Mit Einwerfen des Briefes in den Briefkasten des V hat J die Erklärung so in Richtung auf den V auf den Weg gebracht, dass damit zu rechnen war, dass sie ihm auch zugehen würde. Die Abgabe einer Kündigungserklärung durch J ist damit erfolgt.

b. Fristgerechter Zugang

Nach dem Mietvertrag war für die Beendigung des Mietvertrages zum 1.7.2006 eine Kündigung vor Ablauf des 31.5.2006 erforderlich.

Fraglich ist also, ob die Erklärung dem V fristgerecht vor Ablauf des 31.5.2006 zugegangen ist. Eine Willenserklärung geht zu, sobald sie so in den Machtbereich des Empfängers gelangt ist, dass dieser Kenntnis von ihr nehmen kann und unter normalen Umständen mit der Kenntnisnahme zu rechnen ist. Der an seiner Wohnung befindliche Briefkasten des V gehörte zu dessen Machtbereich. Mit dem Einwerfen des Briefes in den Briefkasten des V ist der Brief daher am 31.5.2006 abends in dessen Machtbereich gelangt.

Fraglich ist, ob zu diesem Zeitpunkt nach der Verkehrsanschauung bereits mit der Kenntnisnahme durch den V zu rechnen war. Zwar ist der Brief bereits am 31.5.2006 in den Machtbereich des V gelangt. Es kann jedoch von niemandem erwartet werden, den Briefkasten mehrmals am Tag zu kontrollieren, vor allem nicht nach der Stunde, zu der der Briefträger gewöhnlich die Post bringt (in der Regel vormittags). Vielmehr kann mit einer Kenntnisnahme erst gerechnet werden, wenn die nächste normale Postlieferung eingetroffen ist, das heißt am Vormittag des nächsten Tages. Unter gewöhnlichen Umständen war mit einer Kenntnisnahme durch V also erst am nächsten Morgen zu rechnen. Die Kündigungserklärung des J ist dem V daher erst am Morgen des 1.6.2006 zugegangen. Sie war verspätet und damit keine rechtzeitige Kündigung zum 1.7.2006.

c. Ergebnis - Kündigung

Eine fristgerechte Kündigung zum 1.7.2006 ist nicht erfolgt.

2. Ergebnis - Mietvertrag

Für den Monat Juli bestand zwischen J und V ein wirksamer Mietvertrag.

II. Ergebnis

V hat gegen J einen Anspruch auf Zahlung der Miete für den Monat Juli gem. § 535 Abs. 2 BGB.

Der Zugang von Willenserklärungen

I. Definition
Eine Willenserklärung geht zu, wenn sie so in den Machtbereich des Adressaten gelangt ist, dass dieser von ihr Kenntnis erlangen kann und wenn unter normalen Umständen mit der Kenntnisnahme zu rechnen ist.

Damit besteht die Zugangsdefinition aus zwei wesentlichen Elementen, die für den Zugang beide erforderlich sind:

(1) Gelangen in den Machtbereich des Adressaten;
(2) Eintritt des Zeitpunkts, zu dem unter normalen Umständen mit der Kenntnisnahme zu rechnen ist.

Zu (1): Zum Machtbereich gehört der räumliche Herrschaftsbereich des Empfängers, z.B. seine Wohnung. Zu diesem Bereich gehören insbesondere auch Empfangsvorrichtungen, wie z.B. Briefkasten, Faxgerät, Anrufbeantworter oder – im Fall der Willenserklärung per E-Mail – elektronisches Postfach des Adressaten auf dem Server des E-Mail-Providers (ausführlich zum Zugang von Willenserklärungen per E-Mail unten Fall 20).

Zu (2): Ist die Voraussetzung (1) erfüllt, so findet der Zugang in dem Moment statt, in dem die **Kenntnisnahme** von der Willenserklärung **unter normalen Umständen zu erwarten** ist. Zur Bestimmung des Zeitpunkts der unter normalen Umständen zu erwartenden Kenntnisnahme nimmt man eine typisierende Betrachtung vor, das heißt man sieht von besonderen Umständen des Sachverhalts, wie z.B. Urlaubsabwesenheit des Empfängers, grundsätzlich ab, selbst wenn sie dem Absender bekannt sind, um den Zugang an möglichst klare Kriterien zu knüpfen. **Auf den Zeitpunkt der tatsächlichen Kenntnisnahme kommt es dagegen grundsätzlich nicht an.** Ausnahme: Findet die Kenntnisnahme statt, bevor diese nach den Umständen zu erwarten war, so findet der Zugang im Moment der tatsächlichen Kenntnisnahme statt.

II. Sonderfälle

Die Anwendung dieses Zugangsbegriffs auf den konkreten Sachverhalt bereitet allerdings in zahlreichen Fallgestaltungen Probleme. Dies ist vor allem dann der Fall, wenn es zu Störungen bei der Übermittlung der Willenserklärung gekommen ist, die das Gelangen in den Machtbereich des Empfängers oder die Möglichkeit der Kenntnisnahme verzögert oder ganz verhindert haben (Zugangsverzögerung bzw. Zugangshindernis). In diesen Fällen führt eine starre Anwendung der oben genannten Zugangsdefinition nicht immer zu akzeptablen Ergebnissen. Sie wird daher zum Teil durch zusätzliche Erwägungen korrigiert. Es ist wichtig, sich die geläufigsten Fallgestaltungen und die zu ihrer Lösung herangezogenen Wertungen zu verdeutlichen:

(1) **Hindernis in der Absendersphäre**: Die Fälle, in denen das Zugangshindernis bzw. der Grund der Zugangsverzögerung sich im Einflussbereich (der Sphäre) des Absenders befindet, bereiten kaum Probleme. Sie sind mit der oben genannten Definition zu lösen, weil es keinen Grund für eine Erleichterung der Zugangsvoraussetzungen gibt. Der Absender ist an einem verzögerten Zugang schließlich „selbst schuld". Eine Verschärfung der Zugangskriterien scheidet ebenfalls aus, da der Empfänger durch die Zugangsvoraussetzungen hinreichend geschützt ist.
Dabei gehört zur Absendersphäre alles, was auf dem Weg zum Empfänger vor dessen Machtbereich (z.B. Einwurf in den Briefkasten) liegt. Der Absender ist also für den Transfer der Erklärung bis zur Grenze des Machtbereichs des Empfängers verantwortlich. Der Grund dafür ist, dass der Empfänger im Gegensatz zum Absender auf die Übermittlung der Willenserklärung keinen Einfluss hat. Er weiß regelmäßig nicht einmal, dass eine Erklärung zu ihm unterwegs ist. Typische Beispiele

für Hindernisse in der Sphäre des Absenders sind Verlust der Erklärung beim Transport, Unzuverlässigkeit des eingesetzten Boten, unzureichende Frankierung, ungenaue Adressangabe, etc.

(2) **Hindernis in der Empfängersphäre**: Ungleich problematischer sind die Fälle einer Verzögerung oder Verhinderung des Zugangs, die ihren Ursprung in der Sphäre des Empfängers haben. Hier hat sich der Absender zunächst so verhalten, dass er unter normalen Umständen mit dem Zugang zu einem bestimmten Zeitpunkt rechnen konnte. Allerdings hat der Empfänger eine Ursache dafür gesetzt, dass die Erklärung entweder verspätet oder gar nicht in seinen Machtbereich gelangt ist. Der (rechtzeitige) Zugang scheitert hier also aufgrund eines Umstands, auf den der Absender keinen Einfluss mehr hatte. Würde man hier die oben genannte Zugangsdefinition ohne Modifizierung anwenden, so läge es im Belieben des Empfängers, durch Verweigerung der Annahme von Postsendungen den Zugang von Willenserklärungen zu verhindern, und der Absender trüge das Risiko einer allein vom Empfänger veranlassten Verzögerung, z.B. Nachsendung ins Ausland durch die Post. Bei einem Hindernis in der Empfängersphäre wird daher von den oben genannten Zugangskriterien abgewichen.

Dabei gibt es grundsätzlich zwei Möglichkeiten:
Zum einen kann man die Parteien so behandeln, als sei die Willenserklärung rechtzeitig zugegangen, obwohl Zugang nach den genannten Kriterien zu keinem Zeitpunkt stattgefunden hat. Man fingiert also den (tatsächlich nicht erfolgten) Zugang (**Zugangsfiktion**). Dies ist gegenüber dem Empfänger die einschneidendste Sanktion, denn es wirkt eine Erklärung gegen ihn, die er nie zur Kenntnis genommen hat. Daher wendet man sie auch nur dann an, wenn der Empfänger besonders schutzunwürdig erscheint.

Beispiel: Der Empfänger verprügelt den Boten, der eine Erklärung überbringen will und wirft ihn von seinem Grundstück, oder der Empfänger macht seine Empfangsvorrichtungen absichtlich unbrauchbar, weil er eine unerwünschte Erklärung erwartet (Abschalten des Faxgeräts, Verschließen des Briefkastens).

Zum anderen kann man die Fiktion nur auf die Rechtzeitigkeit des Zugangs, nicht aber auf den Zugang als solchen beschränken (**Rechtzeitigkeitsfiktion**). Dies kommt vor allem dann in Betracht, wenn der Empfänger nicht absichtlich, sondern lediglich durch Unachtsamkeit den Zugang verhindert hat und der Absender dies erkannt hat, z.B. weil die Erklärung an ihn zurückbefördert worden ist. In diesen Fällen spricht zwar die Tatsache, dass der Empfänger das Hindernis gesetzt hat, für den Absender. Allerdings ist es dem Absender dann aber zuzumuten, einen erneuten Zustellversuch zu unternehmen, und nur dann die Wirkungen des Zugangs auf den Zeitpunkt zurückwirken zu lassen, in dem der Zugang ohne das Hindernis stattgefunden hätte. In einem solchen Fall geht die Erklärung zwar erst mit dem erneuten Zustellungsversuch zu, als Zugangs*zeitpunkt* gilt dann jedoch der Zeitpunkt, zu dem beim ersten Zustellungsversuch mit dem Zugang zu rechnen gewesen ist. Hierfür spricht (neben den unten in Abwandlung 3 genannten Argumenten), dass der Erklärende in solchen Fällen die Möglichkeit hat, selbst zu entscheiden, ob er einen erneuten Zustellungsversuch (mit Rechtzeitigkeitsfiktion) unternehmen möchte, oder ob er von seiner Erklärung ganz absehen möchte.

> Hinweis: Die Lösung der einzelnen Fallkonstellationen ist in den Einzelheiten um-
> stritten. Die vorangehenden Bemerkungen sind keine umfassende Darstellung des
> Meinungsspektrums, sondern eine Hilfe zur selbständigen Argumentation am Sach-
> verhalt. Siehe auch vertiefend zum Ganzen *Weiler*, JuS 2005, 788.

Abwandlung 1

A. Anspruch des V gegen J auf Zahlung der Miete für den Monat Juli gem. § 535 Abs. 2 BGB

V könnte gegen J einen Anspruch auf Zahlung der Miete für den Monat Juli gem. § 535 Abs. 2 BGB haben.

I. Bestehen eines Mietvertrags

Dies setzt voraus, dass zwischen den Parteien für diesen Monat ein wirksamer Mietvertrag besteht. J und V haben nach dem Sachverhalt zunächst einen Mietvertrag geschlossen.

1. Kündigung zum 1.7.2006

Der Mietvertrag könnte jedoch durch eine wirksame Kündigung des J mit Wirkung zum 1.7.2006 beendet worden sein. Dies setzt eine fristgerechte Kündigung des J voraus. Eine Kündigung ist eine empfangsbedürftige Willenserklärung, deren Wirksamkeit Abgabe und Zugang voraussetzt (§ 130 Abs. 1 S. 1 BGB).

Inhaltlich ist in dem Schreiben des J vom 23.5.2006 eine Kündigungserklärung zu sehen.

a. Abgabe

Mit Einwerfen des Briefes in den Briefkasten des V hat J die Erklärung so in Richtung des V auf den Weg gebracht, dass damit zu rechnen war, dass sie ihm auch zugehen würde. J hat damit seine Erklärung abgegeben.

b. Zugang

Nach dem Mietvertrag war für die Beendigung des Mietvertrages zum 1.7.2006 eine Kündigung vor Ablauf des 31.5.2006 erforderlich. Fraglich ist also, ob die Erklärung dem V fristgerecht vor Ablauf des 31.5.2006 zugegangen ist.

Eine Willenserklärung geht zu, sobald sie so in den Machtbereich des Empfängers gelangt ist, dass dieser Kenntnis von ihr nehmen kann und wenn unter normalen Umständen mit der Kenntnisnahme zu rechnen ist. Der an seiner Wohnung befindliche Briefkasten des V gehörte zu dessen Machtbereich. Mit dem Einwerfen

des Briefes in den Briefkasten des V ist der Brief daher in dessen Machtbereich
gelangt.

Unter normalen Umständen konnte mit einer Kenntnisnahme durch V erst am
nächsten Vormittag gerechnet werden (vgl. oben A. I. 1. b.).

Fraglich ist jedoch, ob der Zugang aufgrund der tatsächlichen Kenntnisnahme
durch V bereits am 31.5.2006 abends stattgefunden hat.

Dafür, bei einer „vorzeitigen" Kenntnisnahme für den Zugang auf den Zeitpunkt der tatsächlichen Kenntnisnahme abzustellen, spricht zunächst das Interesse
des Empfängers an der Gültigkeit der an ihn gerichteten und von ihm wahrgenom-
menen Erklärung. Andernfalls wäre nämlich ein etwaiger Widerruf der Erklärung
noch bis zu dem Zeitpunkt zulässig, in dem mit der Kenntnisnahme unter normalen Umständen zu rechnen gewesen wäre. Gleichermaßen hat regelmäßig auch der
Absender ein Interesse an der möglichst frühzeitig eintretenden Wirksamkeit seiner Erklärung. Dem steht auch kein schützenswertes Interesse des Empfängers
entgegen, sobald der Empfänger tatsächlich vom Inhalt der Erklärung Kenntnis
genommen hat. Findet die Kenntnisnahme von der Erklärung früher statt als unter
normalen Umständen zu erwarten, so ist für den Zugang daher ausnahmsweise auf
den Zeitpunkt der tatsächlichen Kenntnisnahme abzustellen.

Die Kündigungserklärung des J ist dem V daher bereits am Abend des
31.5.2006 zugegangen, als V von der Erklärung tatsächlich Kenntnis nahm.

2. Ergebnis - Kündigung

Eine fristgerechte Kündigung zum 1.7.2006 ist damit erfolgt.

II. Ergebnis - Mietvertrag

Für den Monat Juli bestand zwischen J und V kein wirksamer Mietvertrag.

B. Ergebnis

V hat gegen J keinen Anspruch auf Zahlung der Miete für den Monat Juli gem.
§ 535 Abs. 2 BGB.

Abwandlung 2

A. Anspruch des V gegen den J auf Zahlung der Miete für den Monat Juli gem. § 535 Abs. 2 BGB

V könnte gegen J einen Anspruch auf Zahlung der Miete für den Monat Juli gem.
§ 535 Abs. 2 BGB haben.

I. Mietvertrag

Dies setzt voraus, dass zwischen J und V für Juli ein wirksamer Mietvertrag bestand. J und V haben nach dem Sachverhalt zunächst einen Mietvertrag geschlossen. Dieser könnte jedoch durch eine wirksame Kündigung des J mit Ablauf des 30.6.2006 beendet worden sein.

Dies setzt eine fristgerechte Kündigung des J voraus. Nach dem Mietvertrag war für die Beendigung des Mietvertrages zum 1.7.2006 eine Kündigung vor Ablauf des 31.5.2006 erforderlich.

Eine solche Kündigung könnte in dem Schreiben des J vom 23.5.2006 zu sehen sein. Eine Kündigung ist eine empfangsbedürftige Willenserklärung, deren Wirksamkeit Abgabe und Zugang voraussetzt (§ 130 Abs. 1 S. 1 BGB).

1. Abgabe

Abgabe bedeutet, dass die Erklärung in der Weise willentlich in Richtung auf den Empfänger in Verkehr gebracht wird, dass unter normalen Umständen damit zu rechnen ist, dass die Erklärung den Empfänger auch erreicht. Daran könnte man im vorliegenden Fall zweifeln, da J vergessen hat, den Brief zu frankieren. Allerdings ist trotz unzureichender Frankierung damit zu rechnen, dass die Post den Brief zunächst befördern wird, um dann Nachporto vom Empfänger zu verlangen. Trotz fehlender Frankierung hat J die Kündigungserklärung daher abgegeben.

2. Zugang

Fraglich ist aber, ob dem V diese Kündigung zugegangen ist. Dies setzt voraus, dass die Kündigung in den Machtbereich des Empfängers gelangt ist und dass unter normalen Umständen mit der Kenntnisnahme zu rechnen war. V hat die Annahme des Briefes verweigert, so dass der Briefträger ihm den Brief nicht übergeben hat und der Brief damit nicht in den Machtbereich des V gelangt ist. Die Willenserklärung ist dem V daher nicht zugegangen.

Die Annahmeverweigerung

Ein besonderer Fall eines Zugangshindernisses liegt vor, wenn der Empfänger vorsätzlich die Annahme verweigert. Wie eine solche Verweigerung der Annahme einer Willenserklärung zu beurteilen ist, lässt sich aus den oben zu den verschiedenen Zugangshindernissen entwickelten Grundsätzen ableiten:

(1) Verweigert der Empfänger die Entgegennahme der Erklärung aus einem Grund, der seinen Ursprung in der Sphäre des Absenders hat, so ist das Zugangshindernis trotz der Verweigerung der Annahme durch den Empfänger der Sphäre des Absenders zuzuordnen. Man spricht dann von einer *berechtigten* Annahmeverweigerung. Diese geht zu Lasten des Absenders und rechtfertigt daher keine Rechtzeitigkeits- oder gar Zugangsfiktion.

> (2) Verweigert der Empfänger die Entgegennahme dagegen ohne einen in der Ab-
> sendersphäre liegenden Grund, so handelt es sich um eine *unberechtigte* Annahme-
> verweigerung. In diesem Fall ist es dem Absender nicht zuzumuten, einen erneuten
> Zustellungsversuch zu unternehmen. Die unberechtigte Annahmeverweigerung
> rechtfertigt daher in der Regel eine Fiktion des Zugangs in dem Moment, in dem
> der Zugang ohne die Verweigerung erfolgt wäre (vgl. auch unten Abwandlung 3, A.
> I. 2.)

Fraglich ist allerdings, ob der Zugang der Kündigungserklärung vorliegend zu fingieren ist. Dies ist der Fall, wenn der Empfänger den Zugang bewusst und unberechtigt vereitelt, so dass es dem Erklärenden nicht zuzumuten ist, einen neuen
Zustellungsversuch zu unternehmen oder ihn mit den Folgen eines verspäteten
Zuganges zu belasten. V hat die Annahme verweigert, weil er den Brief nur gegen
die Zahlung von Nachporto für den Transport von J zu ihm ausgehändigt bekommen hätte. Für den Transport einer Willenserklärung zu sorgen, fällt aber in die
Sphäre des Erklärenden, so dass es V nicht zugemutet werden konnte, durch die
Zahlung von Nachporto den Zugang der Erklärung zu ermöglichen. Dass V damit
rechnete, dass der Brief eine Kündigung des J enthielt, ändert daran nichts. V war
daher zur Verweigerung der Annahme berechtigt. Der Zugang der Kündigungserklärung ist daher auch nicht zu fingieren.

Die Kündigung durch den ordnungsgemäß frankierten Brief eine Woche später
war verspätet und führte daher nicht zur Beendigung des Mietvertrages zum
1.7.2006. Da V zur Verweigerung der Annahme berechtigt war, kommt auch eine
„Vorverlegung" des Zugangs auf den Zeitpunkt, in dem die Erklärung den V ohne
dessen Annahmeverweigerung erreicht hätte (Rechtzeitigkeitsfiktion), nicht in Betracht. J hat den Mietvertrag daher nicht wirksam zum 1.7.2006 gekündigt.

II. Ergebnis - Mietvertrag

Für den Monat Juli bestand zwischen J und V damit ein wirksamer Mietvertrag.

B. Ergebnis

V kann von J Zahlung der Miete für den Monat Juli gem. § 535 Abs. 2 BGB for-
dern.

Abwandlung 3

A. Anspruch des V gegen J auf Zahlung der Miete für den Monat Juli gem. § 535 Abs. 2 BGB

V könnte gegen J einen Anspruch auf Zahlung der Miete für den Monat Juli gem. § 535 Abs. 2 BGB haben.

I. Mietvertrag

Dies setzt voraus, dass zwischen J und V für Juli 2006 ein wirksamer Mietvertrag bestand. J und V haben nach dem Sachverhalt zunächst einen Mietvertrag geschlossen. Dieser könnte jedoch durch eine wirksame Kündigung des J mit Ablauf des 30.6.2006 beendet worden sein.

Dies setzt eine fristgerechte Kündigung des J voraus. Nach dem Mietvertrag war für die Beendigung des Mietvertrages zum 1.7.2006 eine Kündigung vor Ablauf des 31.5.2006 erforderlich.

Eine solche Kündigung könnte in dem Schreiben des J vom 23.5.2006 zu sehen sein. Eine Kündigung ist eine empfangsbedürftige Willenserklärung, deren Wirksamkeit Abgabe und Zugang voraussetzt (§ 130 Abs. 1 S. 1 BGB).

1. Abgabe

Abgabe bedeutet, dass die Erklärung in der Weise willentlich in Richtung auf den Empfänger in Verkehr gebracht wird, dass unter normalen Umständen damit zu rechnen ist, dass die Erklärung den Empfänger auch erreicht. Als J den Brief mit der aktuellen Anschrift des V und ausreichender Frankierung in den Briefkasten der Deutschen Post AG eingeworfen hat, hat er ihn so auf den Weg zu V gebracht, dass unter normalen Umständen mit dem Zugang zu rechnen war. J hat seine Willenserklärung daher abgegeben.

2. Zugang

Fraglich ist, ob dem V die Erklärung des J auch zugegangen ist. Dies setzt zunächst voraus, dass die Erklärung in den Machtbereich des V gelangt ist. Der Postbote hat den Briefkasten des V aufgrund der falschen Beschriftung nicht finden können, so dass der Brief nicht in den Machtbereich des V gelangt ist. Der Brief ist dem V daher nicht zugegangen.

Fraglich ist, ob der Zugang der Willenserklärung zu fingieren ist. Dies kommt in Betracht, wenn der Zugang aufgrund eines Hindernisses aus der Empfängersphäre vereitelt wird und dem Absender ein erneuter Zustellversuch nicht zuzumuten ist. Der Zugang ist hier fehlgeschlagen, weil V seinen Briefkasten nicht richtig beschriftet hat. Zumindest derjenige, der seine Postadresse im Geschäftsverkehr angibt und daher mit dem Zugang von Willenserklärungen auf dem Postweg rechnen muss, hat die Empfangsvorrichtung, d.h. den Briefkasten, in empfangsbereitem Zustand zu halten. Dazu gehört auch, dass der Briefkasten als der des Empfängers erkennbar ist. Dafür zu sorgen, hat V versäumt, so dass das Zugangshindernis der Sphäre des Empfängers zuzurechnen ist.

Fraglich ist aber, ob ein erneuter Zustellungsversuch des J entbehrlich war. J
hat den Brief von der Post zurückbekommen und wusste daher, dass der erste Zustellungsversuch fehlgeschlagen war, ohne dass J davon ausgehen konnte, V habe
den Zugang der Erklärung vorsätzlich und unberechtigt verweigert. Auch hatte V
dem J seine neue Telefonnummer mitgeteilt, so dass J die Möglichkeit hatte, V auf
andere Weise zu kontaktieren und bei ihm nachzufragen. Daher war es dem J zumutbar, einen erneuten Zustellversuch zu unternehmen. Eine Fiktion des Zugangs
seiner Willenserklärung kommt nach dem einmaligen Fehlschlagen des Zugangs
unter diesen Umständen nicht in Betracht. Der Zugang ist nicht zu fingieren.

Es könnte aber eine Fiktion der Rechtzeitigkeit des Zugangs der Willenserklärung bei V in Betracht kommen. Diese setzt zunächst voraus, dass dem V die Willenserklärung zumindest zu einem späteren Zeitpunkt zugegangen ist und V damit
die Möglichkeit der, wenn auch verspäteten, Kenntnisnahme hatte.

J hat V am 30.6.2006 die Schlüssel samt der zurückbeförderten Kündigungserklärung in den Briefkasten geworfen. Hierin ist die erneute Abgabe seiner Kündigungserklärung zu sehen. Diese Erklärung ist am 30.6.2006 morgens in den Briefkasten und damit in den Machtbereich des V gelangt. Unter normalen Umständen
war an diesem Vormittag auch mit der Kenntnisnahme durch V zu rechnen. Die
Erklärung ist V daher am 30.6.2006 zugegangen.

Weitere Voraussetzung der Rechtzeitigkeitsfiktion ist, dass J den erneuten Zustellungsversuch rechtzeitig unternommen hat. Dabei ist zu berücksichtigen, dass
der dem Absender zumutbare zweite Zustellungsversuch die Interessen des Empfängers schützt, dem die Möglichkeit gegeben werden soll, von einer gegen ihn
wirkenden Erklärung auch Kenntnis zu nehmen. Gerade bei fristgebundenen Erklärungen, für die eine Fiktion des *rechtzeitigen* Zugangs allein relevant ist, muss
man davon ausgehen, dass der Empfänger ein Interesse an möglichst frühzeitiger
Kenntnisnahme von der Erklärung hat. Vom Absender ist daher zu verlangen, dass
er einen zweiten Zustellungsversuch unverzüglich nach Erlangen der Kenntnis
vom Fehlschlagen des ersten Versuchs unternimmt, wenn er die Fiktion eines
rechtzeitigen Zugangs für sich in Anspruch nehmen will. J, der bereits am
3.6.2006 vom Fehlschlagen des ersten Zustellungsversuchs erfahren hat, hat sich
indes bis zum 30.6.2006 Zeit gelassen, den V von dem fehlgeschlagenen Zugang
der Kündigung in Kenntnis zu setzen. Damit hat J keinen unverzüglichen erneuten
Zustellungsversuch unternommen, der eine „Vorverlegung" des tatsächlichen Zugangs (Rechtzeitigkeitsfiktion) rechtfertigen würde.

J hat den Mietvertrag daher nicht rechtzeitig gekündigt.

II. Ergebnis - Mietvertrag

Zwischen J und V bestand für den Monat Juli 2006 ein wirksamer Mietvertrag.

B. Ergebnis

V kann von J Zahlung der Miete für den Monat Juli 2006 gem. § 535 Abs. 2 BGB verlangen.

Sonderfall „Einschreiben"

Ein immer wieder diskutiertes Problem ist der Zeitpunkt des Zugangs bei einer eingeschriebenen Sendung, wenn der Postbote den Empfänger nicht antrifft und einen Benachrichtigungszettel in den Briefkasten einwirft. Dieses Problem soll hier kurz erläutert werden:

1. Schritt: Eintritt in den Machtbereich mit Einwurf des Benachrichtigungszettels? Zunächst kann man sich fragen, ob schon dadurch, dass der Benachrichtigungszettel in den Briefkasten eingeworfen wird, die Willenserklärung in den Machtbereich des Empfängers gelangt. Dies hätte zur Folge, dass der Zugang vollendet wäre, wenn unter normalen Umständen mit der Kenntnisnahme zu rechnen ist, das heißt sobald das Einschreiben bei der Post abgeholt werden kann (in der Regel am nächsten Vormittag). Hiergegen spricht jedoch die Tatsache, dass nach der allgemeinen Zugangsdefinition die Erklärung selbst (also der eingeschriebene Brief) und nicht lediglich ein Benachrichtigungszettel in den Machtbereich gelangen muss. Die Erklärung selbst ist aber nicht im Briefkasten, sondern im Wagen des Briefträgers bzw. in der Postfiliale. Zudem lässt der Benachrichtigungszettel nicht einmal den Absender erkennen. Mit Einwurf des Benachrichtigungszettels gelangt die Erklärung also noch nicht in den Machtbereich des Empfängers (str., vgl. *Palandt/Heinrichs*, BGB, 66. Aufl. 2007, § 130 Rz. 7; *Larenz/Wolf*, BGB AT, 9. Aufl. 2004, § 26 Rz. 25 m.w.N.; *Medicus*, BGB AT, 9. Aufl. 2006, Rz. 280 m.w.N.).

2. Schritt: Holt der Empfänger den Brief nun am nächsten Tag ab, so ist der Zugang der Erklärung damit unproblematisch gegeben. Schwieriger zu beurteilen sind die Fälle, in denen der Empfänger den Brief nicht abholt und das Einschreiben nach Ablauf der Lagerfrist an den Empfänger zurückgesandt wird. Hier ist die zentrale Frage, ob den Empfänger des Benachrichtigungsscheins eine Obliegenheit trifft, das Einschreiben in der Postfiliale abzuholen. Davon wird teilweise ausgegangen (vgl. *Medicus*, BGB AT, 9. Aufl. 2006, Rz. 280 m.w.N.; MüKo/*Einsele*, BGB, 5. Aufl. 2006, § 130 Rz. 21). Begründen lässt sich eine solche Obliegenheit jedenfalls dann, wenn der Empfänger mit Erklärungen per Einschreiben rechnen muss. So muss ein Vermieter z.B. mit eingeschriebenen Briefen rechnen, wenn sich in den von ihm abgeschlossenen Mietverträgen eine Klausel findet, nach der die Kündigung per Einschreiben zu schicken ist (vgl. BGH NJW 1998, 976; *Wendtland*, in: Bamberger/Roth (Hrsg.), Beck'scher Onlinekommentar zum BGB, Stand: 1.3.2006, § 130 Rz. 13, 25).

Geht man nun von einer Obliegenheit aus, das bei der Post gelagerte Einschreiben abzuholen, so stellt sich das Nichtabholen als Annahmeverweigerung dar, für die dann das oben Ausgeführte gilt (bei vorsätzlicher unberechtigter Annahmeverweigerung (Arglist): Zugangsfiktion; bei lediglich „fahrlässiger" Nichtabholung: Rechtzeitigkeitsfiktion nach erneuter Zustellung).

Fall 9

Student K möchte sich einen gebrauchten Fernseher anschaffen. V bietet ihm ein Gerät für € 500,- an. K freut sich über dieses günstige Angebot und schreibt dem V am 6.3.2006 einen Brief, in dem er das Angebot annimmt. Noch am gleichen Tag wirft er diesen Brief in den Postbriefkasten. Am Nachmittag telefoniert K mit seiner Patentante, die ihm mitteilt, dass sie sich jetzt einen neuen Fernseher gekauft habe und dass sie K ihren alten Fernseher schenken wolle. K ist freudig überrascht und will seine Erklärung an V sofort widerrufen.

Da er V telefonisch nicht erreichen kann, fertigt er ein Widerrufsschreiben an, das er dem V sofort selbst überbringen möchte. Als er bei V ankommt, ist dieser nicht zu Hause anzutreffen; lediglich die 70jährige Nachbarin (N) des V schneidet im Vorgarten des großen Mietshauses Rosen. N teilt K mit, der V sei „sicher mit Freunden ausgegangen und ist bestimmt bald wieder da" und schlägt dem K vor, den Brief selbst in Empfang zu nehmen und ihn dem V „noch heute Abend persönlich" zu geben, sobald er wieder zurück sei. Nach kurzem Zögern entschließt sich K, der alten Dame den Brief zu geben, und freut sich, eine „solch gewissenhafte Person gefunden zu haben, die V den Brief sicher sofort zukommen lassen" werde.

Da V in Wirklichkeit jedoch kurzfristig für zwei Tage zu Verwandten gefahren ist, kann die wegen ihres Irrtums ganz aufgeregte N dem V das „wichtige Schreiben des K" erst bei seiner Rückkehr am Abend des 8.3.2006 aushändigen. Neugierig öffnet er den Brief, den ihm die N mit zittrigen Händen aushändigt, liest den Widerruf und geht enttäuscht zu seinem Briefkasten. Dort findet er den ersten Brief des K, der bereits am 7.3.2006 vom Postboten eingeworfen worden ist. Da ansonsten keine Briefe von etwaigen Interessenten eingegangen sind und V den alten Fernseher nun endlich loswerden möchte, verlangt er nunmehr von K Abnahme des Fernsehers und Zahlung des Kaufpreises.

Zu Recht?

Lösung Fall 9

A. Anspruch des V gegen K auf Abnahme und Bezahlung des Fernsehers aus § 433 Abs. 2 BGB

V könnte gegen K einen Anspruch auf Abnahme und Bezahlung des Fernsehers aus § 433 Abs. 2 BGB haben.

I. Wirksamer Kaufvertrag

Dann müsste zwischen V und K ein wirksamer Kaufvertrag zustande gekommen sein. Dazu bedarf es zweier übereinstimmender Willenserklärungen, Angebot und Annahme.

1. Angebot des V

V hat dem S den Verkauf eines gebrauchten Fernsehers für € 500,- angetragen; ein Angebot des V liegt mithin vor.

2. Annahme durch K

Fraglich ist, ob K dieses Angebot angenommen hat. Dazu müsste K gegenüber V eine wirksame Annahmeerklärung vorgenommen haben. Eine Annahmeerklärung ist eine empfangsbedürftige Willenserklärung, deren Wirksamkeit Abgabe und Zugang voraussetzt (§ 130 Abs. 1 S. 1 BGB).

a. Abgabe

K schrieb dem V einen Brief, in dem er das Angebot annahm. K hat diese Erklärung durch das Einwerfen in den Postbriefkasten auch so in Richtung des V abgegeben, dass mit Zugang bei V zu rechnen war.

b. Zugang

Diese Erklärung müsste dem V auch zugegangen sein. Eine Willenserklärung geht zu, sobald sie so in den Machtbereich des Empfängers gelangt ist, dass dieser von ihr Kenntnis nehmen kann und unter normalen Umständen mit der Kenntnisnahme zu rechnen ist. Am 7.3.2006 hat der Postbote die Annahmeerklärung des K in den Briefkasten des V geworfen; zu diesem Zeitpunkt ist sie also in den Machtbereich des V gelangt.

Fraglich ist, wann unter normalen Umständen mit der Kenntnisnahme durch V zu rechnen war. Am Tag des Einwurfs des Briefs in den Postkasten des V durch den Postboten war unter normalen Umständen mit einer Kenntnisnahme durch V zu rechnen. Die Tatsache, dass V sich auf einer Reise befand und daher erst am 8.3.2006 tatsächlich von der Annahmeerklärung des K Kenntnis erlangt hat, ist ein spezieller Umstand und insofern nicht zu berücksichtigen.

Somit ist V die Annahmeerklärung des K am 7.3.2006 zugegangen.

c. Widerruf gem. § 130 Abs. 1 S. 2 BGB

Die Annahmeerklärung des S könnte jedoch wegen eines Widerrufs gem. § 130 Abs. 1 S. 2 BGB nicht wirksam geworden sein. Dazu müsste K seine Annahmeerklärung wirksam gem. § 130 Abs. 1 S. 2 BGB widerrufen haben. Auch die Erklärung des Widerrufs einer Annahmeerklärung ist eine empfangsbedürftige Willenserklärung, deren Wirksamkeit Abgabe und Zugang gem. § 130 Abs. 1 S. 1 BGB voraussetzt.

aa. Abgabe einer Widerrufserklärung

K hat eine schriftliche Widerrufserklärung abgefasst. Spätestens zu dem Zeitpunkt, als er diese der Nachbarin N übergab, hat er sie so in Richtung des V auf den Weg gebracht, dass mit einem Zugang bei V zu rechnen war. Mithin hat K die Widerrufserklärung auch abgegeben.

bb. Rechtzeitiger Zugang (durch Übergabe an N) ?

Diese Widerrufserklärung müsste dem V zudem rechtzeitig zugegangen sein. Gem. § 130 Abs. 1 S. 2 BGB muss dem Empfänger ein Widerruf vor Zugang der Willenserklärung oder spätestens zum gleichen Zeitpunkt zugehen. Fraglich ist also, ob V die Widerrufserklärung bereits am 7.3.2006 (Zeitpunkt des Zugangs der Annahmeerklärung) zugegangen ist.

Die Widerrufserklärung des K könnte V dadurch zugegangen sein, dass K sie am 6.3.2006 der N übergeben hat. Der Zugang einer Willenserklärung, die über eine Mittelsperson an den Empfänger gelangen soll, hängt von der Stellung dieser Mittelsperson ab.

(1) Empfangsvertreterin?

Zunächst könnte es sich bei N um eine Empfangsvertreterin des V gem. §§ 164 Abs. 3, 164 Abs. 1 BGB handeln. In diesem Fall würde die Widerrufserklärung mit dem Zugang bei N unmittelbar Wirkung für und gegen den Vertretenen V entfalten; der Widerruf wäre dann also zum Zeitpunkt des Zugangs bei N (am

6.3.2006), also rechtzeitig vor Zugang der Annahmeerklärung am 7.3.2006 dem V zugegangen.

Eine Stellung der N als Empfangsvertreterin würde jedoch voraussetzen, dass N (aus Sicht des K) die Erklärung im Namen des V für diesen entgegennehmen wollte. Insofern ist die Stellung eines Vertreters von der eines *Boten* abzugrenzen, der, im Gegensatz zum Vertreter, lediglich fremde Erklärungen *übermittelt*, anstatt sie selbst entgegen zu nehmen. Im Falle der Empfangsvertretung *geht die Erklärung dem Vertreter zu* (mit unmittelbarer Wirkung für und gegen den Vertretenen, §§ 164 Abs. 3, 164 Abs. 1 BGB); der Empfangsbote dagegen soll nur die Weiterleitung der Erklärung und letztlich deren *Zugang beim Empfänger* ermöglichen. N wollte vorliegend nicht selbst als Empfängerin die Willenserklärung im Namen des V entgegennehmen. Vielmehr wollte sie lediglich das Widerrufsschreiben dem V übermitteln, was für K auch erkennbar war.

Mithin war N keine Empfangsvertreterin des V, so dass ein Zugang der Widerrufserklärung bei V bereits zum Zeitpunkt des Zugangs bei N ausscheidet.

(2) Empfangsbotin?

Allerdings könnte es sich bei N um eine Empfangsbotin des V handeln. Dies hätte zur Folge, dass dem V die Widerrufserklärung zu dem Zeitpunkt zugegangen wäre, zu dem unter normalen Umständen die Weitergabe an ihn zu erwarten war. N hat das Schreiben am 6.3.2006 erhalten; spätestens am nächsten Tag (7.3.2006) wäre dann mit einer Weitergabe an V zu rechnen gewesen. In diesem Fall wäre V die Widerrufserklärung gleichzeitig mit der Annahmeerklärung am 7.3.2006, also rechtzeitig, zugegangen.

Fraglich ist daher, ob es sich bei N um eine Empfangsbotin des V handelt. Dazu müsste es sich bei ihr um eine Person handeln, die sich im Machtbereich des Erklärungsempfängers befindet und die als zur Entgegennahme und Weiterleitung der Erklärung geeignet und ermächtigt anzusehen war.

Die Nachbarin N stand dem V als Nachbarin zwar zumindest räumlich näher als dem K. Allerdings gab es für K keine Anhaltspunkte, dass N von V in irgendeiner Weise mit der Entgegennahme von Willenserklärungen betraut gewesen wäre. N übernahm lediglich einen „spontanen" Hilfsdienst, der jedoch in keiner Weise von V veranlasst worden ist. Dies war für K auch erkennbar. Daher ist N vorliegend nicht Empfangsbotin des V gewesen.

(3) Erklärungsbotin

Schließlich könnte es sich bei N um eine Erklärungsbotin (des K) gehandelt haben. Erklärungsbotin ist jede Mittelsperson, die nicht vom Empfänger (als Empfangsbotin) eingesetzt worden ist. K ergriff auf Anraten der N die Initiative, die N mit der Weiterleitung seiner Widerrufserklärung zu betrauen. Da es sich bei N nicht um eine Empfangsbotin handelte (siehe oben (2)), ist sie als Erklärungsbotin des K anzusehen.

Da ein Erklärungsbote der Sphäre des Erklärenden zugeordnet wird, trägt der Erklärende auch die Gefahr der richtigen und rechtzeitigen Übermittlung an den

Empfänger. Dem Empfänger geht die übermittelte Erklärung auch erst mit der Übermittlung an ihn selbst zu.

Hier hat N das Schreiben erst am 8.3.2006 an V übergeben. Erst zu diesem Zeitpunkt ist es daher in seinen Machtbereich gelangt; auch war erst zu diesem Zeitpunkt eine Kenntnisnahme durch V zu erwarten. Daher ist V die Widerrufs-erklärung des K erst am 8.3.2006, also nach Zugang der Annahmeerklärung (am 7.3.2006), zugegangen. Sie war daher verspätet. Eine rechtzeitige Widerrufserklärung des K gem. § 130 Abs. 1 S. 2 BGB liegt somit zunächst nicht vor.

> Hinweis: Die Abgrenzung von Stellvertretung und Botenschaft ist ausführlich unten in den Fällen 18 und 20 erläutert.

cc. Kenntnisnahme von der Widerrufserklärung vor tatsächlicher Kenntnisnahme von der Annahme

Fraglich ist jedoch, ob dieses Ergebnis angesichts der Tatsache zu korrigieren ist, dass V von der Widerrufserklärung des K tatsächlich vor dessen Annahmeerklärung Kenntnis erlangte.

(1) Meinungsstreit: verspäteter Zugang und rechtzeitige Kenntnisnahme beim Widerruf gem. § 130 BGB

Die Frage, ob ein Widerruf als rechtzeitig anzusehen ist, wenn er zwar nach der Erklärung (verspätet) zuging, aber dennoch vorher oder gleichzeitig vom Empfänger tatsächlich zur Kenntnis genommen wurde, ist umstritten.

(a) Zugang

Teilweise wird davon ausgegangen, dass es alleine auf den Zugang im rechtlichen Sinn ankomme und die tatsächliche Kenntnisnahme insoweit nicht relevant sei.[1] Danach läge hier kein rechtzeitiger Widerruf vor.

(b) Tatsächliche Kenntnisnahme

Die Gegenansicht geht davon aus, dass in solchen Konstellationen auf die tatsächliche Kenntnisnahme abzustellen sei.[2] Danach hätte K hier einen rechtzeitigen Widerruf vorgenommen.

---

[1]   RGZ 91, 60, 63; *Medicus*, BGB AT, 9. Aufl. 2006, Rz. 300; wohl auch *Larenz/Wolf*, BGB AT, 9. Aufl. 2004, § 26 Rz. 50.

[2]   *Brox/Walker*, BGB AT, 30. Aufl. 2006, Rz. 154; *Hübner*, BGB AT, 2. Aufl. 1996, Rz. 737.

(2) Diskussion

Da die Ansichten zu unterschiedlichen Ergebnissen führen, ist der Streit zu entscheiden.

Für letztere Ansicht wird angeführt, dass der Empfänger in Konstellationen, in denen er von der Erklärung selbst noch nichts wisse, auch nicht in seinem Vertrauen auf den Bestand auf eine solche Erklärung schützenswert sein könne. Er müsse sich dann so behandeln lassen, als ob die Widerrufserklärung gleichzeitig mit der Erklärung selbst zugegangen wäre.[3]

Dagegen wird jedoch zunächst der Gesetzeswortlaut des § 130 Abs. 1 BGB vorgebracht, der eben nicht auf die tatsächliche Kenntnisnahme, sondern auf den Begriff des Zugangs abstellt. Auch sei das Vertrauensschutzargument nicht zielführend, da § 130 Abs. 1 S. 2 BGB nicht etwa das Vertrauen des Empfängers auf eine Willenserklärung schützen solle, sondern vielmehr dem Empfänger eine Entscheidungsmöglichkeit für oder gegen die (zu spät widerrufene) Willenserklärung offen halten wolle.[4]

(3) Entscheidung

Der Empfänger einer Erklärung, der zuerst den Widerruf liest, scheint zunächst tatsächlich nicht in besonderem Maße schützenswert zu sein. Allerdings ist zu berücksichtigen, dass der Gesetzgeber sich in § 130 Abs. 1 BGB gerade aus Gründen des Verkehrsschutzes für das Abstellen auf den Begriff des Zugangs entschieden hat. Die Rechtsunsicherheit, die durch einen erweiterten Rückgriff auf den Begriff der tatsächlichen Kenntnisnahme entstünde, sollte durch das Abstellen auf den Zugang, der an objektivierte Kriterien anknüpft, gerade vermieden werden. Insofern erhöht die Lösung nach dem Gesetzeswortlaut die Rechtssicherheit und vermeidet zufällige Ergebnisse. Die zweitgenannte Ansicht ist daher abzulehnen. Ein rechtzeitiger Widerruf der Annahmeerklärung des K ist mithin nicht erfolgt.

3. Ergebnis - Annahmeerklärung

K hat eine wirksame Annahmeerklärung abgegeben.

II. Ergebnis - Kaufvertrag

Mithin ist zwischen V und K ein Kaufvertrag über den Verkauf eines gebrauchten Fernsehers zum Preis von € 500,- zustande gekommen.

---

[3]   *Brox/Walker*, BGB AT, 30. Aufl. 2006, Rz. 154.
[4]   *Medicus*, BGB AT, 9. Aufl. 2006, Rz. 300.

B. Gesamtergebnis

V hat daher einen Anspruch gegen K auf Abnahme des Fernsehers und Bezahlung des Kaufpreises in Höhe von € 500,- aus § 433 Abs. 2 BGB.

Anmerkung: Diese Lösung ist deutlich umfangreicher, als es in einer Klausur erwartet würde. Insbesondere müssen in einer Klausur natürlich keine Quellenangaben gemacht werden; auch die detaillierte Erklärung der Abgrenzung Empfangsvertreter/Empfangsbote wäre in einer Klausur bereits zeitlich kaum zu schaffen.

Diese ausführliche Lösung soll auch verdeutlichen, wie man einen Meinungsstreit richtig aufbauen kann. Dies ist besonders für **Hausarbeiten** wichtig. Insbesondere sollte man zunächst kurz unter jede Meinung subsumieren, um festzustellen, zu welchem Ergebnis sie im konkreten Fall führt. Nur wenn man feststellt, dass die Ansichten zu unterschiedlichen Ergebnissen führen, darf der Streit argumentativ entschieden werden. Ansonsten ist er offen zu lassen.

Wenn eine Entscheidung notwendig ist, dann folgt zunächst eine *Diskussion* im Anschluss an die (kurze!) Darstellung der Ansichten. Hier werden die Argumente dargestellt, die in Rechtsprechung und Literatur für und gegen eine bestimmte Lösung vertreten werden. An dieser Stelle sollte(n) die eigene Ansicht/eigene Argumente des Bearbeiters noch nicht angeführt werden. Da hier fremde Argumente wiedergegeben werden, müssen diese mit Nachweisen versehen werden.

Daran schließt sich die *Entscheidung* des Streits an. Hier sollen im Rahmen einer Stellungnahme auch die eigenen Argumente des Bearbeiters angeführt werden. Daher dürfen hier auch keine Fußnoten gesetzt werden. Manchmal, insbesondere bei „klassischen" Streitigkeiten, die in Rechtsprechung und Schrifttum bereits seit langem und ausführlich diskutiert worden sind, wird es kaum möglich sein, eigene „neue" Argumente für oder gegen eine Ansicht zu finden. In diesem Fall kann dann in der Weise zum Streit Stellung genommen werden, dass eines oder mehrere der oben (mit Nachweisen) dargestellten Argumente nochmals aufgegriffen werden. Es ist dann darzulegen, wieso sie für den Bearbeiter „überzeugend" und daher seiner Ansicht nach ausschlaggebend sind.

In der Klausur ist dieser Aufbau nicht zu schaffen (zu wenig Zeit, keine Quellen etc.). Dort gilt aber auch: Erst unter verschiedene Lösungsmöglichkeiten *subsumieren*. Nur wenn man dabei zu verschiedenen Ergebnissen gelangt, sollte man *argumentieren*, welcher der Lösungsmöglichkeiten der Vorzug gebührt.

Fall 10

Der Student A studiert Jura in Passau. Da er sich überlegt, den Studienort nach dem vierten Semester zu wechseln, schaut er sich in den Semesterferien verschiedene deutsche Städte an. In Köln geht er in das Paeffgen-Brauhaus, das ihm ein Bekannter empfohlen hat. Auf seinem Tisch befindet sich ein kleines Schild, auf dem unter der Überschrift „Kleine Kölsche Spezialitäten" unter anderem zu lesen ist: „Halver Hahn: € 3,20". A geht davon aus, dass es sich dabei um ein halbes Hähnchen handelt und denkt sich, dass ein halbes Hähnchen nach der Besichtigung der Stadt genau das Richtige für ihn ist. Daher bestellt er beim Köbes (Kellner) K, der Inhaber des Brauhauses ist, ein Kölsch und einen „Halven Hahn". A staunt nicht schlecht, als der Köbes ihm ein Röggelchen (Roggenbrötchen) mit Käse bringt. A meint, er habe kein Käsebrötchen, sondern ein halbes Hähnchen bestellen wollen. Er möge gar keinen Käse und wolle daher das Käsebrötchen auch nicht haben. Daraufhin erwidert K kopfschüttelnd, es sei doch wohl sonnenklar, dass ein „Halver Hahn" ein Röggelchen mit Käse sei.

Kann der Köbes K Bezahlung des Käsebrötchens verlangen?

Lösung Fall 10

A. Anspruch des K gegen A auf Zahlung des Kaufpreises gem. § 433 Abs. 2 BGB

K hat gegen A einen Anspruch auf Zahlung des Kaufpreises für das Käsebrötchen in Höhe von € 3,20 gem. § 433 Abs. 2 BGB, wenn zwischen K und A ein Kaufvertrag über das Käsebrötchen abgeschlossen worden ist.

I. Vertragstyp

Bei einem im Brauhaus geschlossenen Bewirtungsvertrag handelt es sich um einen typengemischten Vertrag, bei dem die Merkmale des Kaufvertrages überwiegen.

Typengemischte Verträge

Es gibt Verträge, die sich nicht ausschließlich einem der im BGB geregelten Vertragstypen zuordnen lassen. Diese Verträge nennt man typengemischte Verträge. Der hier vorliegende Bewirtungsvertrag enthält Merkmale des Kaufs (Verkauf der Speisen), des Dienstvertrags (Bedienung) sowie der Miete (entgeltliche Nutzung von Tisch und Stühlen, Gläsern etc.). Hat man einen Anspruch aus einem solchen Vertrag zu prüfen, stellt sich das Problem der Wahl der richtigen Anspruchsgrundlage. Grundsätzlich gibt es hier zwei Möglichkeiten. Entweder man behandelt den gesamten Vertrag nach dem überwiegenden Element (Schwerpunktlösung). Beim Bewirtungsvertrag ist dies z.B. die kaufrechtliche Komponente (Verkauf von Speisen). Oder man wendet auf die verschiedenen durch den Vertrag geregelten Aspekte jeweils die Normen des entsprechenden gesetzlich geregelten Vertragstypus an (distributive Lösung). In diesem Fall stellt sich dann die Frage, welche Norm den Vergütungsanspruch für die gesamte typengemischte Gegenleistung gewährt. Man kann als Anspruchsgrundlage dann §§ 241 Abs. 1, 311 Abs. 1 BGB zitieren (Anspruch aus einem nicht näher im Gesetz einzuordnenden vertraglichen Schuldverhältnis). Bei der Frage nach dem Vergütungsanspruch für eine typengemischte Gegenleistung ist die Einordnung des Vertragtypus aber im Ergebnis meist unerheblich, so dass man in einer Klausurbearbeitung besser gar nicht im Detail auf die verschiedenen Möglichkeiten eingeht, sondern sich auf einen kurzen Hinweis beschränkt (siehe oben).
<u>Achtung</u>: Anders ist es bei Fällen aus dem Gewährleistungsrecht. Hier kann die Qualifizierung eines typengemischten Vertrages von entscheidender Bedeutung sein. Dies wird aber erst im Schuldrecht relevant.

II. Einigung

Ein Vertrag kommt durch zwei übereinstimmende Willenserklärungen, Angebot und Annahme, zustande.

1. Angebot

Das Angebot ist eine empfangsbedürftige Willenserklärung, die alle wesentlichen Bestandteile des Vertrages enthält.

a. Schild auf dem Tisch im Brauhaus

Ein Angebot zum Abschluss eines Kaufvertrages über ein Käsebrötchen könnte zunächst in dem auf dem Tisch platzierten Schild zu sehen sein. Neben anderen Kölschen Spezialitäten war auf dem Schild auch ein Halver Hahn zum Preis von € 3,20 aufgeführt.

Fraglich ist aber, ob das auf dem Tisch aufgestellte Schild aus der Sicht eines objektiven Empfängers gem. §§ 133, 157 BGB bereits als Angebot auszulegen ist. In diesem Fall wäre der Inhaber des Brauhauses gegenüber jedermann vertraglich verpflichtet, der sein Angebot annimmt. Dies führte zu einer möglichen Vertragsbindung selbst dann, wenn keine Zutaten für einen Halven Hahn mehr vorrätig sind. Es kommt öfter vor, dass in einer Gaststätte bestimmte Gerichte nicht mehr erhältlich sind und dies dem Gast erst nach seiner Bestellung mitgeteilt wird. Es war daher für einen vernünftigen Leser des Schilds ohne weiteres erkennbar, dass darin noch kein bindendes Angebot lag, sondern lediglich die Aufforderung an den Leser, seinerseits ein Angebot abzugeben (*invitatio ad offerendum*).

b. Bestellung des A

Ein Angebot zum Abschluss eines Kaufvertrages über ein Käsebrötchen könnte aber in der Bestellung zu sehen sein, die A bei K aufgegeben hat.

aa. Objektiver Erklärungstatbestand

Der Tatbestand einer Willenserklärung

Die tatbestandlichen Voraussetzungen einer Willenserklärung, also die Voraussetzungen dafür, dass überhaupt eine Willenserklärung vorliegt, sind im Gesetz nicht ausdrücklich geregelt.

Der Begriff der Willenserklärung deutet bereits darauf hin, dass ein subjektives Element (ein Wille) und ein objektives Element (die Erklärung dieses Willens) vorliegen müssen (objektiver und subjektiver Tatbestand). Eine Willenserklärung ist also die *Äußerung* eines rechtlich erheblichen *Willens*, die dann von einem oder mehreren Empfängern wahrgenommen wird (vgl. oben Fall 2).

Der objektive Erklärungstatbestand einer Willenserklärung

Der objektive Tatbestand einer Willenserklärung bezeichnet diejenigen Elemente der Willenserklärung, die von der Außenwelt wahrgenommen werden können. Der objektive Tatbestand ist im Normalfall das „Spiegelbild" des vom Erklärenden gebildeten (subjektiven) Willens in der Außenwelt. Ob der objektive Erklärungstatbestand vorliegt, ist daher durch Auslegung vom objektiven Empfängerhorizont gem. §§ 133, 157 BGB zu ermitteln (vgl. dazu bereits Fall 3). Konnte also ein verständiger Empfänger aufgrund des objektiv wahrnehmbaren Geschehens auf das Vorliegen der subjektiven Tatbestandsmerkmale einer Willenserklärung schließen, so liegt der objektive Tatbestand einer Willenserklärung vor. Im Einzelnen müssen die folgenden objektiven Tatbestandsmerkmale gegeben sein:

1. Kundgabeakt (Vorliegen eines Erklärungszeichens)

Der objektive Empfänger muss darauf schließen können, dass der Erklärende das Erklärungszeichen abgeben wollte, das heißt dass er überhaupt *handeln* wollte (z.B. seine Hand heben, Sprechen, Schreiben). Bloßes Schweigen stellt keinen Kundgabeakt dar, so dass darin auch keine Willenserklärung gesehen werden kann (vgl. dazu Fall 5).

2. Rechtsbindungswille erkennbar

Der objektive Empfänger muss darauf schließen können, dass sich der Erklärende rechtlich binden will. Kein Rechtsbindungswille ist z.B. bei unverbindlichen Gefälligkeiten des täglichen Lebens oder bei einer *invitatio ad offerendum* (dazu oben unter A. II. 1. a. und in Fall 13) erkennbar.

3. Geschäftsinhalt erkennbar

Hier ist gem. §§ 133, 157 BGB zu bestimmen, welcher Geschäftsinhalt durch die Willenserklärung zum Ausdruck gebracht worden ist, ob sich also die Willenserklärung z.B. auf den Abschluss eines Miet-, Kauf- oder Schenkungsvertrags richtet, ob die *essentialia negotii* (vgl. dazu Fälle 6 und 13) bestimmt sind, etc.

Gedanklich sind diese drei Schritte bei jeder zu begutachtenden Willenserklärung zu prüfen. Allerdings ist es nicht üblich, das Vorliegen der objektiven Tatbestandsmerkmale „Erklärungszeichen" und „Rechtsbindungswille erkennbar" im ausformulierten Gutachten zu prüfen, sofern dem Sachverhalt keine Anhaltspunkte für deren Fehlen zu entnehmen sind. In den meisten Fällen wird daher nur der Inhalt einer Willenserklärung durch Auslegung ermittelt, was nach der hier vorgenommenen Einteilung dem dritten objektiven Tatbestandsmerkmal entspricht. Auch im vorliegenden Fall sind Kundgabeakt und Rechtsbindungswille unproblematisch erkennbar, so dass hier lediglich der objektiv geäußerte Inhalt der Willenserklärung zu bestimmen ist.

Hinweis: Da der objektive Tatbestand einer Willenserklärung immer vom objektiven Empfängerhorizont zu bestimmen ist, kommt es zu seiner Ermittlung allein darauf an, wie ein verständiger Empfänger die Erklärung verstehen musste. Wollte der Erklärende dabei *subjektiv etwas anderes* zum Ausdruck bringen, so ist dies für die Bestimmung des *objektiven* Erklärungstatbestands *irrelevant*. Allerdings unterliegt der Erklärende dann regelmäßig einem *Irrtum* (dazu unten).

Welchen Inhalt eine Willenserklärung hat, ist vom objektiven Empfängerhorizont gem. § 133, 157 BGB zu ermitteln. Dabei sind die tatsächlichen Umstände, unter denen die Erklärung abgegeben wird, zu berücksichtigen.

Hier hat A dem K erklärt, er wolle einen „Halven Hahn" kaufen. Fraglich ist, ob diese Erklärung vom objektiven Empfängerhorizont als Angebot zum Kauf eines Käsebrötchens auszulegen war. Dabei ist zu berücksichtigen, dass A seine Erklärung in einem Brauhaus in Köln abgab. In Kölner Gaststätten wird mit dem Ausdruck „Halver Hahn" regelmäßig ein Käsebrötchen bezeichnet. Für einen verständigen Empfänger in der Situation des Köbes konnte die Erklärung des A unter diesen Umständen nur als Angebot zum Abschluss eines Kaufvertrages über ein Käsebrötchen verstanden werden. Auf die Tatsache, dass A subjektiv ein halbes Hähnchen kaufen wollte, kommt es für die Bestimmung des objektiven Erklärungsinhalts gem. §§ 133, 157 BGB nicht an. A hat damit den Kauf eines Käsebrötchens angeboten.

bb. Subjektiver Erklärungstatbestand

Der subjektive Tatbestand der Willenserklärung

Zum subjektiven Tatbestand einer Willenserklärung gehören Handlungswille, Erklärungsbewusstsein und Geschäftswille (vgl. hierzu das Schema am Ende der Falllösung). Im Gegensatz zum objektiven Tatbestand ist bei der Überprüfung des Vorliegens des subjektiven Tatbestands allein auf das vom Erklärenden Gewollte abzustellen.

Dabei ist nur der **Handlungswille** anerkanntermaßen Voraussetzung für das Vorliegen einer wirksamen Willenserklärung. Der Erklärende muss sich also darüber im Klaren sein, überhaupt eine Handlung vorzunehmen. Dies ist meist unproblematisch, denn der Handlungswille fehlt nur bei Bewegungen im Schlaf oder ähnlichem.

Ob auch das **Erklärungsbewusstsein** Voraussetzung einer wirksamen Willenserklärung ist, ist dagegen umstritten (vgl. dazu Fall 14). Das Erklärungsbewusstsein ist das Bewusstsein, irgendeine rechtlich relevante Erklärung abzugeben.

Keine Voraussetzung einer wirksamen Willenserklärung ist der **Geschäftswille**. Dies ist der Wille, ein bestimmtes Geschäft abzuschließen (z.B. Kauf und nicht Schenkung; Kauf eines halben Hähnchens und nicht Kauf eines Käsebrötchens). Es ergibt sich aus der gesetzlichen Irrtumsregelung (§§ 119 ff. BGB), dass ein fehlerhaft gebildeter Geschäftswille lediglich zur Anfechtung berechtigt. Daraus folgt, dass die Erklärung auch bei fehlerhaft gebildetem Geschäftswillen zunächst wirksam ist.

Angewendet auf den vorliegenden Fall bedeutet dies Folgendes:

Zur Abgabe einer wirksamen Willenserklärung ist zumindest der Handlungswille des Erklärenden erforderlich. Bei der Abgabe der Bestellung war sich der A bewusst, eine Handlung vorzunehmen.

Ob darüber hinaus für die Abgabe einer wirksamen Willenserklärung auch das Bewusstsein, eine rechtlich erhebliche Erklärung abzugeben (Erklärungsbewusstsein) erforderlich ist, wird nicht einheitlich beurteilt. A ging bei der Aufgabe der Bestellung davon aus, ein Angebot zum Abschluss eines Kaufvertrages über ein halbes Hähnchen abzugeben. Damit war er sich darüber im Klaren, eine rechtlich erhebliche Erklärung abzugeben. Er handelte also mit Erklärungsbewusstsein, so dass auf die verschiedenen Meinungen zur Erforderlichkeit des Erklärungsbewusstseins für eine wirksame Willenserklärung nicht weiter einzugehen ist.

Der konkrete Geschäftswille des Erklärenden ist dagegen für die Wirksamkeit einer Willenserklärung nicht erforderlich. Dass A sich bei der Abgabe seiner Erklärung möglicherweise über den objektiv mit seiner Erklärung bezeichneten Vertragsgegenstand irrte (Käsebrötchen statt halbes Hähnchen), berührt die Wirksamkeit seiner Erklärung daher nicht.

Gedanklich sind diese Schritte bei jeder zu begutachtenden Willenserklärung zu prüfen. Allerdings ist es nicht üblich, den subjektiven Tatbestand zu problematisieren, sofern jedenfalls Handlungswille und Erklärungsbewusstsein vorliegen. Die vorstehenden Ausführungen dienen daher nur dem besseren Verständnis und sollten nicht in einer klausurmäßigen Fallbearbeitung erfolgen. Liegt ein fehlerhaft gebildeter Geschäftswille vor (wie in den allermeisten Irrtumsfällen), so kann in einer Klausur allenfalls ganz knapp festgestellt werden, dass der subjektive Tatbestand der Willenserklärung dennoch vorliegt (vgl. sogleich in der Falllösung).

A war sich darüber im Klaren, eine Willenserklärung abzugeben, als er bei K seine Bestellung aufgab. Der konkrete Geschäftswille ist darüber hinaus nicht Wirksamkeitsvoraussetzung der Willenserklärung, so dass die Tatsache, dass A sich möglicherweise über den objektiven Gehalt seiner Erklärung irrte, der Wirksamkeit seiner Willenserklärung nicht entgegensteht.

2. Annahme

Das Angebot des A müsste K auch angenommen haben. Durch die Entgegennahme der Bestellung des A, spätestens jedoch als K dem A das Käsebrötchen auf den Tisch stellte, brachte K zum Ausdruck, dem A das Käsebrötchen verkaufen zu wollen. Er hat das Angebot des A daher auch angenommen.

3. Ergebnis - Einigung

Eine Einigung über den Kauf eines Röggelchens mit Käse liegt damit vor. Der Anspruch des K auf Zahlung des Kaufpreises in Höhe von € 3,20 ist entstanden.

III. Nichtigkeit des Kaufvertrages gem. § 142 Abs. 1 BGB?

Der Anspruch des K auf Zahlung des Kaufpreises könnte allerdings gem. § 142 Abs. 1 BGB rückwirkend (*ex tunc*) wieder entfallen sein.

Dies setzt voraus, dass A seine auf den Abschluss des Kaufvertrags gerichtete Willenserklärung wirksam angefochten hat. Eine wirksame Anfechtung setzt einen Anfechtungsgrund und gem. § 143 Abs. 1 BGB eine Anfechtungserklärung voraus.

> Hinweis: Eine Anfechtungserklärung ist ein Rechtsgeschäft, das lediglich aus einer Willenserklärung besteht. Der rechtliche Erfolg dieser Erklärung besteht gem. § 142 Abs. 1 BGB in der rückwirkenden Vernichtung der angefochtenen Willenserklärung. Dadurch entfällt rückwirkend auch der Vertrag, dessen Bestandteil die angefochtene Willenserklärung war. Zum Begriff des Rechtsgeschäfts siehe oben Fall 2.

1. Anfechtungsgrund

Fraglich ist, ob ein Anfechtungsgrund vorliegt.

a. Erklärungsirrtum

Zunächst könnte ein Erklärungsirrtum gem. § 119 Abs. 1 Hs. 1 Alt. 2 BGB vorliegen. Ein Erklärungsirrtum liegt vor, wenn der Erklärende die gewählten Erklärungszeichen gar nicht verwenden wollte. Typische Fälle des Erklärungsirrtums sind das Verschreiben oder Versprechen. A hat bewusst das Erklärungszeichen „Halver Hahn" gewählt und daher nicht versehentlich ein anderes als das beabsichtigte Erklärungszeichen benutzt. Er befand sich daher bei der Abgabe seiner Erklärung, ein Käsebrötchen kaufen zu wollen, nicht in einem Erklärungsirrtum gem. § 119 Abs. 1 Hs. 1 Alt. 2 BGB.

b. Inhaltsirrtum

Des weiteren kommt ein Inhaltsirrtum gem. § 119 Abs. 1 Hs. 1 Alt. 1 BGB in Betracht. Beim Inhaltsirrtum irrt sich der Erklärende über die objektive Bedeutung eines von ihm bewusst gewählten Erklärungszeichens. Dem benutzten Zeichen ordnet der Erklärende also subjektiv eine andere Bedeutung zu als ihm objektiv zukommt.

A hat bewusst erklärt, einen „Halven Hahn" kaufen zu wollen. Objektiv gab er damit ein Angebot zum Kauf eines Käsebrötchens ab. Allerdings stellte er sich subjektiv vor, damit zu erklären, ein halbes Hähnchen kaufen zu wollen. Damit befand A sich in einem Irrtum über den Inhalt der von ihm abgegebenen Erklärung gem. § 119 Abs. 1 Hs. 1 Alt. 1 BGB.

Um den A zur Anfechtung zu berechtigen, müsste dieser Irrtum gem. § 119 Abs. 1 Hs. 2 BGB für die Abgabe seiner Erklärung kausal gewesen sein. A mag keinen Käse, so dass davon auszugehen ist, dass A nur deshalb einen „Halven Hahn" bestellt hat, weil er sich darunter ein halbes Hähnchen vorstellte. Wäre er nicht seinem Irrtum unterlegen, hätte er also diese Erklärung nicht abgegeben. Damit war der Irrtum des A über den Inhalt seiner Erklärung auch kausal für die Abgabe seiner Erklärung.

c. Ergebnis - Anfechtungsgrund

Mithin liegt ein gem. § 119 Abs. 1 Hs. 1 Alt. 1 BGB zur Anfechtung berechtigender Inhaltsirrtum vor. Ein Anfechtungsgrund ist gegeben.

Abgrenzung zwischen Inhalts- und Erklärungsirrtum

Um zwischen Inhalts- und Erklärungsirrtum abzugrenzen, kann man meist mit folgender „Faustregel" arbeiten:

Man begibt sich in die Position des Erklärungsempfängers. Sofort, nachdem der sich Irrende die Erklärung abgegeben hat, fragt man ihn nochmals genau das, was er gerade erklärt hat.

Hier im Fall z.B.: Willst Du wirklich einen „Halven Hahn" kaufen?

1. Wenn die Antwort ist: „Ja, will ich", dann handelt es sich um einen Inhaltsirrtum (§ 119 Abs. 1 Hs. 1 Alt. 1 BGB). Im vorliegenden Fall hätte A geantwortet: „Ja, ich will einen Halven Hahn", denn er stellte sich unter seiner Erklärung („Halver Hahn") etwas anderes vor („Hähnchen"), als das, was der objektive Empfänger in der konkreten Situation verstehen musste (Köbes: „Käsebrötchen").

2. Wenn die Antwort ist: „ Nein, ich will etwas anderes", dann handelt es sich um einen Erklärungsirrtum.

Beispiel: A will 10 T-Shirts bestellen. Er verschreibt sich jedoch auf seiner Bestellung und schreibt an den Händler: „Ich möchte 100 T-Shirts kaufen." Die Frage an A wäre: „Willst Du wirklich 100 T-Shirts kaufen?" A würde dann antworten: „Nein, ich will 10 T-Shirts kaufen." In einem solchen Fall des Versprechens/Verschreibens ist der Erklärende sich über die Bedeutung des Erklärten im Klaren, wollte jedoch eine solche Erklärung nicht abgeben. Dann liegt ein Erklärungsirrtum vor (§ 119 Abs. 1 Hs. 1 Alt. 2 BGB).

Achtung: Hierbei handelt es sich nur um eine Faustregel, die das Verständnis am Anfang erleichtert und als Kontrollüberlegung verwendet werden kann. Auch ist diese Faustregel nur zur Abgrenzung zwischen § 119 Abs. 1 Hs. 1 Alt. 1 BGB (Inhaltsirrtum) und § 119 Abs. 1 Hs. 1 Alt. 2 BGB (Erklärungsirrtum) anwendbar. Die Fälle des § 119 Abs. 2 BGB (vgl. Fall 12) werden von ihr nicht erfasst.

---

2. Anfechtungserklärung

Gem. § 143 Abs. 1 BGB ist darüber hinaus eine Anfechtungserklärung erforderlich, die dem Anfechtungsgegner zu erklären ist. Gem. § 143 Abs. 2 BGB ist bei einem Vertrag der andere Teil der Anfechtungsgegner. A müsste also gegenüber K eine Anfechtungserklärung vorgenommen haben.

Eine Anfechtungserklärung setzt nicht voraus, dass der Anfechtende das Wort „Anfechtung" auch tatsächlich benutzt. Es reicht aus, dass er gegenüber dem Anfechtungsgegner zum Ausdruck bringt, dass er aufgrund eines Willensmangels nicht an dem Geschäft festhalten will. Hier hat A dem K erklärt, er habe kein Käsebrötchen, sondern ein halbes Hähnchen bestellen wollen. Aus der Sicht des objektiven Empfängers, der Kenntnis von der Tatsache hat, dass A zuvor einen Halven Hahn bestellt hat, kann diese Erklärung gem. §§ 133, 157 BGB nur so verstanden werden, dass A sich unter einem „Halven Hahn" ein halbes Hähnchen vorgestellt hat und damit einem Irrtum über den Inhalt seiner Erklärung unterlegen war. A hat auch zum Ausdruck gebracht, dass er nicht an dem Kauf eines Käsebrötchens festhalten will.

Damit hat A gegenüber K eine wirksame Anfechtungserklärung gem. § 143 Abs. 1 BGB abgegeben.

3. Anfechtungsfrist

Gem. § 121 Abs. 1 S. 1 BGB ist die Anfechtung unverzüglich, also ohne schuldhaftes Zögern, zu erklären, nachdem der zur Anfechtung Berechtigte von dem Anfechtungsgrund Kenntnis erlangt hat. Hier hat A sofort nachdem er seinen Irrtum erkannte, erklärt, nicht an dem Kauf des Käsebrötchens festhalten zu wollen. Damit hat er die Anfechtung unverzüglich im Sinne des § 121 Abs. 1 S. 1 BGB erklärt. Die Anfechtungsfrist ist mithin gewahrt.

4. Ergebnis - Anfechtung

A hat seine auf den Abschluss des Kaufvertrages gerichtete Willenserklärung wirksam angefochten. Damit ist der Anspruch des K auf Zahlung des Kaufpreises gem. § 142 Abs. 1 BGB rückwirkend entfallen.

B. Ergebnis

K hat gegen A keinen Anspruch auf Zahlung des Kaufpreises in Höhe von € 3,20 gem. § 433 Abs. 2 BGB.

Schema: Tatbestand der Willenserklärung		
Objektiver Tatbestand Diese Elemente der Willenserklärung müssen nach außen (objektiv) erkennbar sein (§§ 133, 157 BGB)	⇔	**Subjektiver Tatbestand** Wirklicher Wille des Erklärenden
1. Kundgabeakt (Setzen eines Erklärungszeichens) - ausdrücklich - konkludent	⇔	**1. Handlungswille** - wenn dieser fehlt: ➔ *keine Willenserklärung* (Bsp.: Handlungen im Schlaf)
2. Rechtsbindungswille erkennbar fehlt z.B. bei: - invitatio ad offerendum - unverbindlicher Rat, Gefälligkeit - bei „Trierer Weinversteigerung" dagegen (+)	⇔	**2. Erklärungsbewusstsein** (wenn dieses fehlt: *str.*, vgl. „Trierer Weinversteigerung" und Fall 14) - h.M.: potentielles Erklärungsbewusstsein genügt, d.h. eine Willenserklärung liegt vor, wenn der Erklärende bei pflichtgemäßer Sorgfalt hätte erkennen können, dass sein Verhalten als Willenserklärung verstanden wird - aber: Anfechtungsrecht nach § 119 Abs. 1 BGB (analog) ➔ *Anfechtbare Willenserklärung* - a.A.: wer sich des Setzens einer Willenserklärung nicht bewusst ist, erklärt keinen Willen (§ 118 BGB analog) ➔ *Keine Willenserklärung*
3. Geschäftsinhalt erkennbar - Auslegung nach §§ 133, 157 BGB, z.B. Kauf, Miete oder Schenkung bzw. Kauf eines Autos oder eines Motorrads.	⇔	**3. Geschäftswille** - wenn dieser fehlt, so liegt *dennoch eine Willenserklärung* vor; allerdings ggf. Anfechtungsmöglichkeit nach §§ 119 ff. BGB ➔ *ggf. Anfechtbare Willenserklärung*

Schema: Die Anfechtung

1. **Anfechtungsgrund: §§ 119 ff. BGB**
   - § 119 Abs. 1 Hs. 1 Alt. 1 BGB (Inhaltsirrtum)
   - § 119 Abs. 1 Hs. 1 Alt. 2 BGB (Erklärungsirrtum)
   - § 119 Abs. 2 BGB (Irrtum über eine verkehrswesentliche Eigenschaft)
   - § 120 BGB (Übermittlungsirrtum)
   - § 123 Abs. 1 Alt. 1 BGB (Arglistige Täuschung)
   - § 123 Abs. 1 Alt. 2 BGB (Widerrechtliche Drohung)

2. **Anfechtungserklärung: § 143 Abs. 1 BGB**
   - empfangsbedürftige Willenserklärung ➔ Auslegung gem. §§ 133, 157 BGB
   - einseitiges Rechtsgeschäft ➔ beachte z.B. § 111 BGB
   - Anfechtungsgegner: § 143 Abs. 2-4 BGB

3. **Anfechtungsfrist**
   - § 121 BGB ➔ unverzüglich
   - § 124 BGB ➔ 1 Jahr für Fälle des § 123 BGB

4. **Rechtsfolgen**
   a. *ex tunc*-Nichtigkeit (§ 142 Abs. 1 BGB)
      ➔ Kann bei Anfechtung von Verpflichtungsgeschäften zu Rückab-
      wicklungsansprüchen nach §§ 812 ff. BGB führen
   b. ggf. Schadensersatzanspruch nach § 122 BGB

Fall 11

M ist an der Reihe, für seine Kegelrunde den jährlich stattfindenden, mehrtägigen Ausflug zu organisieren. In diesem Jahr wollen die Kegelbrüder eine Kanutour auf der Lahn unternehmen. Da sie zu acht sind, möchte M bei dem Kanuverleih V zwei Vierer-Boote für die Zeit vom 2.8.2006 bis zum 9.8.2006 bestellen. Ein Kanu kostet pro Woche € 150,-. In seiner schriftlichen Reservierung schreibt M aber aus Versehen „vier Vierer-Boote." Einige Tage, nachdem er die Reservierung abgeschickt hat, erhält er eine Reservierungsbestätigung des V.

Als M mit seinen Kegelbrüdern in Limburg bei V ankommt, stellt sich der Irrtum des M heraus. M meint, er habe nur zwei Boote bestellen wollen und werde auch nur für zwei Boote, also insgesamt € 300,-, bezahlen. V erklärt ihm, dass er für die Zeit vom 2.8.2006 bis zum 9.8.2006 völlig ausgebucht sei und wegen der Reservierung des M andere Kunden habe abweisen müssen. Außerdem hätte er die beiden Kanus an eine andere Gruppe vermieten können, die die Boote vom 2.8.2006 bis zum 16.8.2006 gemietet hätte und die jetzt ihre Boote für die gesamte Zeit bei seinem Konkurrenten gemietet hätten. Diese beiden Boote könne er in der Woche vom 9.8.2006 bis zum 16.8.2006 auch nicht mehr anderweitig vermieten, da die Saison dann praktisch schon vorüber sei.

Was kann V von M verlangen?

Lösung Fall 11

A. Anspruch des V gegen M auf Zahlung der Miete für vier Kanus in Höhe von € 600,- gem. § 535 Abs. 2 BGB

V könnte gegen M einen Anspruch auf Zahlung der Miete für vier Kanus in Höhe von € 600,- gem. § 535 Abs. 2 BGB haben.

I. Wirksamer Mietvertrag

Dazu müsste zwischen V und M ein wirksamer Mietvertrag über vier Kanus für die Zeit vom 2.8.2006 bis zum 9.8.2006 bestehen.

Ein Mietvertrag kommt zustande durch zwei übereinstimmende Willenserklärungen, Angebot und Annahme (§§ 145 ff. BGB).

1. Angebot des M

M hat hier gegenüber V eine Erklärung abgegeben, durch die er vier Viererboote für den Zeitraum vom 2.8.2006 bis zum 9.8.2006 für eine Miete von je € 150,- pro Woche bestellte. Inhaltlich ist hierin eine entsprechende Angebotserklärung zu sehen. Ein objektiver Empfänger konnte dieser Erklärung gem. §§ 133, 157 BGB auch keine andere Bedeutung beimessen. Die Tatsache, dass M eigentlich nur zwei Kanus für diesen Zeitraum bestellen wollte, ist für die Bestimmung des Inhalts der Willenserklärung des M nicht relevant. Diese Erklärung des M ist dem V auch zugegangen. Mithin liegt ein wirksames Angebot des V zum Abschluss eines Vertrags über die einwöchige Miete von vier Kanus vor.

2. Annahme des Angebots durch V

V hat dem M auf sein Schreiben hin die Reservierung schriftlich bestätigt. Dadurch hat er das Angebot des M angenommen.

3. Ergebnis - Abschluss eines Mietvertrages

Damit ist ein wirksamer Mietvertrag gem. § 535 BGB über vier Kanus für die Zeit vom 2.8.2006 bis zum 9.8.2006 zum Preis von insgesamt € 600,- zustande gekommen.

II. Nichtigkeit des Mietvertrages gem. § 142 Abs. 1 BGB?

Allerdings könnte der zwischen M und V geschlossene Mietvertrag gem. § 142 Abs. 1 BGB von Anfang an (*ex tunc*) nichtig sein. Dies setzt voraus, dass A seine auf den Abschluss des Mietvertrags gerichtete Willenserklärung wirksam angefochten hat. Eine wirksame Anfechtung setzt einen Anfechtungsgrund und gem. § 143 Abs. 1 BGB eine Anfechtungserklärung voraus.

1. Anfechtungsgrund, § 119 Abs. 1 Hs. 1 Alt. 2 BGB

Anfechtungsgrund könnte vorliegend ein Erklärungsirrtum gem. § 119 Abs. 1 Hs. 1 Alt. 2 BGB sein. Ein solcher Irrtum liegt vor, wenn die Erklärung nach Auslegung gem. §§ 133, 157 BGB nicht die Erklärungszeichen enthält, die der Erklärende eigentlich abgeben wollte. Dies ist typischerweise dann der Fall, wenn sich der Erklärende verschreibt oder verspricht. Hier wollte M eigentlich ein Angebot zur Miete von zwei Kanus abgeben. Versehentlich hat er jedoch nicht das Erklärungszeichen „zwei Kanus", sondern das Erklärungszeichen „vier Kanus" verwendet. In diesem Verschreiben liegt mithin ein Erklärungsirrtum des M gem. § 119 Abs. 1 Hs. 1 Alt. 2 BGB.

Dieser Irrtum müsste für die Erklärung des M auch ursächlich gewesen sein. Es ist davon auszugehen, dass M, hätte er seinen Fehler bemerkt, diese Bestellung bei verständiger Würdigung des Falles nicht getätigt hätte. Sein Erklärungsirrtum berechtigt den M daher zur Anfechtung nach § 119 Abs. 1 Hs. 1 Alt. 2 BGB.

> **Anmerkung:** Vergleiche zur Abgrenzung auch die „Faustregel" in der Lösung zu Fall 10. Die dem M zu stellende Frage wäre hier: „Wollen Sie wirklich vier Kanus bestellen?", woraufhin M sicherlich geantwortet hätte: „Nein, ich will nur zwei Kanus bestellen." Daher liegt ein Erklärungsirrtum vor.

2. Anfechtungserklärung, § 143 Abs. 1 BGB

Gem. § 143 Abs. 1 BGB ist die Anfechtung gegenüber dem Anfechtungsgegner zu erklären. Bei einem Vertrag ist Anfechtungsgegner gem. § 143 Abs. 2 BGB der andere Teil, hier also V. Die Anfechtungserklärung ist eine empfangsbedürftige Willenserklärung. Insofern ist auch eine Anfechtungserklärung vom objektiven Empfängerhorizont gem. §§ 133, 157 BGB auszulegen, so dass nicht ausdrücklich das Wort „Anfechtung" benutzt werden muss. Der Erklärende muss lediglich erkennen lassen, dass er seine ursprüngliche Erklärung aufgrund eines Willensmangels nicht mehr gelten lassen will.

Durch seine Erklärung gegenüber V, er habe nur zwei Kanus bestellen wollen und werde nur für zwei Kanus bezahlen, hat M zum Ausdruck gebracht, er wolle an seine irrtümlich abgegebene ursprüngliche Willenserklärung, das Angebot zum Abschluss eines Mietvertrags über vier Kanus, nicht mehr gebunden sein. Mithin hat M gegenüber V eine Anfechtungserklärung gem. § 143 Abs. 1 BGB abgegeben.

3. Anfechtungsfrist, § 121 Abs. 1 BGB

Nach § 121 Abs. 1 BGB muss eine Anfechtung gem. § 119 BGB unverzüglich, das heißt ohne schuldhaftes Zögern, nach Erlangung der Kenntnis vom Anfechtungsgrund erklärt werden. Anfechtungsgrund ist hier der Erklärungsirrtum des M. M erklärte die Anfechtung sofort, nachdem ihm sein Irrtum klar wurde. M hat die Anfechtungsfrist daher gewahrt.

4. Teilanfechtung?

Fraglich ist, wie sich die Tatsache auswirkt, dass M hier nicht etwa gar keine Kanus mieten wollte, sondern weiterhin an dem Mietvertrag über zwei Kanus festhalten wollte. Insofern bezog sich die Anfechtung seiner Willenserklärung nur auf einen Teil des Erklärten, nämlich auf die versehentlich bestellten zwei „zusätzlichen" Kanus.

Fraglich ist also, ob M zulässigerweise nur einen Teil des Erklärten anfechten konnte, so dass sich die *ex tunc*-Nichtigkeit wegen Anfechtung gem. § 142 Abs. 1 BGB auch nur auf den irrtumsbehafteten Teil seiner Erklärung erstreckt.

Zur Beantwortung dieser Frage lässt sich der in § 139 BGB genannte Rechtsgrundsatz heranziehen.

a. Teilbarkeit

§ 139 BGB regelt den Fall der Nichtigkeit eines Teils eines Rechtsgeschäfts. Damit ein Rechtsgeschäft teilweise nichtig sein kann, muss es zunächst überhaupt teilbar sein. Erste Voraussetzung für eine teilweise Anfechtung der Erklärung des M ist also, dass sie sich auf ein teilbares Rechtsgeschäft bezog. Teilbar ist ein Rechtsgeschäft dann, wenn sich dessen Inhalt derart auftrennen lässt, dass die einzelnen Teile jeweils als einzelnes selbständiges Rechtsgeschäft Bestand haben können.

Vorliegend haben M und V einen Vertrag über die Miete von vier Kanus für eine Woche geschlossen. Grundsätzlich hätte aber auch ein Vertrag über die Miete von lediglich zwei Kanus für eine Woche als selbständiges Rechtsgeschäft Bestand. Daher ist in dem zwischen M und V zustande gekommene Vertrag grundsätzlich ein teilbares Rechtsgeschäft zu sehen.

Da sich die Willenserklärung des M auf den Abschluss eines teilbaren Rechtsgeschäfts richtete, kann er auch einen inhaltlich abgrenzbaren Teil seiner Willenserklärung anfechten. Eine teilweise Anfechtung der Willenserklärung des M, begrenzt auf die irrtümlich bestellten „zusätzlichen" zwei Kanus, ist mithin zulässig.

b. Rechtsfolge einer Teilanfechtung

Diese Teilanfechtung führt gem. § 142 Abs. 1 BGB zur *ex tunc*-Nichtigkeit der Willenserklärung des M in Bezug auf die Miete der zwei versehentlich bestellten Kanus, so dass auch der über diese zwei Kanus geschlossene Mietvertrag als von Anfang an nichtig anzusehen ist. Fraglich ist jedoch, wie sich diese Teilnichtigkeit auf den Bestand des anderen Teils des zwischen V und M zustande gekommenen Mietvertrags (über die zwei verbleibenden Kanus) auswirkt.

§ 139 BGB bestimmt insofern, dass bei Nichtigkeit eines Teils eines Rechtsgeschäfts das ganze Rechtsgeschäft nichtig ist, wenn nicht anzunehmen ist, dass es auch ohne den nichtigen Teil vorgenommen sein würde.

Zum Zeitpunkt des Vertragsschlusses zwischen M und V wusste V noch nichts von den weiteren Kunden, die die Kanus ebenfalls (sogar für einen längeren Zeitraum) mieten wollten. Hätte M also von Anfang an nur ein Angebot zur Miete von zwei Kanus für eine Woche abgegeben, so wäre V sicherlich auch hiermit einverstanden gewesen. Gem. § 139 BGB ist daher der Mietvertrag über die anderen beiden Kanus weiterhin wirksam.

Anmerkung: Wird eine ein teilbares Rechtsgeschäft betreffende Willenserklärung angefochten, so kann sich auch umgekehrt die Frage stellen, ob eine Anfechtung der Willenserklärung bezüglich des *ganzen* Rechtsgeschäfts *überhaupt zulässig* ist.

Beispiel: A will bei Schreibwarenhändler B 20 versilberte Kugelschreiber bestellen. Er verschreibt sich jedoch und gibt auf dem Bestellformular 40 Kugelschreiber an. A ficht seine (gesamte) Willenserklärung gem. §§ 142 f., 119 Abs. 1 Hs. 1 Alt. 2 BGB an. Kann B nun wenigstens Zahlung und Abnahme von 20 Kugelschreibern gem. § 433 Abs. 2 BGB verlangen?

Beschränkt sich der Willensmangel auf einen Teil einer (teilbaren) Erklärung, so ist weitgehend anerkannt, dass sich der Erklärende zumindest an dem wirklich gewollten Teil der Erklärung nach Treu und Glauben festhalten lassen muss (vgl. *Medicus*, BGB AT, 9. Aufl. 2006, Rz. 781 m.w.N.). Im Beispielsfall könnte A seine Erklärung also nur bezüglich der versehentlich bestellten „überschüssigen" 20 Kugelschreiber anfechten.

---

5. Ergebnis - Anfechtung

Der Mietvertrag ist aufgrund der wirksamen Teilanfechtung des M gem. § 142 Abs. 1 BGB hinsichtlich zweier Kanus unwirksam. Hinsichtlich der anderen zwei Kanus besteht er weiter.

Zwischen M und V besteht also ein Vertrag über die Miete von zwei Kanus vom 2.9.2006 bis zum 9.8.2006.

III. Ergebnis

V hat gegen M also keinen Anspruch auf Zahlung der Miete für vier Kanus aus § 535 Abs. 2 BGB in Höhe von € 600,-, sondern nur einen Anspruch auf Zahlung der Miete für zwei Kanus aus § 535 Abs. 2 BGB in Höhe von € 300,-.

B. Anspruch des V gegen M auf Schadensersatz gem. § 122 Abs. 1 BGB

V könnte gegen M einen Anspruch auf Schadensersatz gem. § 122 Abs. 1 BGB haben.

I. Anfechtung aufgrund des § 119 BGB

Zunächst müsste eine Willenserklärung aufgrund des § 119 BGB angefochten worden sein. M hat seine Willenserklärung gem. §§ 142 f., 119 Abs. 1 Hs. 1 Alt. 2 BGB wirksam angefochten (vgl. oben unter A. II.).

II. Anfechtungsgegner

Zum Schadensersatz berechtigt ist bei Anfechtung einer empfangsbedürftigen Willenserklärung gem. § 122 Abs. 1 BGB deren Adressat. Das Angebot des M zum Abschluss eines Mietvertrages über vier Kanus war dem V gegenüber abzugeben. V ist damit Inhaber des möglichen Anspruchs nach § 122 Abs. 1 BGB.

III. Ersatzfähiger Schaden

Gem. § 122 Abs. 1 BGB ist derjenige Schaden zu ersetzen, den der andere dadurch erleidet, dass er auf die Gültigkeit der Erklärung vertraut, jedoch nicht über den Betrag des Interesses hinaus, welches der andere an der Gültigkeit der Erklärung hat.

Schadensersatz gem. § 122 Abs. 1 BGB

In § 122 Abs. 1 BGB sind zwei Arten von Schadensersatz definiert, die verschiedenen Interessen des Erklärungsempfängers entsprechen:

I. Vertrauensschaden; negatives Interesse
Nach § 122 Abs. 1 BGB ist dem anderen grundsätzlich der Schaden zu ersetzen, den er dadurch erleidet, dass er *auf die Gültigkeit* der Erklärung *vertraut* hat. Dieser Schaden wird *Vertrauensschaden* genannt, das entsprechende Interesse des Geschädigten bezeichnet man als *negatives Interesse*.

Der Erklärungsempfänger soll danach so gestellt werden, als sei die mit Willensmängeln behaftete Willenserklärung *niemals* abgegeben worden. War die angefochtene Willenserklärung auf den Abschluss eines Vertrags gerichtet, so ist der andere Teil also so zu stellen, als sei dieser Vertrag *nicht* geschlossen worden. Das negative Interesse umfasst daher typischerweise Aufwendungen für den Vertragsschluss und die Durchführung des Vertrags, z.B. Porto- und Telefonkosten, Lagerkosten oder Transportkosten. Kann der Erklärungsempfänger darlegen, er hätte mit einem anderen Vertragspartner einen für ihn günstigeren Vertrag geschlossen, wenn der

---

mit dem Anfechtenden zustande gekommene Vertrag nicht geschlossen worden wäre, so ist auch ein solcher entgangener Gewinn grundsätzlich ersatzfähig. Nicht vom negativen Interesse umfasst sind jedoch sämtliche Schäden, die dem Anfechtungsgegner entstanden sind, weil der Vertrag nicht wie ursprünglich vereinbart durchgeführt worden ist. Solche Schäden sind Teil des positiven Interesses (dazu sogleich II.).

II. Schadensersatz statt der Leistung; positives Interesse

Der gem. § 122 Abs. 1 BGB zu ersetzende Schaden ist begrenzt durch das Interesse, das der andere *an der Gültigkeit* der Erklärung hat.

Dieses Interesse wird *positives Interesse* genannt, man spricht von *Schadensersatz statt der Leistung* oder *Erfüllungsschaden*. Der Erklärungsempfänger wird zur Berechnung des positiven Interesses so gestellt, als sei die mit Willensmängeln behaftete Erklärung *gültig*. War die angefochtene Willenserklärung auf den Abschluss eines Vertrags gerichtet, so ist der andere Teil so zu stellen, als sei dieser Vertrag *gültig* und ordnungsgemäß *erfüllt* worden. Das positive Interesse umfasst also Schadensposten wie z.B. den Kaufpreis, Kosten für Ersatzbeschaffung oder entgangenen Gewinn wegen Nichtlieferung der Kaufsache.

III. Schadensberechnung im Rahmen des § 122 Abs. 1 BGB

Nach § 122 Abs. 1 BGB kann *ausschließlich* Ersatz des *negativen Interesses* verlangt werden. Das *positive Interesse* ist *nicht* gem. § 122 Abs. 1 BGB ersatzfähig, sondern dient lediglich zur *Berechnung der oberen Grenze* des nach § 122 Abs. 1 BGB ersatzfähigen *Vertrauensschadens*.

Nach § 122 Abs. 1 BGB soll dem Anfechtungsgegner also das negative Interesse ersetzt werden, er soll jedoch auf Grund der Anfechtung durch den Erklärenden nicht besser stehen, als wäre dessen Erklärung gültig gewesen. Aus dem Willensmangel des Erklärenden und der daraus resultierenden Anfechtung soll der Anfechtungsgegner keine Vorteile ziehen, da er sich ja schließlich auf das ursprünglich geschlossene Geschäft eingelassen hat, selbst wenn ein anderes Geschäft günstiger gewesen wäre.

Hinweis: Diese Begrenzung des Vertrauensschadens auf das positive Interesse ist kein allgemeiner Rechtsgrundsatz. Wird aus einer anderen Anspruchsgrundlage als aus § 122 Abs. 1 BGB Ersatz des Vertrauensschadens geschuldet, so kann dieser durchaus über das positive Interesse hinausgehen.

Grundsätzlich ist gem. § 122 Abs. 1 BGB also das negative Interesse ersatzfähig; der Anfechtungsgegner ist so zu stellen, als sei die angefochtene Willenserklärung nicht abgegeben worden. Hätte M die zwei zusätzlichen Kanus hier nicht irrtümlich bestellt, so hätte V diese Kanus an eine andere Gruppe vermieten können, die die beiden Kanus vom 2.8.2006 bis zum 16.8.2006, also für zwei Wochen, gemietet hätte. Dabei hätte er € 600,- eingenommen. Der gem. § 122 Abs. 1 BGB grundsätzlich ersatzfähige Vertrauensschaden des V beträgt hier also € 600,-.

Allerdings ist der nach § 122 Abs. 1 BGB ersatzfähige Schaden auf den Betrag des positiven Interesses begrenzt. Zur Ermittlung dieser Schadensposition ist der Anfechtungsgegner so zu stellen, als sei die angefochtene Erklärung gültig gewesen. In diesem Fall hätte ein Vertrag zwischen V und M über die Miete zweier (zusätzlicher) Kanus vom 2.8.2006 bis zum 9.8.2006 bestanden. Wäre dieser ordnungsgemäß erfüllt worden, so hätte V hieraus € 300,- erwirtschaftet. Das positive Interesse des V beträgt also lediglich € 300,-.

Daher ist der gem. § 122 Abs. 1 BGB ersatzfähige Schaden des V auf € 300,- begrenzt.

IV. Ergebnis

V kann gem. § 122 Abs. 1 BGB von M Schadensersatz in Höhe der Miete für zwei Kanus vom 2.8.2006 bis zum 9.8.2006 in Höhe von € 300,- verlangen.

C. Gesamtergebnis

V hat gegen M einen Anspruch auf Zahlung der Miete für zwei Kanus vom 2.8. bis zum 9.8. in Höhe von € 300,- gem. § 535 Abs. 2 BGB und einen Anspruch auf Schadensersatz in Höhe der Miete für zwei Kanus vom 2.8.2006 bis zum 9.8.2006 in Höhe von € 300,- aus § 122 Abs. 1 BGB.

Fall 12

Ausgangsfall:

V ist Alleinerbe seiner Eltern und hat von diesen zahlreiche Ölgemälde geerbt, die gegen Ende des 18. Jahrhunderts von wenig namhaften Künstlern gemalt worden sind. Eines der Bilder, das eine Darstellung des brennenden Troja zeigt, will V dem Kunsthändler K verkaufen. Aufgrund des großen Formats des Bildes bittet V den K, zu ihm nach Hause zu kommen und sich das Bild anzusehen. K ist von dem Bild angetan und einigt sich mit V auf einen Kaufpreis von € 4000,-. K will das Bild in einer Woche abholen. Dann soll auch die Bezahlung erfolgen.

Als der Kunsthändler X in der Wohnung des V ein anderes Bild in Augenschein nimmt, wird er auf das „Brennende Troja" aufmerksam und erkennt darin die Übermalung des seit langem verschollenen Heiligen Rochus vom Kölner Meister der Heiligen Sippe aus dem 15. Jahrhundert. Der Wert des „Heiligen Rochus" übersteigt den Wert des „Brennenden Troja" um ein Vielfaches.

V ruft den K sofort an und erklärt ihm, dies sei nun eine völlig neue Situation. Das ganze Geschäft könne er natürlich so nicht gelten lassen. K meint, Vertrag sei Vertrag und verlangt Übereignung und Übergabe des Bildes.

Zu Recht?

Abwandlung 1:

Das brennende Troja ist keine Übermalung. Nach dem Verkauf an K für € 4.000,- fällt dem V jedoch ein Auktionskatalog in die Hände, in dem vergleichbare Werke mit € 8.000,- taxiert sind. Tatsächlich wären drei Kunsthändler bereit, V für das Bild € 8000,- zu zahlen. V erklärt dem K wiederum, dies sei eine völlig neue Situation, so dass er den Verkauf nicht gelten lassen könnte.

Kann K von V Übereignung und Übergabe des Bildes verlangen?

Abwandlung 2:

Sachverhalt wie im Ausgangsfall. Allerdings hat V das Bild zur Ansicht zu K gebracht. Dieser war sofort mit dem Geschäft zum Preis von € 4.000,- einverstanden, hat das Bild bezahlt und sofort behalten. Kurz darauf hat V von der Übermalung erfahren und dem K erklärt, aufgrund der vollkommen neuen Situation könne er das Geschäft nicht gelten lassen.

Kann V von K die Herausgabe des Bildes verlangen?

Lösung Fall 12

A. Anspruch des K gegen V auf Übereignung und Übergabe des Bildes gem. § 433 Abs. 1 S. 1 BGB

K könnte gegen V einen Anspruch auf Übergabe und Übereignung des Bildes gem. § 433 Abs. 1 S. 1 BGB haben.

I. Kaufvertrag

Dies setzt einen wirksamen Kaufvertrag über das Bild zwischen V und K voraus. Nach dem Sachverhalt haben K und V einen Kaufvertrag über das Bild geschlossen, durch den sich V verpflichtete, dem K das Bild gegen Zahlung von € 4.000,- zu überlassen. Ein wirksamer Kaufvertrag ist damit zustande gekommen.

II. Rückwirkende Nichtigkeit gem. § 142 Abs. 1 BGB?

Allerdings könnte der Kaufvertrag gem. § 142 Abs. 1 BGB rückwirkend nichtig sein. Dies setzt voraus, dass V seine auf den Abschluss des Kaufvertrags gerichtete Willenserklärung wirksam angefochten hat. Eine Anfechtung erfordert einen Anfechtungsgrund und eine Anfechtungserklärung.

1. Anfechtungsgrund

Es müsste also zunächst ein Anfechtungsgrund vorliegen.

a. Inhaltsirrtum

In Betracht kommt zunächst ein Inhaltsirrtum des V gem. § 119 Abs. 1 Hs. 1 Alt. 1 BGB. Beim Inhaltsirrtum irrt sich der Erklärende über die objektive Bedeutung eines von ihm bewusst gewählten Erklärungszeichens. Dem willentlich benutzten Zeichen ordnet der Erklärende also subjektiv eine andere Bedeutung zu als ihm objektiv zukommt. Hier hat V bewusst erklärt, dass Bild „Brennendes Troja" für € 4.000,- an K verkaufen zu wollen. Lediglich die Beschaffenheit des Kaufobjekts entsprach nicht den Vorstellungen des V. Dies führt allerdings nicht dazu, dass die objektive Bedeutung der Erklärung des V von seinen subjektiven Vorstellungen abwich. Sowohl nach seiner subjektiven Vorstellung als auch objektiv erklärte V, das Bild „Brennendes Troja" für € 4.000,- verkaufen zu wollen. V irrte damit nicht über den Inhalt seiner auf den Abschluss eines Kaufvertrages gerichteten Erklärung. Es liegt mithin kein Inhaltsirrtum gem. § 119 Abs. 1 Hs. 1 Alt. 1 BGB vor.

b. Eigenschaftsirrtum

Des weiteren kommt ein Irrtum des V über eine verkehrswesentliche Eigenschaft des verkauften Bildes gem. § 119 Abs. 2 BGB in Betracht.

Eigenschaften einer Sache im Sinne des § 119 Abs. 2 BGB sind neben den auf ihrer natürlichen Beschaffenheit beruhenden Merkmalen auch tatsächliche oder rechtliche Beziehungen der Sache zur Umwelt, sofern sie nach der Verkehrsanschauung für die Wertschätzung oder Verwendbarkeit der Sache von Bedeutung sind und der Sache auf Dauer anhaften. Das Alter und die Urheberschaft sind einem Bild aufgrund seiner natürlichen Beschaffenheit unmittelbar anhaftende Merkmale und damit Eigenschaften des Bildes. Damit stellt die übermalte Darstellung des Heiligen Rochus eine Eigenschaft des verkauften Bildes dar.

Darüber hinaus müsste es sich dabei um eine verkehrswesentliche Eigenschaft handeln. Bei der Beurteilung der Verkehrswesentlichkeit ist zunächst von dem konkreten Rechtsgeschäft auszugehen. Zu prüfen ist also, ob die Parteien insofern eine ausdrückliche oder stillschweigende Vereinbarung getroffen haben. Ist eine solche Vereinbarung nicht zu ermitteln, ist auf die Verkehrsauffassung abzustellen.

Begriff der Verkehrswesentlichkeit

Der Begriff der „Verkehrswesentlichkeit" ist umstritten. Allerdings ist dieser Streit zumindest in der Klausurbearbeitung von geringer Bedeutung.

Die objektive Theorie stellt bei der Beurteilung der Verkehrswesentlichkeit nur auf die Verkehrsanschauung ab. Eine neuere subjektive Theorie fragt dagegen zunächst danach, ob die Eigenschaft in dem konkreten Rechtsgeschäft von den Parteien als wesentlich vereinbart worden ist. Diese Vereinbarung kann auch stillschweigend getroffen werden. Erst wenn eine solche Vereinbarung nicht vorliegt, soll auf objektive Kriterien (Verkehrsanschauung) zurückgegriffen werden.

Die Subsumtion unter die beiden Meinungen ist allerdings nicht immer ganz eindeutig und führt in der Regel zum gleichen Ergebnis. Zumindest in einer Klausur bietet es sich daher an, mit der oben genannten Definition zu arbeiten und keine streitige Erörterung durchzuführen. Insofern kann man von dem konkreten Rechtsgeschäft ausgehen und prüfen, ob sich aus seinem Inhalt (ggf. stillschweigend) ergibt, dass bestimmte Eigenschaften wesentlich, andere aber unwesentlich sind. Ergeben sich aus dem Rechtsgeschäft keine besonderen Anhaltspunkte, ist die Verkehrsanschauung Beurteilungsgrundlage.

Es ist davon auszugehen, dass die Urheberschaft des Bildes und sein Alter aufgrund ihrer überragenden Bedeutung für die Wertschätzung des Gemäldes dem zwischen V und K geschlossenen Vertrag als verkehrswesentliche Eigenschaft zugrunde lagen. Daher irrte V, der von dem übermalten Bild nichts wusste, über eine verkehrswesentliche Eigenschaft des Bildes.

Es ist auch davon auszugehen, dass V die Erklärung, das Bild für € 4.000,- verkaufen zu wollen, in Kenntnis der Sachlage nicht abgegeben hätte und der Eigenschaftsirrtum damit kausal für die Abgabe seiner Erklärung gem. § 119 Abs. 1 Hs. 2 BGB war.

c. Ergebnis - Anfechtungsgrund

Somit liegt ein Anfechtungsgrund gem. § 119 Abs. 2 BGB vor.

2. Anfechtungserklärung

Gem. § 143 Abs. 1 BGB ist darüber hinaus eine Anfechtungserklärung erforderlich, die dem Anfechtungsgegner zu erklären ist. Gem. § 143 Abs. 2 BGB ist bei einem gegenseitigen Vertrag der andere Teil der Anfechtungsgegner. V müsste also dem K gegenüber eine Anfechtungserklärung abgegeben haben.

Eine Anfechtungserklärung setzt nicht voraus, dass der Anfechtende das Wort „Anfechtung" auch tatsächlich benutzt. Es reicht aus, dass er gegenüber dem Anfechtungsgegner zum Ausdruck bringt, dass er aufgrund eines Willensmangels nicht an dem Geschäft festhalten will. V hat erklärt, dass er aufgrund seiner neuen Erkenntnisse über die Beschaffenheit des verkauften Bildes nicht an dem Geschäft festhalten will. Damit hat er zum Ausdruck gebracht, dass er aufgrund eines Irrtums über die Beschaffenheit des verkauften Gegenstandes und damit aufgrund eines Willensmangels vom Vertrag Abstand nehmen wollte. Eine Anfechtungserklärung liegt mithin vor.

3. Anfechtungsfrist

Gem. § 121 Abs. 1 S. 1 BGB muss eine Anfechtung aufgrund von § 119 BGB ohne schuldhaftes Zögern erklärt werden, nachdem der zur Anfechtung Berechtigte Kenntnis vom Anfechtungsgrund erlangt hat. Anfechtungsgrund ist hier der Eigenschaftsirrtum des V. Nachdem ihn der Kunsthändler X auf die Übermalung hingewiesen hatte und V so seinen Irrtum über die Beschaffenheit des verkauften Bildes erkannte, erklärte er sofort gegenüber K die Anfechtung. Die Anfechtungsfrist des § 121 Abs. 1 S. 1 BGB ist daher gewahrt.

4. Ergebnis - Anfechtung

V hat seine auf den Abschluss des Kaufvertrages mit K gerichtete Willenserklärung wirksam gem. § 119 Abs. 2 BGB angefochten. Sie ist daher gem. § 142 Abs. 1 BGB rückwirkend nichtig, so dass auch kein Kaufvertrag zwischen V und K besteht.

B. Gesamtergebnis

K hat gegen V keinen Anspruch auf Übergabe und Übereignung des Bildes gem.
§ 433 Abs. 1 S. 1 BGB.

Abwandlung 1

A. Anspruch des K gegen V auf Übereignung und Übergabe des Bildes gem. § 433 Abs. 1 S. 1 BGB

K könnte gegen V einen Anspruch auf Übergabe und Übereignung des Bildes
gem. § 433 Abs. 1 S. 1 BGB haben. Dies setzt zunächst einen wirksamen Kaufvertrag voraus.

I. Kaufvertrag

Nach dem Sachverhalt haben V und K einen Kaufvertrag über das Bild „Brennendes Troja" zum Preis von € 4.000,- geschlossen.

II. Rückwirkende Nichtigkeit gem. § 142 Abs. 1 BGB?

Allerdings könnte der Kaufvertrag gem. § 142 Abs. 1 BGB rückwirkend nichtig
sein. Dies setzt voraus, dass V seine auf den Abschluss des Kaufvertrags gerichtete Willenserklärung wirksam angefochten hat. Eine Anfechtung erfordert einen
Anfechtungsgrund und eine Anfechtungserklärung.

1. Anfechtungsgrund – Eigenschaftsirrtum?

Es müsste also zunächst ein Anfechtungsgrund vorliegen. In Betracht kommt ein
Irrtum des V über eine verkehrswesentliche Eigenschaft des Bildes gem. § 119
Abs. 2 BGB.

Eigenschaften einer Sache im Sinne des § 119 Abs. 2 BGB sind neben den auf
ihrer natürlichen Beschaffenheit beruhenden Merkmalen auch tatsächliche oder
rechtliche Beziehungen der Sache zur Umwelt, sofern sie nach der Verkehrsanschauung für die Wertschätzung oder Verwendbarkeit der Sache von Bedeutung
sind und der Sache auf Dauer anhaften.

V unterlag hier einem Irrtum über den für das „Brennende Troja" zu erzielen-
den Preis, also über den Wert des Bildes. Fraglich ist, ob der Wert des Bildes eine
Eigenschaft im Sinne des § 119 Abs. 2 BGB ist.

Hier ist zu berücksichtigen, dass der Wert einer Sache von der Wertschätzung
abhängt, die ihr vom „Markt" entgegengebracht wird. Diese Wertschätzung selbst

haftet dem Gegenstand also nicht dauerhaft an und ist von den wertbildenden Faktoren zu unterscheiden, die die Grundlage dieser Wertschätzung bilden. Daher ist der Wert einer Sache nicht selbst Eigenschaft der Sache, sondern „Spiegel" dieser Eigenschaften. Auch die Tatsache, dass der Wert in Abhängigkeit von der Marktentwicklung ständigen Schwankungen unterworfen ist, führt dazu, dass er der Sache nicht dauerhaft anhaftet. Der Wert einer Sache ist daher keine Eigenschaft der Sache im Sinne des § 119 Abs. 2 BGB.

Es liegt somit kein Irrtum des V über eine verkehrswesentliche Eigenschaft des Bildes im Sinne des § 119 Abs. 2 BGB vor, sondern ein bloßer unbeachtlicher Motivirrtum.

Anmerkung: Der Irrtum über den Wert einer Sache ist ein unbeachtlicher Motivirrtum. Beim Motivirrtum liegt der Irrtum des Erklärenden in der seiner Erklärung vorgelagerten Willensbildung, nicht jedoch in der Erklärung selbst.

Beispiel: Die frisch verlobte A kauft bei V ein Hochzeitskleid. Kurz darauf wird die Hochzeit abgesagt. A kann ihre auf den Kaufvertrag gerichtete Willenserklärung nicht anfechten, da es sich bei dem Irrtum über das Stattfinden der Hochzeit nicht um einen Irrtum über Eigenschaften des Kleids gem. § 119 Abs. 2 BGB oder einen in § 119 Abs. 1 BGB genannten Irrtum handelt, sondern um einen unbeachtlichen Motivirrtum.

Ein bloßer Motivirrtum ist grundsätzlich rechtlich unbeachtlich, d.h. er berechtigt nicht zur Anfechtung. In wenigen Ausnahmefällen erklärt das Gesetz Motivirrtümer allerdings für beachtlich und erkennt sie als Anfechtungsgrund an. Ein Beispiel für die Beachtlichkeit eines Motivirrtums im Erbrecht ist § 2078 Abs. 2 BGB, der die Anfechtung einer letztwilligen Verfügung auch bei einem bloßen Motivirrtum zulässt. Auch § 123 BGB berechtigt zur Anfechtung aufgrund eines bloßen Motivirrtums, sofern der Irrtum durch eine arglistige Täuschung hervorgerufen wurde (vgl. auch Fall 25). Von der h.M. wird auch § 119 Abs. 2 BGB als ausnahmsweise beachtlicher Motivirrtum eingestuft, da auch die Eigenschaften des Vertragsgegenstandes zu den Motiven für den Geschäftsabschluss gehören. In der Klausur sollte man den Irrtum nach § 119 Abs. 2 BGB aber immer als Eigenschaftsirrtum bezeichnen, um ihn klar vom grundsätzlich unbeachtlichen bloßen Motivirrtum abzugrenzen.

---

2. Ergebnis - Anfechtung

Es liegt daher kein Anfechtungsgrund vor. V kann seine auf den Abschluss des Kaufvertrags mit A gerichtete Willenserklärung mithin nicht anfechten.

B. Gesamtergebnis

K hat gegen V einen Anspruch auf Übergabe und Übereignung des Bildes gem. § 433 Abs. 1 S. 1 BGB.

Abwandlung 2

A. Anspruch des V gegen K auf Herausgabe des Bildes aus § 985 BGB

V könnte gegen K einen Anspruch auf Herausgabe des Bildes gem. § 985 BGB haben.

I. Eigentum des V am Bild

Zunächst müsste V dazu Eigentümer des Bildes sein.

1. Ursprüngliches Eigentum der Eltern des V

Nach dem Sachverhalt waren ursprünglich die Eltern des V Eigentümer des Bildes.

2. Eigentumserwerb des V

V ist Alleinerbe seiner Eltern. Er hat damit das Eigentum an dem Bild im Wege der Gesamtrechtsnachfolge gem. § 1922 Abs. 1 BGB erworben.

3. Eigentumsverlust an K

V könnte das Eigentum an dem Bild aber gem. § 929 S. 1 BGB an K verloren haben. Dies setzt die Übergabe des Bildes und die Einigung von K und V über den Eigentumsübergang voraus.

V hat das Bild zu K gebracht und es dem K übergeben. K und V haben sich zu diesem Zeitpunkt zumindest konkludent auch über den Übergang des Eigentums an dem Bild im Sinne des § 929 S. 1 BGB geeinigt. Als Eigentümer des Bildes war V auch zu der Übereignung berechtigt.

Die Voraussetzungen des § 929 S. 1 BGB liegen damit vor. K ist Eigentümer des Bildes geworden.

4. Rückwirkende Unwirksamkeit der Einigungserklärung des V gem. § 142 Abs. 1 BGB?

Die Übereignung ist indes gem. § 142 Abs. 1 BGB rückwirkend unwirksam, wenn V seine Einigungserklärung wirksam angefochten hat. Dies setzt voraus, dass ein Anfechtungsgrund und eine Anfechtungserklärung vorliegen.

a. Anfechtungsgrund

Als Anfechtungsgrund kommt hier ein Eigenschaftsirrtum nach § 119 Abs. 2 BGB in Betracht. Wie oben im Ausgangsfall unter A. II. 1. b. bereits dargelegt, handelt es sich bei der zunächst unentdeckten Übermalung um eine verkehrswesentliche Eigenschaft des Bildes.

Allerdings ist fraglich, ob der Irrtum des V auch die Einigungserklärung des V im Sinne des § 929 S. 1 BGB betraf oder ausschließlich im Rahmen seiner Erklärung über den Abschluss des Kaufvertrages relevant ist. Abschluss des Kaufvertrages und Übereignung sind von V und K gleichzeitig vorgenommen worden.

Insbesondere dann, wenn, wie in diesem Fall, Verpflichtungs- und Verfügungsgeschäft zeitlich zusammenfallen, erscheint eine Differenzierung zwischen der Verpflichtungserklärung und der dinglichen Einigungserklärung zunächst lebensfremd, weil nur eine tatsächliche Willensbildung und nur ein einziger tatsächlicher Erklärungsakt vorliegen. Danach wäre auch die Einigungserklärung des V mit einem Irrtum über eine verkehrswesentliche Eigenschaft gem. § 119 Abs. 2 BGB behaftet. Allerdings sind nach dem Abstraktionsgrundsatz auch in einer einzigen tatsächlichen Handlung rechtlich zwei Willenserklärungen zu sehen, deren rechtliche Beurteilungen voneinander zu trennen sind. Allein auf das zeitliche Auseinander- oder Zusammenfallen von Verpflichtung und Verfügung kann es mithin nicht ankommen.

> **Anmerkung:** Das zeitliche Zusammenfallen von Verpflichtung und Verfügung führt lediglich dazu, dass der Irrtum, der zum Abschluss des Verpflichtungsgeschäfts geführt hat, bei Vornahme der Verfügung noch vorliegt, was aber auch bei zeitlichem Auseinanderfallen der beiden Erklärungen der Fall sein kann. Aus dem Fortbestehen des Irrtums, der zum Abschluss des Verpflichtungsgeschäfts geführt hat, lässt sich indes noch nicht auf einen doppelten Willensmangel (hinsichtlich des Verpflichtungs- und des Verfügungsgeschäfts) schließen.

Vielmehr ist weiter zu fragen, ob der konkrete Irrtum das Verfügungsgeschäft auch tatsächlich inhaltlich betrifft und nicht auf den Inhalt des Verpflichtungsgeschäfts beschränkt bleibt. Die Einigungserklärung des V gem. § 929 S. 1 BGB hatte den objektiven Erklärungswert, dass das Eigentum an dem konkreten Bild (so wie es vor V und K stand) auf K übergehen sollte. Die Eigenschaften des Bildes (unentdeckte Übermalung) waren also nicht Gegenstand der Erklärung. Daher betraf der Irrtum über eine Eigenschaft des Bildes inhaltlich nicht die Einigungserklärung des V gem. § 929 S. 1 BGB. Im Ergebnis befand sich V also hinsichtlich seiner Einigungserklärung gem. § 929 S. 1 BGB nicht in einem Eigenschaftsirrtum im Sinne des § 119 Abs. 2 BGB.

Andere Anfechtungsgründe kommen nicht in Betracht.

b. Ergebnis - Anfechtung

Es liegt kein Anfechtungsgrund vor. V konnte seine Einigungserklärung daher nicht wirksam anfechten.

5. Ergebnis - Eigentum

Mangels wirksamer Anfechtung bleibt die Übereignung des Bildes von V an K gem. § 929 S. 1 BGB wirksam. V ist nicht mehr Eigentümer des Bildes.

II. Ergebnis - § 985 BGB

V hat gegen K keinen Anspruch auf Herausgabe des Bildes gem. § 985 BGB.

Die Anfechtung des Verfügungsgeschäfts

Immer wieder kommt es zu Unsicherheiten bei der Frage, ob ein Willensmangel nur zur Anfechtung des Verpflichtungs- oder auch zur Anfechtung des Verfügungsgeschäfts berechtigt.

I. Grundsatz

Um diese Frage zu beantworten, ist zunächst von der Unabhängigkeit von Verpflichtungs- und Verfügungsgeschäft auszugehen (Abstraktionsprinzip, vergleiche oben Fall 4). Das bedeutet, dass ein Willensmangel, der ausschließlich das Verpflichtungsgeschäft betrifft, nicht auf das Verfügungsgeschäft durchschlägt. Selbst wenn man sich dies klargemacht hat, steht man bei der Falllösung immer noch vor der schwierigen Entscheidung, ob ein Irrtum im konkreten Fall eben nur das Verpflichtungsgeschäft oder auch das Erfüllungsgeschäft *betrifft*.

Dabei sind vor allem diejenigen Fälle schwierig in den Griff zu bekommen, in denen der Willensmangel, der beim Abschluss des Verpflichtungsgeschäfts vorlag, im Zeitpunkt der Vornahme des Verfügungsgeschäfts noch nicht behoben war und daher „fortbestand". Diese Fallkonstellation kommt sehr häufig vor.

Hier ist es entscheidend, sich klarzumachen, dass allein das Fortbestehen des Willensmangels, der bei der Vornahme des Verpflichtungsgeschäfts vorlag, im Zeitpunkt der Vornahme des Verfügungsgeschäfts *nicht* dazu führt, dass der Irrtum auch das Verfügungsgeschäft *betrifft*. Dafür ist es nämlich erforderlich, dass sich der Willensmangel auf den *Inhalt* des Verfügungsgeschäfts bezieht. Dieser Inhalt ist aber begrenzter als der des Verpflichtungsgeschäfts und bietet daher viel weniger „Angriffsfläche" für Willensmängel. So ist der Inhalt bei der Einigungserklärung nach § 929 S. 1 BGB nur: „Willst Du Eigentümer dieser [eindeutig individualisierten] Sache werden?" Auf die Eigenschaften der Sache, die wirtschaftliche Motivation, die hinter der Erklärung steht (z.B. Erhalt einer Gegenleistung), etc. kommt es dagegen beim Verfügungsgeschäft nicht an.

Beispiel 1: In der Buchhandlung sagt der Inhaber V zu seinem Stammkunden K: „Ich hätte da noch ein günstiges Exemplar des Buches A. Das ist noch die Restauflage." Dabei hat sich V aber versprochen und wollte eigentlich Buch B sagen. K meint, von Buch A wolle er gern ein Exemplar haben. K bezahlt, V steckt ein Exemplar von Buch A in eine Plastiktüte. K nimmt Buch A mit nach Hause. In diesem Fall liegt ein Erklärungsirrtum des V gem. § 119 Abs. 1 Hs. 1 Alt. 2 BGB vor. Er hat sich bei der Abgabe der auf den Abschluss eines Kaufvertrages gerichteten Willenserklärung versprochen. Dieser Irrtum wirkte auch noch im Zeit-

punkt der Vornahme der Übereignung gem. § 929 S. 1 BGB fort. Denn
V nahm das irrtümlicherweise angebotene Buch, steckte es in eine Tüte,
überreichte diese dem K und bot ihm damit eine Einigung über den Eigentumsübergang nach § 929 S. 1 BGB an. Dennoch liegt hinsichtlich
der Einigungserklärung kein Erklärungsirrtum vor. Denn die Einigungserklärung bezieht sich nur auf den Übergang des Eigentums an dem in-
dividualisierten Gegenstand (das „konkrete" Buch in der Tüte). Der
Wille des V war auch darauf gerichtet, das „Buch in der Tüte" zu übereignen. Hinsichtlich der Einigungserklärung gem. § 929 S. 1 BGB lag
daher kein Irrtum vor. Eine Anfechtung der Einigungserklärung gem.
§ 929 S. 1 BGB ist daher nicht möglich.

Beispiel 2: In der Buchhandlung V wird auf einem Schild neben der Kasse die Son-
derausgabe eines Romans als Angebot ausgewiesen. K, der gerade an
der Kasse steht, sagt zu V, er hätte gern ein Exemplar der Sonderaus-
gabe. V ist einverstanden und K bezahlt den angegebenen Preis. V sagt
zu K: „Die Bücher liegen dort hinten neben dem Ausgang. Die Sonder-
ausgabe liegt auf dem rechten Stapel. Nehmen Sie sich doch beim Herausgehen ein Exemplar mit." Dabei hat sich V jedoch versprochen. Er
wollte „linker Stapel" sagen. Auf dem rechten Stapel liegt die reguläre,
gebundene Ausgabe. Beim Herausgehen nimmt K, wie von V vorge-
schlagen, ein Buch vom rechten Stapel. Er freut sich über die edle Aus-
stattung zu dem günstigen Preis und nimmt das Buch mit nach Hause.
In diesem Fall, der jedoch sehr selten vorkommt, ist wegen eines Erklärungsirrtums (§ 119 Abs. 1 Hs. 1 Alt. 2 BGB) die Anfechtung der Einigungserklärung gem. § 929 S. 1 BGB möglich, da V hier einem Irrtum
unterlag, der *gerade* das Verfügungsgeschäft *betrifft*. Hinsichtlich des
Verpflichtungsgeschäfts liegt hier überhaupt kein Irrtum vor. Bei der
Einigungserklärung indes ist dem V ein Erklärungsirrtum unterlaufen.
Objektiv hat er erklärt, ein Buch vom rechten Stapel übereignen zu wollen. Sein Wille war aber auf die Übereignung eines Buchs vom linken
Stapel gerichtet. Die übereignete Sache wurde hier also fehlerhaft indi-
vidualisiert. Hätte man den V gefragt, ob er tatsächlich ein Buch vom
rechten Stapel übereignen wolle, hätte er gesagt: „Nein, ich habe mich
versprochen. Ich meinte den linken Stapel."

Anwendung auf einzelne Anfechtungsgründe
Das eben erläuterte Prinzip wird allerdings nicht immer konsequent auf alle Anfechtungsgründe angewendet.
  So geht man bei einer Anfechtung nach § 123 BGB anerkanntermaßen davon
aus, dass dieser Anfechtungsgrund immer auch das Verfügungsgeschäft erfasst.
Dies verträgt sich bei der widerrechtlichen Drohung gem. **§ 123 Abs. 1 Alt. 2 BGB**
noch gut mit den oben beschriebenen Grundlagen, wenn sowohl das Verpflich-
tungs- als auch das Verfügungsgeschäft unter dem Eindruck der Drohung vorgenommen werden. Schwierig wird es schon bei der arglistigen Täuschung nach
§ 123 Abs. 1 Alt. 1 BGB, die letztlich nur einen provozierten Irrtum darstellt. Dennoch nimmt die ganz h.M. an, dass auch das Verfügungsgeschäft mit einem Willensmangel behaftet ist, *sofern* die Täuschung, die zum Abschluss des Verpflichtungsgeschäfts geführt hat, bei Vornahme des Verfügungsgeschäfts noch fortwirkt.
Die Begründung dieses Ergebnisses erfolgt dabei eher rechtsfolgenorientiert: Man
will dem arglistig Getäuschten die Vindikation nach § 985 BGB ermöglichen und

ihn nicht auf einen mit Schwächen behafteten Anspruch aus Bereicherungsrecht (§§ 812 ff. BGB) beschränken.

Nicht ganz einhellig wird die Situation beim Eigenschaftsirrtum nach **§ 119 Abs. 2 BGB** beurteilt. Zum Teil wird unter Berufung auf eine Entscheidung des Reichsgerichts (RGZ 66, 385) vertreten, sofern Verpflichtungs- und Verfügungsgeschäft in einem einheitlichen tatsächlichen Willensakt vollzogen werden, erfasse dieser Irrtum auch das Verfügungsgeschäft. Unseres Erachtens ist diese Meinung allerdings nicht zutreffend (vgl. oben in der Falllösung), da sie nicht hinreichend zwischen den verschiedenen Inhalten von Verpflichtungs- und Verfügungsgeschäft differenziert.

Für den Inhalts- und den Erklärungsirrtum nach **§ 119 Abs. 1 BGB** ist die Geltung des oben dargelegten Grundsatzes anerkannt. Man kann ihn daher ohne weiteres anwenden.

B. Anspruch des V gegen K auf Herausgabe und Rückübereignung des Bildes gem. § 812 Abs. 1 S. 1 Alt. 1 BGB

V könnte gegen K einen Anspruch auf Herausgabe und Rückübereignung des Bildes gem. § 812 Abs. 1 S. 1 Alt. 1 BGB haben.

I. Etwas erlangt?

Dies setzt zunächst voraus, dass K etwas erlangt hat. K hat Eigentum und Besitz an dem Bild erlangt (vgl. oben A. I. 3.).

II. Durch Leistung?

K müsste Besitz und Eigentum an dem Bild durch Leistung erlangt haben. Leistung ist jede bewusste und zweckgerichtete Mehrung fremden Vermögens. V hat dem K das Bild zur Erfüllung seiner kaufvertraglichen Pflichten übereignet und übergeben. K hat Eigentum und Besitz an dem Bild daher durch Leistung erlangt.

III. Ohne Rechtsgrund?

Darüber hinaus müsste K Eigentum und Besitz an dem Bild ohne Rechtsgrund erlangt haben. Als Rechtsgrund kommt ein wirksamer Kaufvertrag zwischen K und V in Betracht. Der Kaufvertrag zwischen K und V ist zunächst wirksam abgeschlossen worden (vgl. oben im Ausgangsfall unter A. I.). Allerdings hat V seine auf den Abschluss des Kaufvertrages gerichtete Willenserklärung später wirksam angefochten (vgl. oben im Ausgangsfall unter A. II. 4.), so dass der Kaufvertrag gem. § 142 Abs. 1 BGB rückwirkend nichtig ist. Damit ist der Rechtsgrund für die

Erlangung von Besitz und Eigentum an dem Bild rückwirkend entfallen. K hat Eigentum und Besitz an dem Bild mithin ohne rechtlichen Grund erlangt.

IV. Ergebnis

V hat gegen K einen Anspruch auf Herausgabe und Rückübereignung des Bildes gem. § 812 Abs. 1 S. 1 Alt. 1 BGB.

Fall 13

Jurastudent J aus Köln kommt mit seinem Geld nicht so recht über die Runden. Da er handwerklich sehr begabt ist und gebrauchte Fahrräder in Köln weggehen wie warme Semmeln, entschließt er sich, alte Fahrräder zu reparieren und zu verkaufen. Um sich zunächst Fahrräder zu verschaffen, gibt er in einer Regionalzeitung aus Olpe, dem Wohnort seiner Eltern, wo kein Mangel an alten Fahrrädern herrscht, eine Anzeige mit dem folgenden Wortlaut auf: „Wer überlässt mittellosem Studenten alte Fahrräder?"

Auf diese Anzeige meldet sich der in der Nachbarschaft der Eltern des J wohnende N, der noch einige alte Fahrräder in seinem Schuppen stehen hat. Als J den N zu Hause aufsucht, meint dieser, J solle sich mitnehmen, was er gebrauchen könne. J ist begeistert von der großen Auswahl und nimmt fünf Fahrräder mit, die seiner Ansicht nach leicht wieder flott zu machen sind.

Um die Fahrräder nach Köln zu schaffen, hat J von seinem Schulfreund F dessen Lieferwagen zur Verfügung gestellt bekommen. Dafür hat J dem F € 15,- gegeben.

Als J in den Osterferien bei seinen Eltern ist, trifft er den N. Dieser meint, er habe sich doch etwas gewundert, dass J die Fahrräder immer noch nicht bezahlt habe. € 100,- seien für die fünf alten Fahrräder doch wohl ein angemessener Preis.

J erwidert, dass dies zwar ein Preis sei, den man für die alten Fahrräder hätte erzielen können, weigert sich aber zu zahlen, da er davon ausgegangen sei, dass N ihm die Fahrräder kostenlos überlassen wollte. Dieser antwortet empört, das könne doch nicht J's Ernst sein. Kein Mensch verschenke einfach alte Fahrräder. N verlangt Bezahlung oder zumindest Rückgabe der Fahrräder.

Zu Recht?

Zusatzfrage:

Angenommen, N kann die Rückgabe der Räder verlangen. Kann J von N in diesem Fall Ersatz für die aufgewendeten Transportkosten in Höhe von € 15,- verlangen?

Lösung Fall 13

A. Anspruch des N gegen J auf Zahlung von € 100,- gem. § 433 Abs. 2 BGB

N könnte gegen J einen Anspruch auf Bezahlung von € 100,- gem. § 433 Abs. 2 BGB haben.

I. Wirksamer Kaufvertrag

Dies setzt zunächst den Abschluss eines Kaufvertrages voraus, der durch Angebot und Annahme zustande kommt.

1. Angebot

a. Inserat in der Olpener Regionalzeitung

Ein Angebot (§ 145 BGB) auf Abschluss eines Kaufvertrages könnte in dem Inserat in der Olpener Regionalzeitung zu sehen sein. Der Wille des J, einen Kaufvertrag abzuschließen, lässt sich dem Inserat jedoch nicht eindeutig entnehmen; die Erklärung ist auslegungsbedürftig. Als empfangsbedürftige Willenserklärung ist ein Angebot gem. §§ 133, 157 BGB auf seinen objektiven Erklärungsgehalt hin auszulegen. Hier richtete sich J an alle Leser der Olpener Regionalzeitung. Er konnte kein Interesse daran haben, sich gegenüber allen Interessenten, die sich bei ihm melden würden, zur Abnahme von Fahrrädern, geschweige denn zu deren Bezahlung zu verpflichten. Vom objektiven Empfängerhorizont ist die Erklärung daher gem. §§ 133, 157 BGB nicht als Angebot, sondern als *invitatio ad offerendum* auszulegen. Darüber hinaus bezeichnet J sich in dem Inserat als „mittelloser Student". Vom objektiven Empfängerhorizont ist die Anzeige also so auszulegen, dass J um die kostenlose Überlassung von Fahrrädern bittet. Mithin ist das Inserat jedenfalls kein Angebot zum Abschluss eines Kaufvertrages.

b. Erklärung des N

Ein Angebot zum Abschluss eines Kaufvertrages könnte in der Erklärung des N zu sehen sein, J solle sich im Schuppen das Benötigte aussuchen. Ein Angebot liegt nur dann vor, wenn der Gegenstand und der Inhalt des Vertrages im Antrag so bestimmt oder bestimmbar angegeben werden, dass der Erklärungsempfänger den

Antrag durch ein einfaches „Ja" annehmen kann. Das Angebot muss demnach die sog. *essentialia negotii* enthalten, das heißt beim Kaufvertrag also die Vertragsparteien, das Kaufobjekt, sowie den Kaufpreis. Die Erklärung des N enthält keinerlei Angaben zum Kaufpreis. J konnte daher diesen „Antrag" nicht durch ein einfaches „Ja" annehmen. Die Erklärung ist somit nicht als Angebot zum Abschluss eines Kaufvertrages zu verstehen.

c. Aussuchen und Abtransport der Fahrräder durch J

Möglicherweise ist in der Auswahl und dem Abtransport der fünf Fahrräder durch J ein Angebot auf Abschluss eines Kaufvertrages mit N über diese Fahrräder zu sehen.

J hatte in dem Zeitungsinserat objektiv erkennbar ausgedrückt, dass er eine kostenlose Überlassung von Fahrrädern anstrebte und daher keinen Kaufvertrag abschließen wollte. Auch in der Auswahl der Fahrräder und in ihrem Abtransport ist kein solcher Wille erkennbar. Wiederum sind die *essentialia negotii* eines Kaufvertrages nicht vollständig bestimmt oder bestimmbar. Ein Kaufpreis wurde zu keinem Zeitpunkt genannt und auch nicht anderweitig kenntlich gemacht, z.B. durch Preisschilder an den Fahrrädern. In der Auswahl und dem Abtransport der Fahrräder ist daher kein Angebot von J auf Abschluss eines Kaufvertrages über die Fahrräder mit N durch konkludentes Verhalten zu sehen.

2. Zwischenergebnis

Es liegt kein Angebot zum Abschluss eines Kaufvertrages vor.

II. Ergebnis

Ein Kaufvertrag über die Fahrräder ist zwischen N und J nicht zustande gekommen. N hat keinen Anspruch auf Bezahlung der € 100,- gem. § 433 Abs. 2 BGB gegen J.

B. Anspruch des N auf Herausgabe der Fahrräder gem. § 985 BGB

N könnte gegen J einen Anspruch auf Herausgabe der Fahrräder gem. § 985 BGB haben.

I. Eigentum des N an den Fahrrädern

Ursprünglich war N Eigentümer der Fahrräder. Er hat das Eigentum jedoch verloren, wenn er dieses gem. § 929 S. 1 BGB auf J übertragen hat. Dazu müsste N die

Fahrräder an J übergeben haben und die Parteien müssten sich darüber einig ge-
wesen sein, dass das Eigentum an den Fahrrädern auf J übergehen sollte. Indem er
J den Abtransport und damit die Inbesitznahme der Fahrräder erlaubt hat, hat N
die Fahrräder an J im Sinne des § 929 S. 1 BGB übergeben. Auch war N sich im
Zeitpunkt der Übergabe mit J darüber einig, dass das Eigentum auf J übergehen
sollte. Als Eigentümer der Fahrräder war N auch zur Übereignung gem. § 929 S. 1
BGB berechtigt. N hat das Eigentum an den Fahrrädern daher gem. § 929 S. 1
BGB auf J übertragen. Er ist somit nicht mehr Eigentümer der Fahrräder.

II. Ergebnis

N hat keinen Anspruch gem. § 985 BGB auf Herausgabe der Fahrräder gegen J.

C. Anspruch des N auf Herausgabe und Rückübereignung der Fahrräder gem. § 812 Abs. 1 S. 1 Alt. 1 BGB

N könnte gegen J einen Anspruch auf Herausgabe und auf Rückübereignung der
Fahrräder gem. § 812 Abs. 1 S. 1 Alt. 1 BGB haben.

I. Etwas erlangt

J müsste dazu zunächst etwas erlangt haben. Unter „etwas" wird jeder Vermö-
gensvorteil verstanden. Hier hat J das Eigentum und den Besitz an den Fahrrädern
erlangt. Eigentum und Besitz an den Fahrrädern verbessern die Vermögenslage
des J, so dass J etwas im Sinne von § 812 Abs. 1 S. 1 Alt. 1 BGB erlangt hat.

II. Durch Leistung des N

J müsste Eigentum und Besitz an den Fahrrädern durch Leistung des N erlangt haben. Mit „Leistung" wird jede bewusste und zweckgerichtete Mehrung fremden
Vermögens bezeichnet. N hat J das Eigentum an den Fahrrädern gem. § 929 S. 1
BGB übertragen. Das spätere Verhalten von N zeigt, dass er davon ausging, mit J
einen Kaufvertrag geschlossen zu haben, da er Bezahlung der Fahrräder verlangt.
N hat Eigentum und Besitz an den Fahrrädern daher zur Erfüllung einer vermeintlichen Verpflichtung aus einem Kaufvertrag übertragen. Damit hat N das Vermögen des J bewusst und zweckgerichtet gemehrt. J hat Eigentum und Besitz an den
Fahrrädern durch Leistung des N erlangt.

III. Ohne Rechtsgrund

Schließlich müsste J Eigentum und Besitz an den Fahrrädern ohne Rechtsgrund erlangt haben. Ein Kaufvertrag kommt als Rechtsgrund nicht in Betracht (siehe oben unter A.). Ein Rechtsgrund für die Vermögensverschiebung könnte allerdings in einem wirksamen Schenkungsvertrag zwischen N und J liegen.

1. Abschluss eines wirksamen Schenkungsvertrages

N könnte sich mit J über den Abschluss eines Schenkungsvertrages gem. § 516 Abs. 1 BGB geeinigt haben.

a. Angebot

Es müsste ein Angebot zum Abschluss eines Schenkungsvertrages vorliegen.

aa. Inserat in der Olpener Regionalzeitung

Ein Angebot zum Abschluss eines Schenkungsvertrages könnte in dem Inserat des J in der Olpener Regionalzeitung zu sehen sein. In der Anzeige bittet J um die Überlassung von Fahrrädern. Fraglich ist, ob darin ein rechtsverbindliches Angebot an alle Leser des Inserats zu sehen ist. J hat kein Interesse, sich vertraglich zu verpflichten, von allen, die sich auf die Anzeige hin melden, Fahrräder anzunehmen. Vom objektiven Empfängerhorizont aus kann die Anzeige daher nicht als Angebot ausgelegt werden. Das Inserat ist daher lediglich als Aufforderung zur Abgabe eines Schenkungsangebotes (*invitatio ad offerendum*) zu verstehen (siehe bereits oben unter A. I. 1. a.).

bb. Erklärung des N

Ein Angebot zum Abschluss eines Schenkungsvertrages könnte aber in der Erklärung des N, J solle sich das Benötigte im Schuppen aussuchen, zu sehen sein. Diese Erklärung ist gem. §§ 133, 157 BGB auszulegen.

Hinsichtlich des Vertragsgegenstands könnte ein objektiver Empfänger die Erklärung nur so verstehen, dass N grundsätzlich bereit war, dem J alle in dem Schuppen befindlichen Fahrräder zu überlassen.

Allerdings hat N subjektiv nicht die Absicht gehabt, die Fahrräder zu verschenken, sondern wollte ein Angebot auf Abschluss eines Kaufvertrages über die Fahrräder machen. Vor dem Hintergrund des Zeitungsinserates, in dem J sich als „mittellos" bezeichnet hatte, ist seine Erklärung jedoch gem. §§ 133, 157 BGB vom objektiven Empfängerhorizont als Angebot auf dauerhafte *unentgeltliche* Überlassung der in dem Schuppen befindlichen Fahrräder und damit als Angebot zum Abschluss eines Schenkungsvertrages zu verstehen.

b. Annahme

J müsste das Angebot des N auch angenommen haben. J hat aus dem Schuppen fünf Fahrräder ausgesucht und dem N zu verstehen gegeben, dass er diese mitnehmen wolle. Aufgrund der Tatsache, dass J sich in seinem Inserat als „mittellos" bezeichnet hatte und N ihm ohne Nennung eines Preises gestattete, sich Fahrräder auszusuchen, kann auch die Erklärung des J nur so verstanden werden, dass sie auf die dauerhafte und *unentgeltliche* Überlassung der Fahrräder und damit auf den Abschluss eines Schenkungsvertrages gerichtet war. J hat das Angebot des N zum Abschluss eines Schenkungsvertrages daher angenommen.

c. Ergebnis - Einigung über Schenkung

N und J haben sich über den Abschluss eines Schenkungsvertrages gem. § 516 Abs. 1 BGB geeinigt.

d. Formerfordernis gem. § 518 BGB

Der Schenkungsvertrag ist allerdings gem. § 125 S. 1 BGB nichtig, wenn er der durch Gesetz vorgeschriebenen Form entbehrt. Gem. § 518 Abs. 1 S. 1 BGB ist die notarielle Beurkundung (vgl. § 128 BGB) des Schenkungsversprechens erforderlich. Im vorliegenden Fall handelt es sich jedoch um eine (sofort vollzogene) Handschenkung und nicht um ein Schenkungsversprechen im Sinne des § 518 Abs. 1 BGB. Das Formerfordernis wird daher zum Teil für nicht anwendbar gehalten. Selbst wenn das Formerfordernis anwendbar ist, wurde der hier vorliegende Formmangel durch die Bewirkung der versprochenen Leistung gem. § 518 Abs. 2 BGB geheilt (vgl. dazu Fall 7). Die Schenkung wurde hier mit der Übertragung des Eigentums an den Fahrrädern (siehe oben B. I.) von N auf J vollzogen.

e. Zwischenergebnis

Mit dem wirksam abgeschlossenen Schenkungsvertrag liegt ein Rechtsgrund für die Eigentumsübertragung an den Fahrrädern durch N auf J vor.

2. Wegfall des Rechtsgrundes durch Anfechtung der Erklärung des N

Dieser Rechtsgrund ist jedoch rückwirkend gem. § 142 Abs. 1 BGB entfallen, wenn N seine auf den Abschluss des Schenkungsvertrags gerichtete Willenserklärung wirksam angefochten hat.

a. Anfechtungserklärung

Die Anfechtung ist nach § 143 Abs. 1 BGB dem Anfechtungsgegner zu erklären. Dieser ist bei Verträgen nach § 143 Abs. 2 BGB der andere Teil. N müsste die Anfechtung gem. § 143 Abs. 1, 2 BGB daher gegenüber J als Anfechtungsgegner erklärt haben. N hat erklärt, dass er die Weigerung von J, den Kaufpreis zu bezahlen und damit eine unentgeltliche Überlassung der Fahrräder nicht gelten lasse. Dadurch hat er erkennen lassen, dass er vom Abschluss eines Kaufvertrages ausging und aufgrund eines Irrtums an dem Schenkungsvertrag nicht festhalten will. Die Verwendung des Wortes „anfechten" selbst in der Erklärung ist nicht erforderlich. N hat daher die Anfechtung gegenüber J gem. § 143 Abs. 1, 2 BGB erklärt.

b. Anfechtungsgrund

Die Wirksamkeit der Anfechtung setzt darüber hinaus einen Anfechtungsgrund voraus. In Betracht kommt hier ein Irrtum des N über den Inhalt seiner Willenserklärung gem. § 119 Abs. 1 Hs. 1 Alt. 1 BGB. Dann müsste der Erklärende das verwendete Erklärungszeichen bewusst gewählt haben und sich über die objektive Bedeutung dieses Erklärungszeichens geirrt haben.

Aus der Sicht eines objektiven Empfängers gem. §§ 133, 157 BGB hat N dem J ein Angebot zum Abschluss eines *Schenkungs*vertrages gemacht (vgl. oben 1. a. bb.). Tatsächlich wollte N mit seiner Erklärung jedoch ein Angebot zum Abschluss eines *Kauf*vertrages abgeben. Da sich die Erklärung des N somit nicht auf das tatsächlich gewollte, sondern ein wesentlich anderes Rechtsgeschäft bezog, liegt ein Inhaltsirrtum vor.

> **Anmerkung:** Hier liegt ein Irrtum über die rechtlichen Folgen einer Willenserklärung vor. In solchen Fällen ist grundsätzlich zwischen einem beachtlichen Inhaltsirrtum (der hier vorliegt) und einem (im Grundsatz unbeachtlichen) Rechtsfolgenirrtum im Sinne eines unbeachtlichen Motivirrtums zu unterscheiden. Als Leitlinie gilt hier: Wenn lediglich ein Irrtum über eine gesetzlich angeordnete Rechtsfolge vorliegt, obwohl ansonsten der Vertragstypus als solcher (z.B. Kaufvertrag, Mietvertrag, Schenkung) gewollt ist, dann handelt es sich um einen unbeachtlichen Motivirrtum. (Bsp.: Der Verkäufer will in jedem Fall verkaufen, irrt sich aber über die Tatsache, dass den Verkäufer eine Sachmängelhaftung nach §§ 434 ff. BGB trifft).
>
> Wenn die irrtümlich angenommene Rechtsfolge dagegen den Inhalt der Erklärung bildet, dann ist ein beachtlicher Inhaltsirrtum gegeben (Hier irrt sich N über den Inhalt seiner Erklärung: Er glaubt, eine Erklärung abzugeben, die zu einem anderen Vertragstypus führen soll: Kauf statt Schenkung).
>
> Vgl. zur Problematik des Rechtsfolgenirrtums und zur Abgrenzung vom Inhaltsirrtum: *Brox/Walker*, BGB AT, 30. Aufl. 2006, Rz. 423; *Medicus*, BGB AT, 9. Aufl. 2006, Rz. 750, 751; *Palandt/Heinrichs*, BGB, 66. Aufl. 2007, § 119 Rz. 15 f.

Bei verständiger Würdigung des Falles ist auch davon auszugehen, dass N, der für die Überlassung der Fahrräder noch eine Gegenleistung erhalten wollte, seine Erklärung bei Kenntnis ihres objektiven Inhaltes nicht abgegeben hätte. Ein Anfechtungsgrund liegt damit gem. § 119 Abs. 1 Hs. 1 Alt. 1 BGB vor.

c. Frist

N muss die Anfechtung gem. § 121 Abs. 1 S. 1 BGB unverzüglich erklärt haben, nachdem er von dem Anfechtungsgrund erfahren hat. Hier hat N von seinem Irrtum erfahren, als J sich weigerte, die Fahrräder zu bezahlen, weil er meinte, dass N ihm die Fahrräder geschenkt habe. Er hat die Anfechtung daraufhin ohne schuldhaftes Zögern und damit unverzüglich erklärt. Die Anfechtungsfrist gem. § 121 Abs. 1 S. 1 BGB ist daher gewahrt.

d. Zwischenergebnis

N hat seine auf den Abschluss des Schenkungsvertrags gerichtete Willenserklärung wirksam angefochten. Der Schenkungsvertrag ist damit gem. § 142 Abs. 1 BGB von Anfang an nichtig.

3. Ergebnis - Rechtsgrund

Es lag damit kein Rechtsgrund für die Eigentums- und Besitzübertragung an den Fahrrädern von N auf J vor.

IV. Ergebnis

N hat einen Anspruch gegen J auf Herausgabe und Rückübereignung der Fahrräder gem. § 812 Abs. 1 S. 1 Alt. 1 BGB.

D. Gesamtergebnis

Zwar hat N keinen Anspruch auf Zahlung der € 100,- gegen J aus § 433 Abs. 2 BGB und ebenfalls keinen Anspruch auf Herausgabe der Fahrräder gem. § 985 BGB, doch kann er die Herausgabe und Rückübereignung der Fahrräder von J gem. § 812 Abs. 1 S. 1 Alt. 1 BGB verlangen.

Zusatzfrage

A. Anspruch des J gegen N auf Schadensersatz gem. § 122 Abs. 1 BGB

J könnte gegen N einen Anspruch auf Schadensersatz in Höhe von € 15,- gem. § 122 Abs. 1 BGB haben.

I. Anfechtung aufgrund des § 119 BGB

Zunächst müsste eine Willenserklärung aufgrund des § 119 BGB angefochten worden sein. N hat seine Willenserklärung gem. §§ 142 f., 119 Abs. 1 Hs. 1 Alt. 1 BGB wirksam angefochten (vgl. oben unter C. III. 2. d.).

II. Anspruchsinhaber

Zum Schadensersatz berechtigt ist bei Anfechtung einer empfangsbedürftigen Willenserklärung gem. § 122 Abs. 1 BGB deren Adressat. Das Angebot des N zum Abschluss eines Schenkungsvertrages über die Fahrräder war dem J gegenüber abzugeben. J ist damit Inhaber des möglichen Anspruchs nach § 122 Abs. 1 BGB.

III. Ersatzfähiger Schaden

Nach § 122 Abs. 1 BGB ist derjenige Schaden ersatzfähig, den der Anfechtungsgegner dadurch erleidet, dass er auf die Gültigkeit der angefochtenen Erklärung vertraut hat (Vertrauensschaden). Er ist so zu stellen, wie er stehen würde, wenn er das (rückwirkend nichtige) Geschäft *gar nicht* erst abgeschlossen hätte. Hätte J den Schenkungsvertrag mit N nicht abgeschlossen, so hätte er auch keinen Anlass gehabt, sich von seinem Freund F dessen Kleintransporter zum Preis von € 15,- zu mieten. J hat also im Vertrauen auf die Gültigkeit des Schenkungsvertrages € 15,- als Miete aufgewendet und dadurch eine Vermögenseinbuße erlitten, die sich aufgrund der Nichtigkeit des Schenkungsvertrages nun als nutzlos herausgestellt hat. Der Vertrauensschaden des J beträgt daher € 15,-.

Die Obergrenze des nach § 122 Abs. 1 BGB ersatzfähigen Vertrauensschadens ist der Betrag des Interesses, welches der zum Schadensersatz Berechtigte an der Gültigkeit der Erklärung und damit an der Durchführung des nunmehr nichtigen Geschäfts hat (sog. Erfüllungsinteresse). Bei Wirksamkeit des Schenkungsvertrages hätte J hier das Eigentum an den fünf alten Fahrrädern erhalten. Der Wert der fünf alten Fahrräder beträgt insgesamt ca. € 100,-. Der ersatzfähige Vertrauensschaden ist damit nicht auf weniger als € 15,- begrenzt. Der gesamte dem J entstandene Vertrauensschaden in Höhe von € 15,- ist ersatzfähig.

B. Ergebnis - § 122 Abs. 1 BGB

J kann gem. § 122 Abs. 1 BGB von N Schadensersatz in Höhe der an F gezahlten Miete für den Lieferwagen in Höhe von € 15,- verlangen.

Fall 14

Der Fabrikant F Senior will sich zu Beginn seines Ruhestands einen besonderen Luxus leisten und sich einen Reibach-PKW zum Preis von € 650.000,- zulegen. Allerdings ist es bekannt, dass die Marke Reibach ihre PKW nur an ausgewählte Persönlichkeiten verkauft, um das Image der Marke nicht aufs Spiel zu setzen.

F Senior schreibt daher einen Brief an Reibach, in dem er seine Lebensleistung beim Aufbau des überregionalen Unternehmens F preist und ein Angebot zum Kauf eines Reibach zum Preis von € 650.000,- macht. Der Brief gelangt zum Reibach-Inhaber R, der persönlich über den Verkauf seiner Karossen entscheidet. R hat gerade einen ganzen Stapel von Anträgen zu bearbeiten. Bevor er zum Brief des F kommt, erstellt er mit Hilfe seines Textverarbeitungsprogramms gerade eine Zusage an den Popstar Willi Robins (W).

Einen Verkauf an F will R aber noch von einer eingehenden Prüfung abhängig machen. R will ihm daher einen Brief mit dem in diesen Fällen üblichen Standardtext zusenden. Dieser Text lautet: „Ich freue mich, Ihnen mitteilen zu können, dass ich Ihr Angebot zum Kauf eines Reibach wohlwollend prüfen werde. Ich werde Ihnen meine Entscheidung sobald wie möglich mitteilen." Allerdings unterläuft dem R ein Missgeschick. Er speichert den Brief an Willi Robins einfach unter dem Namen F Senior und setzt die entsprechende Adresse und Anrede ein. Er vergisst dann jedoch, den Textbaustein der Zusage an Willi Robins gegen den Standardtext für die weitere Prüfung auszutauschen. Er druckt daher einen Brief mit dem folgenden Text aus: „Sehr geehrter Herr F Senior, ich freue mich, Ihnen mitteilen zu können, dass ich Ihr Angebot zum Kauf eines Reibach gern annehme. Wie Sie wissen, zählen Sie damit zu einem kleinen Kreis erlesenster Persönlichkeiten. Mit freundlichem Gruß, R." Diesen Brief druckt R aus, unterschreibt ihn und schickt ihn an F Senior.

Zwei Wochen später findet F Senior den Brief bei seiner Rückkehr aus dem Urlaub in Monte Carlo vor. Er ist außer sich vor Freude und fragt telefonisch bei R nach, wann er denn mit der Lieferung rechnen könne. R antwortet, dass ja noch gar keine Zusage erfolgt sei. Im Übrigen habe er nach eingehender Recherche leider gerade entscheiden müssen, dass die eher durchschnittliche Leistung von F Senior ihn nicht als Fahrer eines Reibach qualifiziere. F Senior tobt vor Wut und beruft sich auf den Brief mit der Zusage, den er dem R vorliest. R meint, dass F Senior keine Zusage erhalten habe. Irrtümer seien im Hause Reibach ausgeschlossen. F Senior besteht auf Lieferung des Reibach gegen Zahlung von € 650.000,-.

Zu Recht?

Lösung Fall 14

A. Anspruch des F gegen R auf Übergabe und Übereignung eines Reibach gem. § 433 Abs. 1 S. 1 BGB

F könnte gegen R einen Anspruch auf Übergabe und Übereignung eines Reibach-PKW aus § 433 Abs. 1 S. 1 BGB haben. Dann müsste zwischen F und R ein Kaufvertrag zustande gekommen sein. Ein Kaufvertrag kommt durch zwei übereinstimmende Willenserklärungen, Angebot und Annahme, zustande.

I. Angebot

Dem Sachverhalt zufolge liegt ein Angebot des F zum Abschluss eines Kaufvertrages über einen Reibach zum Preis von € 650.000,- vor.

II. Annahme

Fraglich ist, ob dieses Angebot von R angenommen wurde. Eine Annahme ist eine empfangsbedürftige Willenserklärung. Hier könnte eine Annahme in dem von R an F gesendeten Brief zu sehen sein.

Fraglich ist jedoch bereits, ob die Erklärung des R hier überhaupt den Tatbestand einer Willenserklärung verwirklicht.

1. Objektiver Erklärungstatbestand

Das Vorliegen der objektiven Tatbestandsmerkmale einer Willenserklärung ist gem. §§ 133, 157 BGB durch Auslegung nach dem objektiven Empfängerhorizont vorzunehmen.

a. Setzen eines Erklärungszeichens

In dem Brief des R an F war ein Erklärungszeichen des R zu sehen.

b. Rechtsbindungswille erkennbar

Zudem müsste ein Rechtsbindungswille des R für einen objektiven Empfänger gem. §§ 133, 157 BGB erkennbar gewesen sein. Dem Schreiben des R war insofern zu entnehmen, dass R das Angebot des F rechtsverbindlich annehmen wollte. Die Tatsache, dass R das Angebot des F erst unverbindlich prüfen wollte und eine Annahmeerklärung in Wirklichkeit gegenüber W abgeben wollte, war für einen objektiven Empfänger gem. §§ 133, 157 BGB nicht erkennbar und ist daher für das Vorliegen des objektiven Tatbestands der Willenserklärung nicht relevant. Mithin war ein Rechtsbindungswille des R objektiv erkennbar.

c. Inhalt der Erklärung

Zudem müsste es sich bei der Erklärung des R auch um eine mit dem Angebot des F übereinstimmende Annahmeerklärung gehandelt haben. R teilte dem F mit, dass er dessen Angebot gerne annehme. Vom objektiven Empfängerhorizont gem. §§ 133, 157 BGB kann hierin nur eine Annahmeerklärung gesehen werden.

2. Subjektiver Tatbestand - Fehlendes Erklärungsbewusstsein

Fraglich ist, ob auch der subjektive Tatbestand einer Willenserklärung gegeben ist. Zwar wollte R grundsätzlich handeln, so dass ein Handlungswille bei R vorlag.

Allerdings wollte R in seinem Schreiben lediglich mitteilen, dass die Entscheidung über den Verkauf eines Reibach an F von weiteren Prüfungen abhängig sei. Insofern wollte R keine Erklärung abgeben, die darauf gerichtet war, Rechtsfolgen herbeizuführen. Damit fehlte dem R das Bewusstsein, überhaupt eine Willenserklärung abzugeben; ihm fehlte also das Erklärungsbewusstsein. Fraglich ist, wie sich dies auf die Wirksamkeit der Willenserklärung auswirkt.

a. Nichtigkeit?

Möglicherweise ist die Willenserklärung des R wegen fehlenden Erklärungsbewusstseins nichtig.

Für die Nichtigkeit einer ohne Erklärungsbewusstsein abgegebenen Willenserklärung spricht das Prinzip der privatautonomen Gestaltung der Rechtsbeziehungen. Eine rechtsgeschäftliche Bindung kommt danach nur in Betracht, wenn dies vom Erklärenden auch tatsächlich gewollt ist (Willenstheorie). Gegen die Nichtigkeit einer solchen Willenserklärung spricht das Prinzip des Verkehrsschutzes, denn der Verkehr muss sich notgedrungen auf den objektiven Erklärungsgehalt verlassen (Erklärungstheorie).

Der Gesetzgeber hat in den §§ 116 ff. BGB versucht, einen Ausgleich zwischen diesen Prinzipien herzustellen. Allerdings sind in diesen Vorschriften nicht alle Fälle des fehlenden Erklärungsbewusstseins geregelt. § 118 BGB regelt nur *den* Fall des fehlenden Erklärungsbewusstseins, in welchem der Erklärende absichtlich eine Erklärung abgibt, mit der er sich nicht rechtlich binden will (Scherzerklärung). Nicht geregelt sind dagegen die sonstigen Fälle des fehlenden Erklärungsbewusstseins. Hier hat R aus Versehen eine objektiv rechtlich erhebliche Erklärung abgegeben, ohne dass ihm dies bewusst war. Es liegt daher kein Fall der Scherzerklärung vor.

Fraglich ist daher, ob § 118 BGB auf den Fall des irrtümlich fehlenden Erklärungsbewusstseins analog angewendet werden kann.

Die Analogie

Die Analogie ist die Erweiterung des Anwendungsbereichs einer Norm durch Übertragung der für einen Tatbestand vorgesehenen Rechtsfolge auf einen anderen, vergleichbaren Tatbestand.

1. Dazu muss zum einen eine *planwidrige Regelungslücke* im Gesetz bestehen. Eine Regelungslücke liegt dann vor, wenn ein bestimmter Fall nicht gesetzlich geregelt ist. Schwierig ist jedoch in der Regel die Frage zu beantworten, ob eine Nichtregelung durch den Gesetzgeber planwidrig oder „geplant" war. Denn die bloße Tatsache, dass der Gesetzgeber einem bestimmten Tatbestand ausdrücklich *keine* gesonderte Rechtsfolge zugewiesen hat, kann auch bedeuten, dass der Gesetzgeber diesem Tatbestand eben „absichtlich" keine gesonderte Rechtsfolge zukommen lassen wollte.

2. Zudem ist eine *vergleichbare Interessenlage* erforderlich, die es rechtfertigt, einem Tatbestand die Rechtsfolge zuzuweisen, die ihm nach dem Gesetzeswortlaut ja eigentlich gerade *nicht* zukommt.

Dies setzt zunächst eine Regelungslücke voraus. Da der vorliegende Fall in §§ 116 ff. BGB nicht geregelt ist (siehe oben), liegt eine Regelungslücke vor. Fraglich ist, ob diese Regelungslücke planwidrig ist.

Ginge man davon aus, dass der Gesetzgeber diese Fälle des fehlenden Erklärungsbewusstseins planmäßig nicht geregelt hat, so müsste eine Erklärung ohne Erklärungsbewusstsein nach der gesetzlichen Regelung voll wirksam sein. Denn ein Tatbestand, der zur Nichtigkeit oder Vernichtbarkeit einer solchen Erklärung führt, ist im Gesetz nicht enthalten. Allerdings sieht das Gesetz in § 119 BGB schon eine Anfechtungsmöglichkeit für Fälle vor, in denen lediglich der *Geschäftswille* fehlerhaft gebildet wurde, das *Erklärungsbewusstsein* aber gegeben ist (siehe die Übersicht zum Tatbestand der Willenserklärung am Ende der Lösung zu Fall 10). Es ist deshalb nicht davon auszugehen, dass der Fall des unbewusst fehlenden Erklärungsbewusstseins planmäßig nicht geregelt wurde. Eine planwidrige Regelungslücke liegt also vor.

Fraglich ist allerdings, ob diese planwidrige Regelungslücke durch eine analoge Anwendung des die Nichtigkeit der Erklärung anordnenden § 118 BGB geschlossen werden kann. Dies setzt voraus, dass der in § 118 BGB geregelte Fall mit den sonstigen Fällen des fehlenden Erklärungsbewusstseins hinreichend vergleichbar ist.

Beiden Fällen gemeinsam ist die Tatsache, dass der Erklärende davon ausgeht, seine Erklärung führe keine Rechtsfolgen herbei und sei daher rechtlich unerheblich.

Allerdings liegt bei der Scherzerklärung gem. § 118 BGB eine bewusste Abweichung des Willens vom objektiven Erklärungsinhalt vor, während eine solche
Abweichung bei dem hier vorliegenden Fall vom Erklärenden nicht beabsichtigt
ist. Hier erkennt der Erklärende gerade nicht, dass seiner Erklärung objektiv rechtliche Relevanz beizumessen ist und unterliegt insofern einem Irrtum.

Damit aber befindet sich der Erklärende in einer ähnlichen Lage wie derjenige,
der einem Irrtum nicht auf der Ebene des Rechtsbindungswillens sondern auf der
Ebene des Inhalts der Willenserklärung (Geschäftswille) unterliegt. Die Rechtsfolgen eines solchen Irrtums sind, im Gegensatz zu denen des irrtümlich fehlenden
Erklärungsbewusstseins, in § 119 Abs. 1 BGB geregelt. Insofern liegt es nahe,
auch eine Erklärung bei irrtümlich fehlendem Erklärungsbewusstsein statt nach
§ 118 BGB als unwirksam eher analog § 119 Abs. 1 BGB als anfechtbar zu behandeln.

Zudem ist zu berücksichtigen, dass die Vorschrift des § 118 BGB sich im Rahmen der anderen Regelungen der §§ 116 ff. BGB als Ausnahme darstellt. Nach
§ 118 BGB ist die Erklärung *nichtig*, obwohl der Empfänger den Willensvorbehalt
des Erklärenden nicht kennt. In § 116 S. 2 BGB und § 117 Abs. 1 BGB wird dagegen auf den objektiven Erklärungswert abgestellt, so dass ein innerer Willensvorbehalt nur dann zur Nichtigkeit der Willenserklärung führt, wenn der Erklärungsempfänger diesen Willensvorbehalt auch kennt. Kennt der Erklärungsempfänger den Willensmangel dagegen nicht, so ist die Willenserklärung regelmäßig
wirksam und *lediglich anfechtbar* (vgl. § 119 BGB).

Die Regelung des § 118 BGB ist daher auf die ausdrücklich geregelte Fallkonstellation zu beschränken. Sonstige Fälle des fehlenden Erklärungsbewusstseins
sind aufgrund der oben dargelegten Vergleichbarkeit der Interessenlagen in analoger Anwendung des § 119 BGB zu lösen.

Die Willenserklärung des R ist somit nicht analog § 118 BGB nichtig *(andere
Ansicht gut vertretbar)*.

b. Zwischenergebnis

Die Erklärung des R ist deshalb zunächst wirksam. Ein Kaufvertrag über den Verkauf eines Reibach-PKW von R an F zum Preis von € 650.000,- ist damit zustande
gekommen.

III. *Ex tunc*-Nichtigkeit der Annahmeerklärung des R gem. § 142 Abs. 1 BGB?

Möglicherweise ist die Willenserklärung des R aber gem. § 142 Abs. 1 BGB rückwirkend nichtig. Dann müsste sie wirksam angefochten worden sein. Dies setzt
einen Anfechtungsgrund und eine Anfechtungserklärung voraus.

1. Anfechtungsgrund

Als Anfechtungsgrund kommt eine analoge Anwendung des § 119 Abs. 1 Hs. 1 Alt. 2 BGB in Betracht. Bereits oben (unter A. II. 2. a.) ist dargelegt worden, dass Fälle des fehlenden Erklärungsbewusstseins über eine analoge Anwendung des § 119 BGB zu lösen sind.

Hier kommt die analoge Anwendung der Vorschrift über den Erklärungsirrtum in Betracht. R hat dem F erklärt, einen Kaufvertrag abschließen zu wollen, obwohl er gar keine rechtsgeschäftliche Erklärung hat abgeben wollen. Dies beruhte darauf, dass R sich bei der Abfassung seiner Erklärung „verschrieben" hat. Hätte man ihn nach dem Ausdruck des Briefes noch einmal gefragt, ob er tatsächlich diesen Text an F senden will, so hätte er seinen Irrtum bemerkt und keine rechtlich erhebliche Willenserklärung abgegeben. Ein Anfechtungsgrund nach § 119 Abs. 1 Hs. 1 Alt. 2 BGB analog ist daher gegeben.

2. Anfechtungserklärung

Die Anfechtung ist gem. § 143 Abs. 1 BGB gegenüber dem Anfechtungsgegner zu erklären. Bei einem Vertrag ist Anfechtungsgegner gem. § 143 Abs. 2 BGB der andere Teil. Zu prüfen ist daher, ob R gegenüber F die Anfechtung des Kaufvertrages erklärt hat. Dies setzt voraus, dass der Anfechtende zu erkennen gibt, aufgrund eines Willensmangels nicht mehr an die Erklärung gebunden sein zu wollen. Die Erklärung des R ist insofern nach §§ 133, 157 BGB vom objektiven Empfängerhorizont auszulegen.

Hier hat R dem F erklärt, F habe keine Zusage erhalten. Irrtümer kämen im Hause Reibach nicht vor. Mit dieser Erklärung hat er weder zum Ausdruck gebracht, dass er einem Irrtum unterlegen sei noch dass er an eine zuvor abgegebene Erklärung nicht mehr gebunden sein wolle. Er leugnet lediglich, eine Annahmeerklärung abgegeben zu haben. Darin ist keine Anfechtungserklärung gem. § 143 Abs. 1 BGB zu sehen. Allerdings ist davon auszugehen, dass R seinen Irrtum noch gar nicht erkannt hat. R kann daher noch wirksam innerhalb der Frist gem. § 121 Abs. 1 S. 1 BGB anfechten.

3. Zwischenergebnis

R hat seine auf den Abschluss eines Kaufvertrages mit F gerichtete Willenserklärung nicht angefochten. Der Kaufvertrag ist daher nicht gem. § 142 Abs. 1 BGB *ex tunc* nichtig.

IV. Ergebnis

Es besteht ein wirksamer Kaufvertrag zwischen R und F. F hat gegen R einen Anspruch auf Übergabe und Übereignung eines Reibach-PKW gem. § 433 Abs. 1 S. 1 BGB.

Fehlendes Erklärungsbewusstsein

Die Konsequenzen des fehlenden Erklärungsbewusstseins für die Willenserklärung sind ein klassisches Problem des BGB AT.
Hier noch einmal die zum fehlenden Erklärungsbewusstsein vertretenen Meinungen im Einzelnen:

1. Nichtigkeit gem. § 118 BGB analog: Nach einer Auffassung ist eine ohne Erklärungsbewusstsein abgegebene Willenserklärung in entsprechender Anwendung des § 118 BGB nichtig. Dies ergebe sich aus einem Erst-Recht-Schluss: Wenn sogar die bewusst ohne Rechtsbindungswillen abgegebene Erklärung nichtig sei, so müsse das erst recht für die unbewusst ohne Rechtsbindungswillen abgegebene Erklärung gelten (vgl. *Hübner*, BGB AT, 2. Aufl. 1996, Rz. 677).

2. Anfechtbarkeit gem. § 119 BGB analog: Nach einer zweiten Auffassung regelt § 118 BGB einen nicht vergleichbaren Fall des fehlenden Erklärungsbewusstseins. Habe sich in der Konstellation des § 118 BGB der Erklärende nämlich bewusst gegen eine rechtliche Bindung entschieden, so habe sich der Erklärende in den anderen Fällen des fehlenden Erklärungsbewusstseins gar keine Gedanken über jedwede rechtlichen Folgen seines Verhaltens gemacht. Daher solle seine Erklärung zwar als wirksam, aber analog § 119 BGB als anfechtbar betrachtet werden (vgl. *Soergel/ Hefermehl*, BGB, 13. Aufl. 1999, vor § 116 Rz. 14).

3. Anfechtbarkeit gem. § 119 BGB analog bei „Erklärungsfahrlässigkeit": Nach einer weiteren Ansicht soll die Erklärung nur dann wirksam sein, wenn der Erklärende bei Anwendung der im Verkehr erforderlichen Sorgfalt hätte erkennen können, dass seine Erklärung objektiv einen rechtsgeschäftlichen Erklärungsgehalt hatte. Ansonsten sei die Erklärung nichtig (vgl. MüKo/*Kramer*, BGB, 5. Aufl. 2006, vor § 116 Rz. 13, § 119 Rz. 96, 100 m.w.N.; *Palandt/Heinrichs*, BGB, 66. Aufl. 2007, Einf. v. § 116 Rz. 17).

Hinweis: Nach allen Ansichten ist dem Schutz des Erklärungsgegners durch die Anwendung des § 122 BGB (direkt oder zumindest analog) Rechnung zu tragen.

Fall 15

Mutter M gibt ihrer 13jährigen Tochter S mit Einverständnis von Vater V € 20,-, um der S die Anschaffung eines neuen Füllers für die Schularbeiten zu ermöglichen. S denkt jedoch nicht an Schularbeiten und Füller, sondern geht lieber in den Plattenladen des T, um dort die CD ihres ganz persönlichen, gerade frisch im Fernsehen gewählten Superstars zu kaufen. T händigt S die von ihr ausgesuchte CD gegen Zahlung von € 20,- aus, die T in seine notorisch leere Kaffeekasse legt.

Als V nachmittags von seinem harten Arbeitstag nach Hause kommt, ist er entsetzt, als er von der neuesten „Errungenschaft" seiner Tochter erfährt, mit der er aus grundsätzlichen Erziehungserwägungen nicht einverstanden ist. Auch M ist schockiert. Sofort fahren V und M mit S zu T, um „den Kauf dieser Schundplatte" rückgängig zu machen.

1. Welche Ansprüche hat T gegen S?

2. Welche Ansprüche hat S gegen T?

Lösung Fall 15

Teil 1: Ansprüche des T gegen S

A. Anspruch des T gegen S gem. § 985 BGB

T könnte gegen S einen Anspruch auf Herausgabe der CD gem. § 985 BGB haben.

I. Eigentum des T an der CD

Dazu müsste T Eigentümer der CD sein. Ursprünglich war T Eigentümer der CD.

1. Übereignung von T an S

Allerdings könnte T sein Eigentum an der CD durch Übereignung an S gem. § 929 S. 1 BGB verloren haben.

a. Einigung

Dazu müsste zunächst eine wirksame Einigung über den Eigentumsübergang an der CD zwischen S und T vorliegen. Zwar haben sich S und T konkludent über den Eigentumsübergang geeinigt; an der Wirksamkeit dieser Einigung bestehen jedoch Zweifel, da S gem. §§ 2, 106 BGB beschränkt geschäftsfähig war. Insofern bedürfte S gem. § 107 BGB nur dann keiner Einwilligung ihrer gesetzlichen Vertreter, wenn sie durch ihre Willenserklärung lediglich einen rechtlichen Vorteil erlangte.

Lediglich ein rechtlicher Vorteil besteht, wenn unmittelbar durch das Rechtsgeschäft keine Pflichten des Minderjährigen begründet werden und vorhandene Rechte des Minderjährigen nicht gemindert oder aufgehoben werden.

Durch Ihre Willenserklärung sollte S Eigentümerin einer CD werden. Diese Willenserklärung hatte also einen Rechtszuwachs bei S zur Folge und war daher für sie lediglich rechtlich vorteilhaft. Daher war die Willenserklärung der S nicht einwilligungsbedürftig gem. § 107 BGB.

Mithin haben sich S und T wirksam über die Übereignung der CD an S geeinigt.

b. Übergabe

T hat der S die CD auch übergeben.

c. Verfügungsbefugnis des T

Als Eigentümer der CD war T auch zur Übereignung nach § 929 S. 1 BGB berechtigt.

2. Zwischenergebnis

Mithin ist S durch Übereignung gem. § 929 S. 1 BGB von T Eigentümerin der CD geworden.

II. Ergebnis

Da T nicht Eigentümer der CD ist, scheidet ein Anspruch des T gegen S auf Herausgabe der CD gem. § 985 BGB aus.

B. Anspruch des T gegen S gem. § 812 Abs. 1 S. 1 Alt. 1 BGB

T könnte jedoch gegen S einen Anspruch auf Rückübereignung und Herausgabe der CD aus § 812 Abs. 1 S. 1 Alt. 1 BGB haben.

I. Etwas erlangt

S hat Eigentum und Besitz an der CD erlangt.

II. Durch Leistung des T

T hat die CD der S übereignet und übergeben, um damit die Lieferverpflichtung aus einem Kaufvertrag gem. § 433 Abs. 1 S. 1 BGB gegenüber T zu erfüllen. Somit hat S Eigentum und Besitz an der CD durch Leistung des T erlangt.

III. Ohne Rechtsgrund

Diese Leistung des T müsste ohne Rechtsgrund erfolgt sein. Als Rechtsgrund kommt hier ein wirksamer Kaufvertrag zwischen S und T in Betracht. Dazu müssten sich S und T wirksam über den Abschluss eines Kaufvertrags gem. § 433 BGB geeinigt haben.

1. Kaufvertragsschluss

S und T haben zwei übereinstimmende Willenserklärungen, Angebot und Annahme, über den Verkauf der CD zum Preis von € 20,- abgegeben und damit einen Kaufvertrag geschlossen. Bedenken hinsichtlich der Wirksamkeit dieser Einigung bestehen jedoch angesichts der Tatsache, dass S gem. §§ 2, 106 BGB beschränkt geschäftsfähig war.

a. Rechtlich vorteilhaftes Geschäft, § 107 BGB?

Die Willenserklärung eines beschränkt geschäftsfähigen Minderjährigen bedarf gem. § 107 BGB grundsätzlich der Einwilligung des gesetzlichen Vertreters, sofern der beschränkt Geschäftsfähige durch sie nicht lediglich einen rechtlichen Vorteil erlangt.

Durch ihre Willenserklärung verpflichtete sich S zur Zahlung des Kaufpreises in Höhe von € 20,- gem. § 433 Abs. 2 BGB. Diese Schuldnerstellung ist für S rechtlich nachteilhaft, so dass kein lediglich rechtlich vorteilhaftes Geschäft gem. § 107 BGB vorliegt. Eine Einwilligung des gesetzlichen Vertreters gem. § 107 BGB war erforderlich.

b. Einwilligung des gesetzlichen Vertreters, § 107 BGB

Gemeinschaftliche gesetzliche Vertreter eines Kindes sind nach §§ 1629 Abs. 1 S. 2 Hs. 1, 1626 Abs. 1 BGB seine Eltern. Fraglich ist damit, ob die Eltern der S, M und V, in den Kaufvertragsschluss der S mit T eingewilligt haben. Einwilligung ist gem. § 183 S. 1 BGB die *vorherige* Zustimmung. Sie kann gem. § 182 Abs. 1 S. 1 BGB sowohl gegenüber dem beschränkt Geschäftsfähigen als auch gegenüber dem Vertragspartner erklärt werden. Eine ausdrückliche Einwilligung der Eltern zu dem Kaufvertragsschluss ist nicht ersichtlich. Fraglich ist jedoch, ob V und M angesichts der Überlassung der € 20,- an S konkludent auch in den Kaufvertragsschluss zwischen S und T eingewilligt haben. Eine Einwilligung gem. § 107 BGB scheidet hier jedoch bereits angesichts der genauen Vorgaben bezüglich der Art des abzuschließenden Vertrags („Kauf eines Füllers") aus, an die S sich nicht gehalten hat („Kauf einer CD").

c. § 110 BGB („Taschengeldparagraph")

„Taschengeldparagraph", § 110 BGB

§ 110 BGB regelt nach h.M. einen Sonderfall der konkludenten Einwilligung, obwohl nach seinem Wortlaut gerade vorausgesetzt wird, dass der beschränkt Geschäftsfähige „ohne Zustimmung" des gesetzlichen Vertreters einen Vertrag geschlossen hat.

§ 110 BGB regelt den Fall, dass die Eltern dem beschränkt Geschäftsfähigen zwar Geld gegeben haben, nicht jedoch eine Einwilligung in den *bestimmten* vom beschränkt Geschäftsfähigen geschlossenen schuldrechtlichen Vertrag erklärt haben. Vielmehr wird die in der Mittelüberlassung liegende Einwilligung so ausge-

---

legt, dass der beschränkt Geschäftsfähige über die Mittel frei bzw. mit der Einschränkung auf einen bestimmten Zweck verfügen kann, jedoch nur solche Verträge wirksam werden, die er auch tatsächlich mit diesen Mitteln *vollständig* erfüllt („bewirkt") hat. Das Verpflichtungsgeschäft ist also von der Einwilligung solange nicht gedeckt, als der beschränkt Geschäftsfähige noch nicht erfüllt hat. Das Erfordernis der vollständigen „Bewirkung" soll vor allem vermeiden, dass der beschränkt Geschäftsfähige Ratenzahlungsverträge abschließen kann, deren wirtschaftliche Folgen sogar für Volljährige oftmals nur schwer zu übersehen sind. Dies entspricht dem Interesse der Eltern: Da Eltern ihren Kindern in der Regel Taschengeld geben, damit diese erstens den Umgang mit Geld lernen und zweitens eigenständigen Freiraum erhalten, sind die überlassenen Mittel gewissermaßen zugleich die Grenze für die Wirksamkeit der abgeschlossenen Verträge gem. § 110 BGB. Liegt das vom beschränkt Geschäftsfähigen getätigte schuldrechtliche Geschäft außerhalb der genannten Zweckbestimmung oder wird es mit den überlassenen Mitteln nicht erfüllt, so wird es nicht gem. § 110 BGB wirksam.

Da also sowohl § 110 BGB als auch § 107 BGB die Erteilung einer (konkludenten) Einwilligung regeln, kann es zu Abgrenzungsschwierigkeiten zwischen den beiden Vorschriften kommen.

Beispiel 1: Der Minderjährige M erhält von seinen Eltern € 20,-, damit er sich „auch mal ein Eis" kaufen könne. Zwei Tage später kauft er sich mit diesem Geld ein Eis für € 2,-, die er sogleich bezahlt.

Beispiel 2: M und seine Eltern gehen an dem Eiswagen des Eisverkäufers V vorbei. Die Eltern geben M € 2,- und sagen ihm: „Kaufe Dir jetzt damit ein Eis bei V." So geschieht es.

Die Willenserklärung des M zum Kauf des Eises könnte in diesen Beispielen wegen einer (ggf. konkludenten) Einwilligung gem. § 107 BGB oder aber gem. § 110 BGB wirksam sein.

Die Überlassung von Mitteln zu einem *bestimmten Zweck* darf nicht mit der (konkludenten) Einwilligung in die Eingehung einer *bestimmten Verbindlichkeit* nach § 107 BGB gleichgesetzt werden. Für die Alternative der Mittelüberlassung zu einem bestimmten Zweck im Rahmen des § 110 BGB bestünde sonst kein Anwendungsbereich mehr. Da man aber nicht davon ausgehen kann, dass der Gesetzgeber eine Norm ohne Anwendungsbereich schaffen wollte, muss man zwischen konkludenter Einwilligung im Sinne von § 107 BGB (die dann zur Folge hat, dass der Vertrag schon mit der Einigung wirksam wird) und konkludenter Einwilligung im Sinne von § 110 BGB durch zweckgebundene Mittelüberlassung (die dann zur Folge hat, dass der Vertrag erst mit Bewirkung der Leistung durch den beschränkt geschäftsfähigen Minderjährigen wirksam wird) unterscheiden.

Es bietet sich an, die Abgrenzung zwischen § 107 BGB und § 110 BGB wie folgt vorzunehmen: Soweit die Eltern dem beschränkt Geschäftsfähigen die Eingehung einer *bestimmten* Verbindlichkeit gestattet haben, so liegt bereits eine Einwilligung i. S. v. § 107 BGB vor; auf § 110 BGB kommt es dann nicht mehr an, selbst wenn der beschränkt Geschäftsfähige zur Erfüllung der Verbindlichkeit sein Taschengeld verwenden soll.

Grundsätzlich wird man daher davon auszugehen haben, dass das bloße Überlassen von Mitteln, sei es auch zu einem bestimmten Zweck, *keine* konkludente Einwilligung nach § 107 BGB darstellt. Im oben genannten Beispiel 1 liegt daher keine Einwilligung gem. § 107 BGB, sondern ein Fall des § 110 BGB vor. Da die Eltern

> im Beispiel 2 in ein *bestimmtes* Geschäft eingewilligt haben, liegt dort eine Einwilligung gem. § 107 BGB vor.

Fraglich ist, ob der Kaufvertrag gem. § 110 BGB wirksam ist. Dazu müsste S „die vertragsmäßige Leistung" mit Mitteln bewirkt haben, die ihr zu diesem Zweck oder zur freien Verfügung überlassen worden sind. Vorliegend wurden der S die € 20,- von M und V nicht zur freien Verfügung, sondern zum Zweck des Kaufs eines Füllers überlassen. Da S jedoch einen Kaufvertrag über eine CD abschließen wollte, was von dem Zweck der Mittelüberlassung nicht gedeckt war, kommt die Wirksamkeit des Kaufvertrags zwischen S und T gem. § 110 BGB nicht in Betracht.

2. § 108 BGB - Vertrag schwebend unwirksam

Da S einen Vertrag (Kaufvertrag zwischen S und T) ohne die erforderliche Einwilligung des gesetzlichen Vertreters abgeschlossen hat, hängt die Wirksamkeit des Vertrags gem. § 108 Abs. 1 BGB von der Genehmigung durch den gesetzlichen Vertreter ab und ist zunächst *schwebend unwirksam*.

3. Verweigerung der Genehmigung

Eine Genehmigung ist gem. § 184 Abs. 1 BGB eine nachträgliche Zustimmung. Sowohl V als auch M waren mit dem Kauf einer CD nicht einverstanden und haben eine Genehmigung ausdrücklich verweigert.

4. Zwischenergebnis - Kaufvertrag unwirksam

Angesichts dieser Verweigerung der Genehmigung war der Kaufvertrag zwischen S und T endgültig unwirksam. Mithin erfolgte die von T an S erbrachte Leistung ohne Rechtsgrund.

IV. Ergebnis

Somit hat T einen Anspruch gegen S auf Rückübereignung und Herausgabe der CD gem. § 812 Abs. 1 S. 1 Alt. 1 BGB.

Teil 2: Ansprüche der S gegen T

A. Anspruch der S gegen T auf Herausgabe der € 20,- aus § 985 BGB

S könnte gegen T einen Anspruch auf Herausgabe der € 20,- aus § 985 BGB haben.

I. Eigentum der S an den € 20,-

Dazu müsste S Eigentümerin der € 20,- sein. Ursprünglich war M Eigentümerin der € 20,-.

1. Übereignung gem. § 929 S. 1 BGB von M an S

M könnte ihr Eigentum an den € 20,- jedoch an S durch Übereignung gem. § 929 S. 1 BGB verloren haben.

a. Einigung

Dazu müssten sich S und M zunächst wirksam über den Übergang des Eigentums an den € 20,- geeinigt haben. Eine solche Einigung ist angesichts der Überlassung der € 20,- durch M an S erfolgt. Fraglich ist jedoch, ob diese Einigung wirksam ist. Angesichts der Tatsache, dass S 13 Jahre alt ist und daher gem. §§ 2, 106 BGB beschränkt geschäftsfähig ist, könnten hier Bedenken bezüglich der Wirksamkeit der Annahmeerklärung der S bestehen. Gem. § 107 BGB bedarf der beschränkt Geschäftsfähige zu einer Willenserklärung, durch die er nicht lediglich einen rechtlichen Vorteil erlangt, der Einwilligung seines gesetzlichen Vertreters.

Durch die Annahme des Übereignungsangebots sollte S Eigentümerin der € 20,- werden, also einen Rechtszuwachs erhalten. Daher handelt es sich bei der Annahmeerklärung der S um eine Erklärung, die für sie lediglich rechtlich vorteilhaft ist.

Mithin bedarf die Annahmeerklärung nicht der Einwilligung gem. § 107 BGB und ist daher auch wirksam. Somit haben sich M und S über den Eigentumsübergang geeinigt.

b. Übergabe

M hat der S die € 20,- übergeben.

c. Verfügungsbefugnis der M

M war als Eigentümerin der € 20,- zur Übereignung gem. § 929 S. 1 BGB berechtigt.

d. Zwischenergebnis

Mithin ist S gem. § 929 S. 1 BGB Eigentümerin der € 20,- geworden.

2. Übereignung von S an T

Möglicherweise hat S ihr Eigentum an den € 20,- jedoch durch Übereignung gem. § 929 S. 1 BGB an T verloren.

a. Einigung

Dazu müsste zwischen S und T eine wirksame Einigung über den Eigentumsüber-gang an den € 20,- vorliegen. S und T haben sich über den Eigentumsübergang geeinigt. Bedenken hinsichtlich der Wirksamkeit dieser Einigung bestehen jedoch angesichts der Tatsache, dass S gem. §§ 106, 2 BGB beschränkt geschäftsfähig war.

Die Willenserklärung eines beschränkt geschäftsfähigen Minderjährigen bedarf gem. § 107 BGB grundsätzlich der Einwilligung des gesetzlichen Vertreters, so-fern der beschränkt Geschäftsfähige durch sie nicht lediglich einen rechtlichen Vorteil erlangt.

Durch ihre Willenserklärung wollte S ihr Eigentum an den € 20,- gem. § 929 S. 1 BGB an T übertragen. Hierdurch hätte sie eine Rechtsposition verloren und damit einen rechtlichen Nachteil erlitten, so dass eine Einwilligung des gesetzli-chen Vertreters gem. § 107 BGB erforderlich war.

aa. Einwilligung des gesetzlichen Vertreters

Gesetzliche Vertreter eines Kindes sind gem. §§ 1629 Abs. 1 S. 2 Hs. 1, 1626 Abs. 1 BGB seine Eltern. Fraglich ist damit, ob die Eltern der S, M und V, in die Übereignungserklärung der S gegenüber T eingewilligt haben. Einwilligung ist gem. § 183 S. 1 BGB die *vorherige* Zustimmung. Sie kann gem. § 182 Abs. 1 S. 1 BGB sowohl gegenüber dem beschränkt Geschäftsfähigen als auch gegenüber dem Vertragspartner erklärt werden. Eine ausdrückliche Einwilligung der Eltern zu der Übereignungserklärung der S ist nicht ersichtlich. Fraglich ist jedoch, ob V und M angesichts der Übereignung der € 20,- an S konkludent auch in eine Wei-terveräußerung durch S eingewilligt haben.

M hatte der S die € 20,- übereignet, um S den Kauf eines Füllers zu ermögli-chen. Eine Übereignung der € 20,- für andere Zwecke war bereits deshalb von ei-ner etwaigen konkludenten Einwilligung gem. § 107 BGB nicht erfasst, so dass unabhängig von der Abgrenzung zwischen § 107 BGB und § 110 BGB (siehe oben) eine Einwilligung gem. § 107 BGB nicht vorliegt.

bb. § *110 BGB („Taschengeldparagraph")*

Fraglich ist, ob die Übereignungserklärung der S gem. § 110 BGB wirksam ist. Dazu müsste sie Mittel übereignet haben, die ihr zu diesem Zweck oder zur freien Verfügung überlassen worden sind.

> **Exkurs:** Nicht ganz eindeutig zu beantworten ist die Frage, ob § 110 BGB überhaupt auf (dingliche) Erfüllungsgeschäfte anzuwenden ist, denn § 110 BGB setzt seinem Wortlaut nach ein wirksames Erfüllungsgeschäft voraus („...vertragsmäßige Leistung... *bewirkt* (hat)."). Erst an eine solche Erfüllungshandlung knüpft § 110 BGB dann die Rechtsfolge der (*ex tunc-*) Wirksamkeit des schuldrechtlichen Vertrags (Verpflichtungsgeschäft). Insofern kommt eine Anwendung des § 110 BGB auf das Erfüllungsgeschäft selbst eigentlich nicht in Betracht.
>
> Eine Möglichkeit, dieses Problem zu lösen, liegt in der Anwendung des § 107 BGB auf das Erfüllungsgeschäft. Dabei müsste man von einer konkludenten Einwilligung (nur für das Verfügungsgeschäft!) durch die Überlassung der Mittel ausgehen. Allerdings gilt die Einwilligung in das Verfügungsgeschäft dann nur für die Fälle, in denen durch das Verfügungsgeschäft das zugrunde liegende Verpflichtungsgeschäft gem. § 110 BGB wirksam wird. Das bedeutet, dass von der konkludenten Einwilligung nur diejenigen Verfügungsgeschäfte erfasst sind, die dem in § 110 BGB genannten Zweck entsprechen.
>
> Die Wirksamkeit des Verfügungsgeschäfts wird auf diese Weise an einen „Verwendungszweck" geknüpft, der typischerweise aus dem Inhalt des schuldrechtlichen Verpflichtungsgeschäfts herzuleiten ist (z.B. Kauf eines bestimmten Buchs oder nur bestimmter Sachen, etc...). (Vgl. *Jauernig/Jauernig*, BGB, 12. Aufl. 2007, § 110 Rz. 2, *Soergel/Hefermehl*, BGB, 13. Aufl. 1999, § 110 Rz. 1.)
>
> Eine andere Möglichkeit besteht in der (entsprechenden) Anwendung des § 110 BGB auch auf das Verfügungsgeschäft. Auch dann ist das Verfügungsgeschäft letztlich immer dann wirksam, wenn es sich um Mittel handelt, die zu dem jeweiligen Zweck oder zur freien Verfügung überlassen worden sind (RGZ 74, 235).
>
> Man sieht insofern, dass es unabhängig von der rechtlichen Konstruktion auf den in § 110 BGB genannten Zweck ankommt.
>
> Achtung: Die vorstehenden Ausführungen dienen nur dem besseren Verständnis einer nicht ganz eindeutig gefassten Vorschrift. In einer Klausur brauchen diese Ausführungen nicht zu erfolgen.

M hat der S die € 20,- nicht zur freien Verfügung, sondern zum Zweck des Füllerkaufs überlassen. Da S jedoch zum Zweck des Erwerbs einer CD über die € 20,- verfügen wollte, kommt eine zweckmäßige Verwendung gem. § 110 BGB nicht in Betracht. Die Einigung im Sinne des § 929 S. 1 BGB ist daher nicht gem. § 110 BGB wirksam.

cc. § *108 BGB - Vertrag schwebend unwirksam*

Da S einen Vertrag (dingliche Einigung) ohne die erforderliche Einwilligung des gesetzlichen Vertreters abgeschlossen hat, hängt die Wirksamkeit des Vertrags gem. § 108 Abs. 1 BGB von der Genehmigung durch den gesetzlichen Vertreter ab und ist zunächst *schwebend unwirksam*.

dd. Ausdrückliche Verweigerung der Genehmigung

Eine Genehmigung ist gem. § 184 Abs. 1 BGB eine nachträgliche Zustimmung. Sowohl V als auch M waren mit der Veräußerung der € 20,- zum Zweck des Erwerbs einer CD nicht einverstanden und haben eine Genehmigung gegenüber T ausdrücklich verweigert.

b. Zwischenergebnis - Einigung

Aufgrund der Verweigerung der Genehmigung ist die dingliche Einigung zwischen S und T endgültig unwirksam. Daher hat S ihr Eigentum an den € 20,- auch nicht gem. § 929 S. 1 BGB an T verloren. S ist weiterhin Eigentümerin der € 20,- geblieben.

II. Besitz des T

Angesichts der Tatsache, dass T die € 20,- in seine leere Kaffeekasse gelegt hat, ist er auch gem. § 854 BGB Besitzer der € 20,-.

III. Kein Recht zum Besitz des T

Dem Herausgabeanspruch der S aus § 985 BGB dürfte kein Recht zum Besitz des T gem. § 986 Abs. 1 S. 1 BGB entgegenstehen. Aus einem Kaufvertrag zwischen S und T kann sich hier jedoch schon allein deshalb kein Recht zum Besitz ergeben, weil der Kaufvertrag unwirksam ist (vgl. oben Teil 1, B. III. 4.). T hat gegenüber S kein Recht zum Besitz der € 20,- gem. § 986 Abs. 1 S. 1 BGB.

> **Anmerkung:** Das Recht zum Besitz ist beim Herausgabeanspruch nach § 985 BGB stets zu prüfen. Bei Fall 1 ist dieser Punkt lediglich aus Gründen der Verständlichkeit weggelassen worden.

IV. Ergebnis

Mithin hat S einen Anspruch gegen T auf Herausgabe der € 20,- gem. § 985 BGB.

B. Anspruch der S gegen T aus § 812 Abs. 1 S. 1 Alt. 1 BGB

S könnte gegen T einen Anspruch auf Herausgabe der € 20,- gem. § 812 Abs. 1 S. 1 Alt. 1 BGB haben.

I. Etwas erlangt

T hat den Besitz an den € 20,- erlangt.

II. Durch Leistung

S hat die € 20,- dem T übergeben, um ihre Verpflichtung aus einem Kaufvertrag zu erfüllen. Den Besitz an den € 20,- hat T daher auch durch Leistung erlangt.

III. Ohne Rechtsgrund

Der Kaufvertrag zwischen S und T ist unwirksam (vgl. Teil 1 B. III. 4.). Daher besteht auch kein Rechtsgrund für die an T erbrachte Leistung der S.

IV. Ergebnis

S hat gegen T einen Anspruch auf Herausgabe der € 20,- gem. § 812 Abs. 1 S. 1 Alt. 1 BGB.

Prüfungsschema: Willenserklärung eines beschränkt Geschäftsfähigen (§§ 106 ff. BGB)

1. **Lediglich rechtlicher Vorteil (§ 107 BGB)?**
   ➜ wenn (-), dann Einwilligung erforderlich

2. **Einwilligung des gesetzl. Vertreters (§ 107 BGB)?**
   ➜ wenn (-), dann

3. **„Taschengeldparagraph" (§ 110 BGB)?**
   ➜ wenn (-), dann

4. **Genehmigung des gesetzlichen Vertreters (§ 108 BGB)?**
   ➜ wenn (-), dann

5. **Vertrag schwebend unwirksam (§ 108 Abs. 1 BGB)**
   - bis Genehmigung erfolgt (dann *ex tunc*-Wirksamkeit) oder
   - endgültig verweigert wird (dann endgültige Unwirksamkeit) oder
   - Widerruf des anderen Teils erfolgt (dann Rechtsfolge des § 109 BGB)

Fall 16

Die Eheleute E sind die Eltern des 13jährigen Wunderknaben W, der ein wahres Musikgenie ist. Bei dem Wettbewerb der städtischen Musikschule gewinnt W mit seinem Klavierspiel den mit € 100,- Barprämie dotierten ersten Preis. Bei der Preisverleihung wird dem W das Geld vom Direktor der Musikschule mit der Bemerkung überreicht, W solle sich davon einen Wunsch erfüllen. Die stolzen E spenden frenetischen Beifall und belassen dem W das Geld.

Kurz zuvor hatte W von den E bereits € 250,- bekommen, um sich ein neues Fahrrad zu kaufen.

Am nächsten Tag kauft W bei V ein Rennrad des Typs "Runner 200 X" zum Preis von € 420,-. Er bezahlt € 350,- sofort mit dem Geld, das er von seinen Eltern erhalten hat und der Prämie aus dem Musikwettbewerb und vereinbart mit V, dass er den Rest in einem Monat bezahlen wird, wenn wieder ein hoch dotierter Musikwettbewerb ansteht.

Als die Eltern des W von dem Kauf erfahren, sind sie zunächst nicht begeistert, weil sie meinen, dass ein Rennrad vielleicht nicht robust genug sei. W kann sie jedoch überzeugen, dass er einmal eine richtige Belohnung verdient habe und schließlich erklären sich die E ihm gegenüber mit dem Geschäft einverstanden.

Nach einigen Tagen kommt W zu V und erklärt ihm aufgeregt, dass das Rennrad ja gar nicht das bei seinen Klassenkameraden so beliebte „Runner 300 X", das er eigentlich kaufen wollte, sondern das „Runner 200 X" sei. Dieses sei aber vollkommen „out". Er habe sich bei dem Kauf versprochen und wolle den Kauf daher „rückgängig" machen.

V meint, so eine Idee könne ja nur ein Knirps wie W haben: gekauft sei gekauft. Er habe sich ohnehin schon die Frage gestellt, ob er nicht besser einmal die E nach deren Einverständnis mit der ganzen Sache fragen solle. V ruft bei den E an und fragt sie nach ihrem Einverständnis mit dem Kauf des „Runner 200 X". Die E erklären, zu dem Kauf des „Runner 200 X" hätten sie sich zwar zunächst von W breitschlagen lassen, jetzt seien ihnen aber doch Zweifel gekommen, ob ein Rennrad ihren Sohn möglicherweise vom Klavierspielen ablenken könnte. Nächste Woche finde kurzfristig ein Musikwettbewerb in Österreich statt, zu dem sie mit W fahren wollten, dann würde sich ja herausstellen, ob die musikalischen Leistungen unter dem Fahrradsport litten. Sie würden V dann zurückrufen. Nachdem sich das Konzert in Österreich abermals als fulminanter Erfolg für W herausgestellt hat, erklären die stolzen E dem W, er solle ruhig sein Rennrad behalten, das sei ein schöner Ausgleich für ihn. Nachdem V auch vier Wochen später nichts mehr von W oder den E gehört hat, schreibt er W einen Brief, in dem er ihn zur Zahlung der restlichen € 70,- für das „Runner 200 X" auffordert.

Kann V von W Bezahlung oder wenigstens die Rückgabe des Fahrrads verlangen?

Lösung Fall 16

A. Anspruch des V gegen W auf Kaufpreiszahlung aus § 433 Abs. 2 BGB

V könnte einen Anspruch gegen W auf Zahlung des noch ausstehenden Kaufpreises in Höhe von € 70,- gem. § 433 Abs. 2 BGB haben. Dies setzt einen wirksamen
Kaufvertrag zwischen V und W voraus.

I. Zustandekommen des Vertrages

Ein Kaufvertrag entsteht durch zwei übereinstimmende Willenserklärungen. Hier
haben V und W entsprechende Erklärungen abgegeben.

> **Anmerkung**: Der Sachverhalt lässt offen, ob W oder V das Angebot abgegeben
> hat. In einem solchen Fall sind keine Spekulationen darüber anzustellen, wer wohl
> das Angebot und wer die Annahme erklärt hat. Der Sachverhalt ist so hinzunehmen,
> und es kann einfach weiter geprüft werden. Zum besseren Verständnis der rechtli-
> chen Konstruktion beim Vertragsschluss mit Beteiligung eines beschränkt Ge-
> schäftsfähigen werden die beiden Möglichkeiten im Folgenden kurz skizziert:
>   a) Gibt der beschränkt Geschäftsfähige das Angebot ab und erklärt der Ge-
> schäftsfähige die Annahme, so ist bereits das Angebot des Minderjährigen gem.
> § 108 Abs. 1 BGB schwebend unwirksam, da es für den Minderjährigen nicht le-
> diglich rechtlich vorteilhaft ist. Denn durch das Angebot tritt eine Bindungswirkung
> ein, die es dem Vertragspartner des Minderjährigen erlauben würde, den Vertrag,
> der eine Verpflichtung des Minderjährigen bewirken würde, durch Erklärung der
> Annahme gegenüber den gesetzlichen Vertretern des Minderjährigen (§ 131 Abs. 2
> BGB) zustande zu bringen, ohne dass diese sich noch für oder gegen das Geschäft
> entscheiden könnten. Anders ist es nur, wenn das durch den beschränkt Geschäfts-
> fähigen angebotene Geschäft insgesamt lediglich rechtlich vorteilhaft für ihn ist
> (§ 107 BGB).
>   b) Anders ist die Konstruktion, wenn das Angebot von dem Geschäftsfähigen
> gemacht wird. Der Erhalt eines Angebotes zum Abschluss eines Vertrages bringt
> dem Minderjährigen keinen Nachteil, da er aufgrund der Bindungswirkung, die nun
> den geschäftsfähigen Antragenden trifft, lediglich eine „Option" auf den Abschluss
> eines Vertrages erlangt. Das Angebot wird daher gem. § 131 Abs. 2 S. 2 BGB un-
> mittelbar mit Zugang an den Minderjährigen wirksam. Der Minderjährige kann
> dann aber wegen § 107 BGB nicht wirksam die Annahme erklären, sofern der Ver-
> trag insgesamt nicht lediglich rechtlich vorteilhaft ist.

1. Wirksamkeit der Erklärung des W

Fraglich ist aber, ob die Erklärung des W wirksam ist.

a. Beschränkte Geschäftsfähigkeit des W

Grundsätzlich bedarf ein beschränkt Geschäftsfähiger gem. § 107 BGB zu einer Willenserklärung, durch die er nicht lediglich einen rechtlichen Vorteil erlangt, der Einwilligung seines gesetzlichen Vertreters. W ist dreizehn Jahre alt und damit gem. §§ 2, 106 BGB beschränkt geschäftsfähig. Der Abschluss eines Kaufvertrages würde W zur Zahlung des Kaufpreises gem. § 433 Abs. 2 BGB verpflichten. Daher würde er durch seine Willenserklärung nicht lediglich einen rechtlichen Vorteil erlangen. Somit ist für die Wirksamkeit der Erklärung des W grundsätzlich gem. § 107 BGB die Einwilligung seines gesetzlichen Vertreters erforderlich.

b. Wirksamkeit aufgrund Einwilligung gem. § 107 BGB?

Fraglich ist, ob eine Einwilligung des gesetzlichen Vertreters des W in den Abschluss des Kaufvertrages gem. § 107 BGB vorliegt. Gemeinschaftliche gesetzliche Vertreter des W sind nach §§ 1629 Abs. 1 S. 2 Hs. 1, 1626 Abs. 1 BGB seine Eltern E. Einwilligung ist gem. § 183 S. 1 BGB die vorherige Zustimmung. Sie kann gem. § 182 Abs. 1 S. 1 BGB sowohl gegenüber dem beschränkt Geschäftsfähigen als auch gegenüber dem Vertragspartner erklärt werden.

Zwar haben die E dem W vor einiger Zeit erklärt, er solle sich ein Fahrrad kaufen. Allerdings haben sie ihm zu diesem Zweck nur € 250,- überlassen. Nunmehr haben die Eltern des W die Überlassung von weiteren € 100,- zur freien Verfügung durch den Musikschuldirektor mit Beifall bedacht und der Überlassung damit zumindest konkludent zugestimmt.

Selbst wenn darin eine konkludente Einwilligung zum Abschluss eines Kaufvertrages über ein Fahrrad zum Preis von € 350,- zu sehen wäre, ist von einer solchen Einwilligung jedenfalls nicht der Abschluss eines Kaufvertrages über ein Fahrrad zum Preis von € 420,- umfasst.

Es liegt mithin keine Einwilligung der Eltern gem. § 107 BGB zum Abschluss des Kaufvertrages mit V vor.

> **Anmerkung**: Auch wenn der Kaufvertrag zwischen W und V zu einem Preis von € 350,- geschlossen worden wäre, könnte allein aus der Überlassung der Mittel nicht auf eine konkludente Einwilligung nach § 107 BGB geschlossen werden. Dies liegt an dem Verhältnis zwischen § 107 BGB und § 110 BGB, das in der Lösung zu Fall 15 besprochen ist.

c. Wirksamkeit aufgrund von § 110 BGB?

Möglicherweise ist der Kaufvertrag zwischen W und V aber gem. § 110 BGB wirksam. Dies ist der Fall, wenn W die vertragsmäßige Leistung mit Mitteln bewirkt hat, die ihm zu diesem Zweck oder zu freier Verfügung von dem gesetzlichen Vertreter oder mit dessen Zustimmung von einem Dritten überlassen worden sind.

aa. Überlassung von Mitteln für die Bewirkung der vertragsgemäßen Leistung

W hat von seinen Eltern € 250,- zum Kauf eines neuen Fahrrads erhalten. Diese Mittel sind ihm damit im Sinne des § 110 BGB zu einem bestimmten Zweck von seinen gesetzlichen Vertretern überlassen worden. Zudem wurden W von dem Direktor der Musikschule € 100,- zur freien Verfügung überlassen. Angesichts des Beifalls der E geschah dies mit Zustimmung der gesetzlichen Vertreter im Sinne des § 110 BGB. Daher sind dem W insgesamt € 350,- überlassen worden, die er zum Kauf eines Fahrrads verwenden konnte.

bb. Bewirkung der vertragsgemäßen Leistung

Zudem müsste W gem. § 110 BGB die vertragsmäßige Leistung bewirkt haben. Bewirkt ist die Leistung erst dann, wenn sie *vollständig* erbracht wurde. Denn § 110 BGB soll dem Minderjährigen nicht den Abschluss von Ratenzahlungsgeschäften ermöglichen. Von dem gesamten Kaufpreis in Höhe von € 420,- hat W erst € 350,- an V gezahlt. Er hat die vertragsmäßige Leistung daher noch nicht vollständig bewirkt.

cc. Ergebnis

Der Kaufvertrag zwischen V und W ist daher auch nicht gem. § 110 BGB wirksam.

d. Wirksamkeit aufgrund Genehmigung gem. § 108 Abs. 1 BGB?

Mangels Einwilligung der Eltern und Wirksamkeit gem. § 110 BGB hängt die Wirksamkeit des von W geschlossenen Vertrages gem. § 108 BGB von der Genehmigung der E ab.

Die Genehmigung ist gem. § 184 Abs. 1 BGB die nachträgliche Zustimmung zur Vornahme eines Rechtsgeschäftes. Nach § 182 Abs. 1 BGB kann die Genehmigung gegenüber beiden Parteien des schwebend unwirksamen Vertrages erklärt werden. Die Eltern des W haben ihre Zustimmung zu dem zwischen W und V geschlossenen Kaufvertrag gegenüber W erklärt. Der Vertrag ist daher zunächst gem. § 108 Abs. 1 BGB wirksam geworden.

e. Nichtigkeit des Vertrages wegen Anfechtung der von W zum Abschluss des Vertrages abgegebenen Willenserklärung gem. § 142 Abs. 1 BGB?

Der Vertrag könnte allerdings aufgrund einer wirksamen Anfechtung durch W gem. § 142 Abs. 1 BGB rückwirkend (*ex tunc*) nichtig sein. Eine wirksame Anfechtung setzt zunächst eine wirksame Anfechtungserklärung voraus.

Die Äußerung des W, er wolle den Kauf „rückgängig machen", weil er sich versprochen habe, ist gem. §§ 133, 157 BGB als Anfechtungserklärung zu verstehen. W hat also eine Anfechtungserklärung abgegeben.

Da es sich bei W um einen gem. §§ 2, 106 BGB beschränkt Geschäftsfähigen handelt, könnte seine Anfechtungserklärung gem. § 111 BGB unwirksam sein. Dies ist der Fall, wenn die Erklärung der Anfechtung ein einseitiges Rechtsgeschäft ist, das der W ohne die erforderliche Einwilligung des gesetzlichen Vertreters vorgenommen hat.

Gem. § 142 Abs. 1 BGB führt die wirksame Erklärung der Anfechtung zur Nichtigkeit der angefochtenen Willenserklärung und damit unmittelbar zu einem rechtlichen Erfolg. Daher ist die Anfechtung ein einseitiges Rechtsgeschäft.

Die Einwilligung des gesetzlichen Vertreters ist gem. § 107 BGB erforderlich, sofern der Minderjährige durch seine Erklärung nicht lediglich einen rechtlichen Vorteil erlangt. Gem. § 142 Abs. 1 BGB führt die Anfechtung zur Nichtigkeit des anfechtbaren Rechtsgeschäfts. Durch die Nichtigkeit des Kaufvertrages verlöre W seinen Anspruch auf Übereignung und Übergabe des Rennrads gem. § 433 Abs. 1 S. 1 BGB. Zudem entfiele der Rechtsgrund für diese Leistung des V, so dass sich W einem Herausgabeanspruch gem. § 812 Abs. 1 S. 1 Alt. 1 BGB ausgesetzt sähe. Die Anfechtungserklärung ist daher nicht lediglich rechtlich vorteilhaft. Daher bedurfte W zur wirksamen Erklärung der Anfechtung der Einwilligung seiner gesetzlichen Vertreter. Die Eltern des W haben nach dem Sachverhalt nicht im Vorhinein der Anfechtungserklärung zugestimmt. Die Anfechtungserklärung des W ist daher gem. § 111 S. 1 BGB (endgültig) unwirksam.

Anmerkung: Eine Ausnahme von § 111 BGB soll nur gelten, wenn der Geschäftsgegner mit der Vornahme ohne Einwilligung einverstanden ist. Dann sollen die §§ 108, 109 BGB entsprechend gelten. V war jedoch nicht mit der Anfechtung einverstanden, sondern hat diese entschieden zurückgewiesen. Eine Erörterung dieser Problematik kann daher hier unterbleiben oder allenfalls ganz knapp angesprochen werden.

Folglich ist der Kaufvertrag zwischen W und V nicht gem. § 142 Abs. 1 BGB *ex tunc* nichtig.

f. Erneuerung des Schwebezustands gem. § 108 Abs. 2 S. 1 BGB?

Der wirksame Kaufvertrag zwischen W und V könnte allerdings gem. § 108 Abs. 2 S. 1 BGB erneut schwebend unwirksam geworden sein. Dies ist dann der Fall, wenn der Vertragspartner des Minderjährigen den gesetzlichen Vertreter zur Erklärung über die Genehmigung auffordert, nachdem der gesetzliche Vertreter gegenüber dem Minderjährigen die Genehmigung bereits erklärt hat. Als V Zweifel am Einverständnis der Eltern des W bekam, forderte er sie auf, zu erklären, ob sie dem Geschäft zustimmen. Dies geschah nachdem die Eltern gegenüber W bereits die Genehmigung erteilt hatten (siehe oben unter d.). Gem. § 108 Abs. 2 S. 1 BGB ist daher der Vertrag erneut schwebend unwirksam geworden.

g. Endgültige Unwirksamkeit durch Erklärung der E gegenüber V?

Der Vertrag könnte durch eine Verweigerung der Genehmigung der Eltern gegenüber V endgültig unwirksam geworden sein. Die Eltern des W haben gegenüber V erklärt, dass sie erst abwarten wollten, ob sich ein Rennrad nicht als den musikalischen Leistungen des W abträglich herausstellen würde. Diese Erklärung ist vom Horizont eines objektiven Empfängers gem. §§ 133, 157 BGB auszulegen. Insofern musste V darauf schließen, dass sich die E die Sache nochmals überlegen wollten; die Erklärung der E war daher weder als Verweigerung noch als Erteilung einer Genehmigung zu verstehen. Der Vertrag ist daher nicht durch Verweigerung der Genehmigung gegenüber V endgültig unwirksam geworden.

h. Wirksamkeit durch Genehmigung gem. § 108 Abs. 1 BGB?

Der Vertrag könnte durch die von den E erneut gegenüber W ausgesprochene Genehmigung wirksam geworden sein. Grundsätzlich kann nach § 182 Abs. 1 BGB die Genehmigung sowohl gegenüber dem Minderjährigen als auch gegenüber dessen Vertragspartner erklärt werden. Abweichend davon bestimmt § 108 Abs. 2 S. 1 BGB, dass die Genehmigung nur gegenüber dem Vertragspartner erklärt werden kann, nachdem dieser den gesetzlichen Vertreter zur Erklärung über die Genehmigung aufgefordert hat. V hatte die Eltern des W zur Erklärung über die Genehmigung aufgefordert (vgl. oben unter f.). Die Genehmigung konnte daher gem. § 108 Abs. 2 S. 1 BGB nicht mehr wirksam gegenüber W erklärt werden. Der Vertrag ist daher nicht gem. § 108 Abs. 1 BGB durch Genehmigung der E wirksam geworden.

> **Anmerkung:** Eine Erklärung an den V könnte in der Äußerung der Eltern gegenüber W aber dann gesehen werden, wenn die Eltern beabsichtigt hätten, ihre Genehmigung gegenüber V durch W als Erklärungsboten abzugeben. Dies ist jedoch ihrer Erklärung und dem Sachverhalt nicht zu entnehmen, zumal sie ja auch V versprachen, sich noch einmal telefonisch zu melden. Überdies ist ihr Einverständnis dem V nicht durch W übermittelt worden, so dass ihre Genehmigung jedenfalls mangels Zugangs nicht wirksam geworden wäre. Der Vertrag blieb also schwebend unwirksam.
>   Diese Erwägungen sind nach den im Sachverhalt enthaltenen Angaben jedoch eher fernliegend.

i. Endgültige Unwirksamkeit gem. § 108 Abs. 2 S. 2 Hs. 2 BGB

Der Vertrag könnte durch das Ausbleiben einer Genehmigungserklärung gegenüber V zwei Wochen nach V's Aufforderung gem. § 108 Abs. 2 S. 2 Hs. 2 BGB endgültig unwirksam geworden sein. Gem. § 108 Abs. 2 S. 2 BGB kann die Genehmigung nur bis zum Ablauf von zwei Wochen nach Empfang der Aufforderung erklärt werden. Inzwischen sind vier Wochen seit diesem Zeitpunkt verstrichen, ohne dass eine Genehmigung gegenüber V erklärt worden wäre. Gem. § 108 Abs. 2 S. 2 Hs. 2 BGB gilt die fehlende Erteilung einer Genehmigung während der zweiwöchigen Frist als endgültige Verweigerung. Damit ist der schwebend unwirksame Vertrag endgültig unwirksam geworden.

j. Zwischenergebnis

Es besteht kein wirksamer Kaufvertrag zwischen V und W.

II. Endergebnis

V hat gegen W keinen Anspruch auf Zahlung des Restkaufpreises in Höhe von € 70,- gem. § 433 Abs. 2 BGB.

B. Anspruch des V gegen W auf Herausgabe des Rennrads gem. § 985 BGB

V könnte gegen W einen Anspruch auf Herausgabe des Rennrads gem. § 985 BGB haben.

I. Eigentum des V am Rennrad

Dies setzt zunächst voraus, dass V Eigentümer des Rennrads ist. Ursprünglich war V Eigentümer des Rennrads.

1. Eigentumsverlust des V gem. § 929 S. 1 BGB?

Allerdings könnte V das Eigentum an dem Rennrad gem. § 929 S. 1 BGB an W verloren haben. Dies setzt voraus, dass das Rennrad dem W übergeben worden ist und W und V sich darüber einig waren, dass W Eigentümer des Rennrads werden sollte.

a. Übergabe

V hat dem W das Rennrad übergeben.

b. Einigung

Darüber hinaus müssten W und V sich über den Eigentumsübergang geeinigt haben. Aus dem Sachverhalt ist zu schließen, dass V und W, der das Rennrad sofort mitgenommen hat, Erklärungen dieses Inhalts abgegeben haben. Problematisch könnte allein die Wirksamkeit der Einigungserklärung des W sein. Zur Wirksamkeit seiner Einigungserklärung war gem. § 107 BGB die Einwilligung seiner gesetzlichen Vertreter erforderlich, sofern er nicht durch die Erklärung lediglich einen rechtlichen Vorteil erlangt. Die Übereignung bewirkt ausschließlich, dass W Eigentümer des Rennrads wird. Seine Einigungserklärung ist daher lediglich rechtlich vorteilhaft. Die Einigungserklärung des W war daher wirksam.

c. Verfügungsbefugnis des V

Als Eigentümer war V auch zur Übereignung des Rennrads berechtigt.

2. Zwischenergebnis

V hat das Eigentum an dem Rennrad gem. § 929 S. 1 BGB an W verloren.

II. Ergebnis

V hat keinen Anspruch gegen W auf Herausgabe des Rennrads gem. § 985 BGB.

C. Anspruch des V gegen W auf Rückübereignung und Herausgabe des Rennrads gem. § 812 Abs. 1 S. 1 Alt. 1 BGB

V könnte gegen W einen Anspruch auf Rückübereignung und Herausgabe des Rennrads nach § 812 Abs. 1 S. 1 Alt. 1 BGB haben.

I. Etwas erlangt?

Dies setzt zunächst voraus, dass W etwas erlangt hat. W hat Eigentum und Besitz an dem Rennrad erlangt.

II. Durch Leistung?

W müsste Besitz und Eigentum an dem Rennrad durch Leistung erlangt haben. Leistung ist jede bewusste und zweckgerichtete Mehrung fremden Vermögens. V hat dem W das Rennrad zur Erfüllung seiner vermeintlichen kaufvertraglichen Pflichten übereignet und übergeben. W hat das Rennrad daher durch Leistung erlangt.

III. Ohne Rechtsgrund?

Darüber hinaus müsste W Eigentum und Besitz an dem Rennrad ohne Rechtsgrund erlangt haben. Als Rechtsgrund kommt ein wirksamer Kaufvertrag zwischen W und V in Betracht. Der Kaufvertrag zwischen W und V ist aufgrund der Verweigerung der Genehmigung durch W allerdings endgültig unwirksam geworden (vgl. oben unter A., I., j.). W hat Eigentum und Besitz an dem Rennrad daher ohne rechtlichen Grund erlangt.

IV. Ergebnis

V hat gegen W einen Anspruch auf Herausgabe und Rückübereignung des Rennrads gem. § 812 Abs. 1 S. 1 Alt. 1 BGB.

Fall 17

Der 65jährige Rentner V ist Eigentümer eines Grundstücks auf dem Stuttgarter Killesberg, möchte sich jedoch für den neuen Lebensabschnitt viel lieber in der Toskana niederlassen und daher sein Grundstück verkaufen. Sein Nachbar K hat dies gehört und möchte nicht gerne seine Ruhe durch neue Nachbarn gestört wissen. Auch könnte er sich eine Vergrößerung seiner Wohnfläche mit wunderschönem Blick auf den Talkessel sehr gut vorstellen. Daher tritt er mit V in Verhandlungen über den Verkauf des Grundstücks ein; die beiden einigen sich auf einen Kaufpreis in Höhe von € 5.000.000,-.

Getrübt wird ihr Glück, als sie den Betrag erfahren, der bei diesem Kaufpreis an Notariatsgebühren anfiele. Weder V noch K sind bereit, diese „horrende Summe" zu zahlen; auch das Ansinnen des K, unter diesen Umständen den Kaufpreis neu zu verhandeln, wird von V brüsk zurückgewiesen. Nach hitzigen Diskussionen kommt den beiden ein „genialer" Einfall, der sofort mit einem Viertele Trollinger begossen wird: Sie vereinbaren, beim Notar nur einen Kaufpreis von € 2.000.000,- anzugeben, und so Gebühren zu sparen. Es soll in Wirklichkeit aber ein Kaufpreis von € 5.000.000,- gelten. Den notariellen Kaufvertrag schließen V und K zu einem Preis von € 2.000.000,-.

Als V von K danach die Überweisung von € 5.000.000,- verlangt, siegt K's Geschäftssinn über die nachbarliche Freundschaft. Er müsse auf dem Grundstück sowieso alles umbauen, das sei schließlich schon teuer genug. Daher zahle er keinesfalls mehr als die € 2.000.000,-, die „schwarz auf weiß" vereinbart worden seien. Wenn dem V das nicht passe, dann zahle er eben gar nichts.

Zu Recht?

Lösung Fall 17

A. Anspruch des V gegen K auf Zahlung des Kaufpreises von € 5.000.000,- gem. § 433 Abs. 2 BGB

V könnte gegen K einen Anspruch auf Zahlung von € 5.000.000,- gem. § 433 Abs. 2 BGB haben. Dann müsste zwischen V und K ein wirksamer Kaufvertrag über das Grundstück zum Preis von € 5.000.000,- zustande gekommen sein.

I. Einigung

Ein Kaufvertrag besteht aus zwei übereinstimmenden Willenserklärungen, Angebot und Annahme. Zunächst haben sich V und K über den Verkauf des Grundstücks zum Kaufpreis von € 5.000.000,- geeinigt. Dies entspricht dem Kaufpreis, den sowohl V als auch K wirklich wollten. Bei den Erklärungen von V und K handelt es sich daher nicht etwa um nur zum Schein abgegebene Erklärungen. Eine Unwirksamkeit dieser Erklärungen gem. § 117 Abs. 1 BGB kommt daher nicht in Betracht. Dies wird durch die Vorschrift des § 117 Abs. 2 BGB bestätigt. Ein Kaufvertrag zwischen V und K über den Verkauf des Grundstücks zu einem Preis von € 5.000.000,- liegt also zunächst vor.

II. Formwirksamkeit, §§ 125 S. 1, 311 b Abs. 1 BGB

Dieser Vertrag könnte jedoch gem. § 125 S. 1 BGB wegen Formmangels nichtig sein.

Dazu müsste der zwischen V und K geschlossene Vertrag die durch Gesetz vorgeschriebene Form nicht erfüllen.

Gem. § 311 b Abs. 1 BGB bedarf ein Grundstückskaufvertrag der notariellen Beurkundung. Der Kaufvertrag, den V und K über das Grundstück zu einem Kaufpreis in Höhe von € 5.000.000,- abgeschlossen haben, wurde jedoch nur mündlich abgeschlossen.

Daher wurde die durch § 311 b Abs. 1 BGB vorgeschriebene Form nicht eingehalten. Mithin ist der Vertrag über den Verkauf des Grundstücks zum Preis von € 5.000.000,- wegen Formmangels gem. § 125 S. 1 BGB nichtig.

III. Ergebnis

Somit hat V keinen Anspruch auf Zahlung des Kaufpreises in Höhe von
€ 5.000.000,- aus § 433 Abs. 2 BGB.

B. Anspruch des V gegen K auf Zahlung des Kaufpreises von € 2.000.000,- gem. § 433 Abs. 2 BGB

Möglicherweise hat V gegen K aber wenigstens einen Anspruch auf Zahlung von
€ 2.000.000,- gem. § 433 Abs. 2 BGB. Dann müsste zwischen V und K ein wirksamer Kaufvertrag über das Grundstück zum Preis von € 2.000.000,- zustande gekommen sein.

I. Einigung

K und V haben vor dem Notar zwei übereinstimmende Willenserklärungen, Angebot und Annahme, abgegeben, die auf den Abschluss eines Kaufvertrags über das
Grundstück zum Preis von € 2.000.000,- gerichtet waren; ein Vertragsschluss liegt
insofern zunächst vor.

II. Formwirksamkeit, §§ 125 S. 1, 311 b Abs. 1 BGB

Angesichts der Tatsache, dass dieser Vertragsschluss zwischen K und V auch notariell beurkundet wurde und dadurch die gem. § 311 b Abs. 1 BGB vorgeschriebene Form eingehalten wurde, scheidet eine Nichtigkeit dieses Vertrags wegen
Formmangels gem. § 125 S. 1 BGB aus.

III. Nichtigkeit des Vertrags gem. § 117 Abs. 1 BGB (Scheingeschäft)

Möglicherweise sind die Willenserklärungen von K und V aber gem. § 117 Abs. 1
BGB nichtig. Dann müssten K und V ihre Willenserklärungen mit dem Einverständnis des jeweiligen Vertragspartners nur zum Schein abgegeben haben.

K und V haben Willenserklärungen zu einem Kaufvertrag zum Kaufpreis von
€ 2.000.000,- abgegeben, um Notariatsgebühren zu sparen. Tatsächlich war ihr
übereinstimmender Wille jedoch auf den Abschluss eines Kaufvertrags zum Kaufpreis von € 5.000.000,- gerichtet. Die Abgabe der Willenserklärungen zum Vertragsschluss über € 2.000.000,- entsprach also nicht dem wahren Willen von V
und K. Die Willenserklärungen über den niedrigeren Kaufpreis von € 2.000.000,-
wurden mithin nur zum Schein abgegeben. Aufgrund ihrer zuvor getroffenen Absprache waren sowohl K als auch V hiermit einverstanden.

Daher sind die Willenserklärungen des K und des V gem. § 117 Abs. 1 BGB nichtig.

Mithin liegt kein wirksamer Kaufvertrag zwischen V und K über den Verkauf des Grundstücks zum Preis von € 2.000.000,- vor.

IV. Ergebnis

V hat keinen Anspruch gegen K auf Zahlung von € 2.000.000,- aus § 433 Abs. 2 BGB.

Anmerkung: Schließen die Parteien ein Scheingeschäft gem. § 117 Abs. 1 BGB ab, so geschieht dies oftmals, um dadurch ein anderes Rechtsgeschäft zu verdecken. § 117 Abs. 1 BGB ordnet die Nichtigkeit des Scheingeschäfts an.

§ 117 Abs. 2 BGB stellt klar, dass die Wirksamkeit des verdeckten (tatsächlich gewollten) Geschäfts von den auf dieses Rechtsgeschäft geltenden Vorschriften abhängt, also nicht etwa per se unwirksam wäre. Der einvernehmliche Wille der Parteien führt auch dann zu einer vertraglichen Einigung, wenn diese Einigung nach außen hin durch ein Scheingeschäft verdeckt ist. Für den vorliegenden Fall heißt dies: Das tatsächlich Gewollte (Kaufpreis € 5.000.000,-) ist nicht etwa gem. § 117 Abs. 1 BGB unwirksam, was § 117 Abs. 2 BGB klarstellt. Da auf das tatsächlich gewollte Rechtsgeschäft jedoch die Formvorschrift des § 125 S. 1 BGB anzuwenden ist, ergibt sich die Unwirksamkeit des Grundstückskaufvertrags zum Kaufpreis in Höhe von € 5.000.000,- aus §§ 125, 311 b Abs. 1 BGB (was im ersten Teil der Lösung geprüft wurde).

Der in diesem Fall über den Kaufpreis von € 5.000.000,- geschlossene Kaufvertrag ist formnichtig gem. § 125 S. 1, 311b Abs. 1 S. 1 BGB. Daher kann umgekehrt auch K nicht die Übereignung des Grundstücks von V verlangen. Sollte V dennoch das Grundstück (gem. § 873 Abs. 1 BGB durch Einigung [Auflassung, § 925 Abs. 1 BGB] und Eintragung ins Grundbuch) an K übereignen, so würde die Formnichtigkeit des Kaufvertrags gem. § 311 b Abs. 1 S. 2 BGB geheilt. Der Kaufvertrag über (die tatsächlich von den Parteien gewollten € 5.000.000,-) wäre dann *ex nunc* wirksam, so dass V in diesem Fall auch von K die Zahlung des Kaufpreises von € 5.000.000,- gem. § 433 Abs. 2 BGB verlangen könnte.

Fall 18

Ausgangsfall:

A hat Freunde zum Abendessen eingeladen. Da er keine Zeit mehr hat, Wein einzukaufen, freut er sich zu hören, dass sein Kollege K in der Mittagspause zu der Weinhandlung fährt, in der auch A Stammkunde ist. A bittet den K daher, für ihn 12 Flaschen Rioja 1998er Gran Reserva mitzubringen und den Betrag auf seinem Kundenkonto anschreiben zu lassen. A geht davon aus, dass eine Flasche nicht mehr als € 12,- kostet.

K präsentiert dem Weinhändler W an der Kasse die 12 Flaschen und erklärt, diese habe er für seinen Kollegen A ausgesucht, der leider nicht selbst kommen konnte. W solle den Einkauf dem Kundenkonto des A belasten. Damit ist W einverstanden und schreibt die Flaschen, die allerdings inzwischen € 16,- kosten, auf dem Konto des A an.

Als K dem A die Flaschen übergibt und dieser den Preis sieht, entschließt er sich, doch noch selbst zu W zu fahren und die Flaschen zurückzugeben; € 16,- seien sie nicht wert. W weigert sich, die Flaschen zurückzunehmen.

Kann W von A Bezahlung der Flaschen verlangen?

Abwandlung:

A bittet N, seinen 16jährigen Neffen, den Wein zu kaufen. Dabei erklärt er dem N, er solle nicht mehr als € 12,- pro Flasche ausgeben. Obwohl der Rioja € 16,- pro Flasche kostet, erklärt N, er habe die Flaschen für A ausgesucht und lässt den Gesamtpreis auf dem Kundenkonto des A anschreiben.

W möchte wissen, ob er von A oder zumindest von N Bezahlung verlangen kann.

Lösung Fall 18

Ausgangsfall

A. Anspruch des W gegen A auf Zahlung des Kaufpreises gem. § 433 Abs. 2 BGB

W könnte gegen den A einen Anspruch auf Bezahlung der 12 Weinflaschen zum Preis von € 16,- pro Stück gem. § 433 Abs. 2 BGB haben.

I. Kaufvertrag

Dies setzt zunächst einen wirksamen Kaufvertrag zwischen A und W über die 12 Weinflaschen zum Preis von € 16,- pro Stück voraus. Ein Vertrag kommt zustande durch zwei übereinstimmende Willenserklärungen, Angebot und Annahme.

1. Angebot

In dem Vorlegen der Flaschen an der Kasse bei W liegt zunächst ein Angebot zum Abschluss eines Kaufvertrags über 12 Flaschen 1998er Rioja Gran Reserva zum angegebenen Preis von € 16,- pro Stück.

a. Durch A selbst?

Dieses Angebot hat jedoch nicht A selbst abgegeben, sondern K.

b. Stellvertretung des A durch K

Die Erklärung des K entfaltet jedoch gem. § 164 Abs. 1 S. 1 BGB Wirkung für und gegen A, wenn K wirksam als Stellvertreter des A gem. §§ 164 ff. BGB gehandelt hat.

aa. Eigene Willenserklärung des K

Dies setzt zunächst voraus, dass K eine eigene Willenserklärung abgegeben und nicht lediglich als Bote eine fremde Willenserklärung übermittelt hat. Zur Beurteilung dieser Frage ist die Erklärung des K gem. §§ 133, 157 BGB vom objektiven Empfängerhorizont auszulegen.

> **Anmerkung:** In diesem Rahmen ist die Stellvertretung von der Botenschaft abzugrenzen. Ein Stellvertreter gibt eine eigene Willenserklärung ab, wohingegen ein Bote lediglich fremde Willenserklärungen übermittelt. Bei der Stellvertretung findet die Willensbildung also in der Person des Stellvertreters statt (und wirkt bei wirksamer Stellvertretung für und gegen den Geschäftsherrn); bei der Botenschaft hat der Geschäftsherr selbst den durch den Boten lediglich übermittelten Willen gebildet. Zur Abgrenzung kommt es darauf an, wie ein objektiver Empfänger die Erklärung gem. §§ 133, 157 BGB verstehen musste. Vgl. zu dieser Abgrenzung auch Fall 9 und Fall 20.

K hat bezüglich der Weinflaschen zwar von A den Auftrag erhalten, eine bestimmte Menge eines bestimmten Weins einzukaufen. Allerdings hat K dem W an der Kasse erklärt, er habe die betreffenden Flaschen für A „ausgesucht". Aus der maßgeblichen Empfängerperspektive des W hatte K daher einen Ermessensspielraum, so dass sich die Erklärung des K als dessen eigene Willenserklärung darstellte. K hat damit kein Angebot des A überbracht, sondern eine eigene Willenserklärung abgegeben.

bb. Handeln in fremdem Namen

Zudem müsste K gem. § 164 Abs. 1 S. 1 BGB in fremdem Namen gehandelt haben. K erklärte gegenüber W, er habe für A Weinflaschen ausgesucht, auf dessen Kundenkonto auch der Kaufpreis belastet werden solle. Daher hat K erkennbar nicht im eigenen Namen, sondern im Namen des A gehandelt.

cc. Vertretungsmacht

Gem. § 164 Abs. 1 S. 1 BGB müsste K zudem im Rahmen der ihm zustehenden Vertretungsmacht gehandelt haben.

> **Anmerkung:** Einer Person kann einerseits kraft Gesetzes Vertretungsmacht eingeräumt sein. Beispiele hierfür sind § 26 Abs. 2 BGB, § 1629 BGB und § 35 GmbHG. Andererseits kann Vertretungsmacht durch Rechtsgeschäft eingeräumt werden. Die rechtsgeschäftlich erteilte Vertretungsmacht heißt nach der in § 166 Abs. 2 BGB enthaltenen Legaldefinition *Vollmacht*.

(1) Vollmachtserteilung durch A

Hier kommt allein die Erteilung einer rechtsgeschäftlichen Vertretungsmacht (Vollmacht) in Betracht. Gem. § 167 Abs. 1 BGB erfolgt die Erteilung der Vollmacht durch Erklärung des Geschäftsherrn gegenüber dem Vertreter (sog. *Innenvollmacht*) oder gegenüber dem Dritten, gegenüber dem die Vertretung stattfinden soll (sog. *Außenvollmacht*).

Hier hat A dem K gem. § 167 Abs. 1 Alt. 1 BGB ausdrücklich eine Innenvollmacht zum Kauf von 12 Flaschen Rioja 1998er Gran Reserva erteilt.

(2) Handeln im Rahmen der Vollmacht

Zudem müsste K gem. § 164 Abs. 1 S. 1 BGB bei Abgabe seiner Angebotserklärung für A auch im Rahmen der ihm erteilten Vollmacht gehandelt haben. K hat bei der Erteilung der Vollmacht die zu kaufende Weinsorte spezifiziert, nicht aber einen Höchstpreis genannt. K hat auch die Weinflaschen der von A gewünschten Sorte gekauft. Angesichts der Tatsache, dass die Vollmacht hinsichtlich des Preises nicht begrenzt war, spielt es auch keine Rolle, dass die Flaschen teurer waren als A erwartete. Mithin hat K im Rahmen der ihm erteilten Vollmacht gehandelt.

> Hinweis: Zur Reichweite der Vertretungsmacht und zur Trennung von Innen- und Außenverhältnis bei der Stellvertretung siehe unten Fall 22.

dd. Zwischenergebnis

K hat daher als Stellvertreter des A ein Angebot abgegeben, das gem. § 164 Abs. 1 S. 1 BGB unmittelbar für und gegen den A wirkt.

2. Annahme

W hat sich mit dem Angebot des K einverstanden erklärt und den Kaufpreis dem Kundenkonto des A belastet. Eine Annahmeerklärung des W liegt damit vor.

II. Ergebnis - Vertragsschluss

Zwischen A und W ist daher ein Kaufvertrag gem. § 433 BGB zustande gekommen.

B. Gesamtergebnis

W hat gegen den A einen Anspruch auf Bezahlung der Weinflaschen zum Preis von € 16,- pro Stück gem. § 433 Abs. 2 BGB.

Abwandlung

A. Anspruch des W gegen A auf Zahlung des Kaufpreises gem. § 433 Abs. 2 BGB

W könnte gegen A einen Anspruch auf Bezahlung der Weinflaschen zum Preis von € 16,- pro Stück gem. § 433 Abs. 2 BGB haben.

I. Kaufvertrag

Dies setzt zunächst einen wirksamen Kaufvertrag zwischen A und W über die Weinflaschen zum Preis von € 16,- pro Stück voraus. Ein Vertrag kommt zustande durch zwei übereinstimmende Willenserklärungen, Angebot und Annahme.

1. Angebot, Annahme

N hat dem W an der Kasse erklärt, er habe die Flaschen für A ausgesucht. Darin liegt ein Angebot zum Abschluss eines Kaufvertrages über die Flaschen zum Preis, mit dem die Flaschen ausgezeichnet sind. W hat sich damit einverstanden erklärt, indem er den Kaufpreis dem Kundenkonto des A belastet hat. Damit liegen inhaltlich übereinstimmende Angebots- und Annahmeerklärungen vor.

2. Durch A selbst?

Das Angebot hat jedoch nicht A selbst abgegeben, sondern N.

3. Stellvertretung des A durch N

Die Erklärung des N entfaltet jedoch gem. § 164 Abs. 1 S. 1 BGB Wirkung für und gegen A, wenn N wirksam als Stellvertreter des A gem. §§ 164 ff. BGB gehandelt hat.

a. Eigene Willenserklärung des N

Dies setzt zunächst voraus, dass N eine eigene Willenserklärung abgegeben und nicht lediglich als Bote eine fremde Willenserklärung übermittelt hat. Zur Beurteilung dieser Frage ist die Erklärung des N gem. §§ 133, 157 BGB vom objektiven Empfängerhorizont auszulegen. N hat dem W erklärt, er habe die Flaschen für W ausgesucht und damit aus der Perspektive des W über einen gewissen Ermessensspielraum beim Abschluss des Geschäfts verfügt. Er hat damit eine eigene Willenserklärung abgegeben.

b. Handeln in fremdem Namen

Zudem müsste N gem. § 164 Abs. 1 S. 1 BGB in fremdem Namen gehandelt haben. N erklärte gegenüber W, er habe für A Weinflaschen ausgesucht, dessen Kundenkonto auch mit dem Kaufpreis belastet werden solle. Daher hat N erkennbar nicht im eigenen Namen, sondern im Namen des A gehandelt.

c. Beschränkt geschäftsfähiger Vertreter

Problematisch könnte die beschränkte Geschäftsfähigkeit des N sein. Dieser ist 16 Jahre alt und damit gem. §§ 2, 106 BGB nur beschränkt geschäftsfähig. Gem. § 165 BGB berührt die beschränkte Geschäftsfähigkeit des Vertreters die Wirksamkeit seiner Willenserklärung jedoch nicht. Die beschränkte Geschäftsfähigkeit des N steht der Wirksamkeit seiner als Vertreter abgegebenen Erklärung daher nicht entgegen.

> **Anmerkung:** Dies liegt daran, dass die §§ 106 ff. BGB den Minderjährigen vor den (ihn bindenden) Folgen seiner Willenserklärungen schützen wollen. Handelt der Minderjährige jedoch als Vertreter, treffen ihn die Folgen seiner Erklärung nicht. Berechtigt und verpflichtet wird der Vertretene und nicht der Vertreter.
> Der Fall, dass den Vertreter aus seinem Handeln einmal eine eigene Haftung trifft, ist in § 179 BGB geregelt. §179 Abs. 3 S. 2 BGB enthält jedoch eine eigene Regelung, die den beschränkt Geschäftsfähigen schützt. Dazu sogleich.

d. Vertretungsmacht

Gem. § 164 Abs. 1 S. 1 BGB müsste N zudem im Rahmen der ihm zustehenden Vertretungsmacht gehandelt haben.

aa. Vollmachtserteilung durch A

Hier kommt allein die Erteilung einer Vollmacht in Betracht. Bei der Vollmachtserteilung handelt es sich um eine empfangsbedürftige Willenserklärung. A hat dem N gem. § 167 Abs. 1 Alt. 1 BGB ausdrücklich die Erteilung der Vollmacht zum Kauf von 12 Flaschen Rioja 1998er Gran Reserva zu einem Höchstpreis von € 12,- pro Flasche erklärt.

bb. Wirksamkeit der Vollmachtserteilung

Fraglich ist jedoch, ob diese Vollmachtserteilung wirksam erfolgt ist.

(1) Willenserklärung unter Anwesenden

Gem. § 130 Abs. 1 S. 1 BGB muss eine unter Abwesenden erklärte empfangsbedürftige Willenserklärung dem Empfänger zugehen. Vorliegend handelte es sich jedoch um eine Erklärung unter Anwesenden. Die Wirksamkeitsvoraussetzungen

einer Willenserklärung unter Anwesenden sind gesetzlich nicht geregelt. Allerdings ist grundsätzlich anerkannt, dass eine unter Anwesenden abgegebene Willenserklärung, wenn sie nicht (z.B. durch ein Schriftstück) verkörpert ist, wirksam
wird, wenn sie der Empfänger wahrnimmt. N hat die von A mündlich abgegebene
Erteilung der Vollmacht wahrgenommen, so dass die Vollmacht insofern zunächst
wirksam erteilt wurde.

> Hinweis: Zur Unterscheidung zwischen Willenserklärungen unter Anwesenden und
> unter Abwesenden vgl. auch unten Fall 20.

(2) Beschränkte Geschäftsfähigkeit des N

N ist beschränkt geschäftsfähig gem. §§ 2, 106 BGB. Gem. § 131 Abs. 2 S. 1
BGB wird eine Willenserklärung, die einem beschränkt Geschäftsfähigen gegenüber abgegeben wird, erst wirksam, wenn sie dem gesetzlichen Vertreter zugeht.
Gem. § 131 Abs. 2 S. 1 BGB hätte die Vollmachtserteilung des A eigentlich dem
gesetzlichen Vertreter des N zugehen müssen, was vorliegend nicht geschehen ist.
§ 131 Abs. 2 S. 2 BGB bestimmt jedoch, dass eine Erklärung dann bereits mit
Zugang beim beschränkt Geschäftsfähigen, bzw. unter Anwesenden mit dem Vernehmen durch den beschränkt Geschäftsfähigen, wirksam wird, wenn ihm die Erklärung lediglich einen rechtlichen Vorteil bringt. Fraglich ist also, ob es sich bei
der gegenüber N erklärten Vollmachtserteilung um eine für N lediglich rechtlich
vorteilhafte Erklärung handelt.
   Nach § 164 Abs. 1 BGB haftet ein Vertreter grundsätzlich nicht selbst für Erklärungen, die er in fremdem Namen abgibt, vielmehr wirkt die Erklärung des
Vertreters unmittelbar für und gegen den Vertretenen. Der Minderjährige erhält
aufgrund der Vollmachtserteilung also die Möglichkeit, einen anderen (den Vertretenen) zu verpflichten, nicht jedoch sich selbst, so dass der rechtliche Handlungsspielraum des Minderjährigen erweitert wird. Hierin liegt lediglich ein rechtlicher Vorteil. Selbst wenn der Minderjährige den Rahmen der ihm erteilten Vollmacht überschreitet und insofern Vertreter ohne Vertretungsmacht gem. § 177 ff.
BGB ist, haftet er nach der Sondervorschrift des § 179 Abs. 3 S. 2 BGB nur dann,
wenn er mit Zustimmung des gesetzlichen Vertreters gehandelt hat. Den Minderjährigen trifft insofern also kein Haftungsrisiko. Daher liegt in seiner Bevollmächtigung eine für ihn lediglich rechtlich vorteilhafte Erklärung gem. § 131 Abs. 2
S. 2 BGB, die bei Erklärung unter Anwesenden wirksam wird, wenn der Minderjährige sie vernimmt.
   Daher ist N hier mit Vernehmen der Erklärung des A gem. § 167 Abs. 1 Alt. 1
BGB wirksam bevollmächtigt worden.

cc. Handeln im Rahmen der Vollmacht

Zudem müsste N gem. § 164 Abs. 1 S. 1 BGB bei Abgabe seiner Angebotserklärung für A auch im Rahmen der ihm erteilten Vollmacht gehandelt haben. Hier
hatte A die Vollmacht im Hinblick auf einen Höchstpreis von € 12,- pro Flasche
beschränkt. N, der damit nur bevollmächtigt war, Flaschen bis zum Preis von

€ 12,- pro Stück zu kaufen, hat daher seine Vertretungsmacht überschritten, als er
Flaschen gekauft hat, die € 16,- pro Stück kosteten. N handelte damit als Vertreter
ohne Vertretungsmacht.

e. Rechtsfolge der Vertretung ohne Vertretungsmacht

Ein in fremdem Namen ohne Vertretungsmacht geschlossener Vertrag ist gem.
§ 177 Abs. 1 BGB schwebend unwirksam. Gem. § 177 Abs. 1 BGB hängt die
Wirksamkeit des Vertrags für und gegen den Vertretenen dann von dessen Genehmigung ab. Genehmigung ist gem. § 184 Abs. 1 BGB die nachträgliche Zustimmung. Eine solche Genehmigung hat A jedoch angesichts der Zurückweisung
der Weinflaschen endgültig verweigert.

3. Ergebnis - Vertragsschluss

Daher ist der Vertrag zwischen A und W endgültig unwirksam.

II. Ergebnis

W hat gegen A keinen Anspruch auf Bezahlung der Weinflaschen gem. § 433
Abs. 2 BGB.

B. Anspruch des W gegen N auf Kaufpreiszahlung gem. § 433 Abs. 2 BGB

W könnte gegen N einen Anspruch auf Bezahlung der Weinflaschen gem. § 433
Abs. 2 BGB haben.

I. Kaufvertrag

Dies setzt zunächst einen Kaufvertrag zwischen W und N voraus. N hat bei seinem Angebot zum Abschluss eines Kaufvertrages (siehe oben A. I. 3. b.) jedoch
nicht in eigenem Namen gehandelt. Vielmehr handelte er im Namen des A (wenn
auch ohne Vertretungsmacht). Ein Angebot zum Abschluss eines für und gegen
ihn wirkenden Kaufvertrages hat N daher nicht abgegeben.

II. Ergebnis

W hat daher keinen Anspruch gegen N auf Kaufpreiszahlung für die 12 Flaschen
Wein zum Preis von € 16,- pro Stück gem. § 433 Abs. 2 BGB.

C. Anspruch des W gegen N auf Kaufpreiszahlung gem. §§ 179 Abs. 1, 433 Abs. 2 BGB

W könnte gegen den N einen Anspruch auf Bezahlung der Weinflaschen zum Preis von € 16,- pro Stück gem. §§ 179 Abs. 1, 433 Abs. 2 BGB haben.

I. Vertreter ohne Vertretungsmacht

N hat als Vertreter ohne Vertretungsmacht einen Vertrag geschlossen (siehe oben A. I. 3. d. cc.).

II. Verweigerung der Genehmigung durch den Vertretenen

Angesichts der Zurückweisung der Weinflaschen hat der Geschäftsherr A die Genehmigung des Vertretergeschäfts verweigert (siehe oben A. I. 3. e.).

III. Ausschluss der Haftung des Vertreters gem. § 179 Abs. 3 S. 2 BGB

Eine Haftung des N aus § 179 Abs. 1 BGB könnte jedoch wegen § 179 Abs. 3 S. 2 BGB ausgeschlossen sein. N ist gem. §§ 2, 106 BGB beschränkt geschäftsfähig. Gem. § 179 Abs. 3 S. 2 BGB haftet N als Vertreter ohne Vertretungsmacht daher nur dann, wenn er mit Zustimmung seines gesetzlichen Vertreters gehandelt hat. Gesetzliche Vertreter des N sind gem. §§ 1626 Abs. 1, 1629 Abs. 1 BGB die Eltern des N. Vorliegend ist weder eine Einwilligung der Eltern, noch deren Genehmigung ersichtlich. Eine Haftung des N gem. § 179 Abs. 1 BGB scheidet daher gem. § 179 Abs. 3 S. 2 BGB aus.

IV. Ergebnis

W hat gegen den N keinen Anspruch auf Bezahlung der Weinflaschen gem. §§ 179 Abs. 1, 433 Abs. 2 BGB.

Prüfungsschema zur Stellvertretung (§ 164 ff. BGB)

1. **Vorüberlegung: Keine eigene Willenserklärung des Geschäftsherrn**

2. **Eigene Willenserklärung des Vertreters**
   - Abgrenzung zur Botenschaft

3. **Willenserklärung im Namen des Vertretenen (Offenkundigkeitsprinzip)**
   - Ausnahme z.B. beim Geschäft für den, den es angeht (vgl. Fall 19)

4. **Im Rahmen der Vertretungsmacht**

   a. Besteht Vertretungsmacht?
      - Durch Gesetz
      - Durch Rechtsgeschäft (Vollmacht, §§ 167 ff. BGB)
      - Kraft Rechtscheins (vgl. Fall 21)

   b. Handeln im Rahmen dieser Vertretungsmacht? (vgl. Fall 18, 22)

   c. Beschränkung der Vertretungsmacht gem. § 181 BGB (Insichgeschäft; vgl. Fall 26)

   d. Grundsätze über den Missbrauch der Vertretungsmacht (vgl. Fall 22)

5. **Wenn Erklärung ohne Vertretungsmacht oder außerhalb des Rahmens der Vertretungsmacht:**
   - Grundsätze der Vertretung ohne Vertretungsmacht, §§ 177 ff. BGB

Fall 19

A hat mit der Organisation seiner Geburtstagsfeier alle Hände voll zu tun. Er bittet daher den B, sich um die Getränkeversorgung zu kümmern. B fährt zu seinem Getränkegroßhändler G und erklärt diesem, er nehme drei Fässer Bier der Marke R. B nimmt das Bier sofort mit. Bezahlen könne B innerhalb von zwei Wochen.

Als B drei Wochen später erneut bei G vorbeikommt, verlangt G Bezahlung von B. Dieser weigert sich jedoch zu zahlen, weil A Vertragspartei sei. Es sei doch klar gewesen, dass er das Bier für den A gekauft habe. Dieser und nicht er habe ja schließlich Geburtstag gehabt.

Kann G von B Bezahlung verlangen?

Lösung Fall 19

A. Anspruch des G gegen B auf Zahlung des Kaufpreises gem. § 433 Abs. 2 BGB

G könnte gegen den B einen Anspruch auf Zahlung des Kaufpreises für drei Fässer Bier gem. § 433 Abs. 2 BGB haben.

I. Kaufvertrag

Voraussetzung hierfür ist, dass zwischen G und B ein wirksamer Kaufvertrag über drei Fässer Bier zustande gekommen ist. Ein Vertrag kommt durch zwei übereinstimmende Willenserklärungen, Angebot und Annahme, zustande.

1. Angebot, Annahme

In der Erklärung des B gegenüber G, er nehme drei Fässer Bier der Marke R, könnte ein Angebot zum Abschluss eines Kaufvertrages zu sehen sein.

Dies setzt zunächst voraus, dass B in seiner Erklärung den Kaufgegenstand und den Kaufpreis so genau umschrieben hat, dass G durch ein bloßes „Ja" den Vertrag entstehen lassen konnte. B hat G erklärt, er wolle drei Fässer des Bieres Marke R kaufen. Damit hat er den Kaufgegenstand ausreichend spezifiziert. Über den Preis hat B zwar nichts gesagt, jedoch kann davon ausgegangen werden, dass das Bier mit dem aktuellen Preis ausgezeichnet war und B seine Erklärung auf dieser Grundlage abgegeben hat. Damit hat B Kaufgegenstand und Preis hinreichend genau für ein Angebot bezeichnet. Mit diesem Angebot hat G sich einverstanden erklärt und es damit angenommen.

2. Vertragspartner, Stellvertretung

Fraglich ist jedoch, ob B tatsächlich Vertragspartner des G geworden ist. Nicht B selbst, sondern A ist Vertragspartner geworden, wenn B diesen bei der Abgabe der Willenserklärung gem. § 164 Abs. 1 S. 1 BGB wirksam vertreten hat. Dann müssten die Voraussetzungen einer wirksamen Stellvertretung gem. §§ 164 ff. BGB gegeben sein.

a. Eigene Willenserklärung des B

Zunächst müsste B eine eigene Willenserklärung abgegeben haben. Dies bestimmt sich gem. §§ 133, 157 BGB durch Auslegung vom objektiven Empfängerhorizont. Hier erklärte B dem G, er wolle drei Fässer Bier kaufen; Anhaltspunkte dafür, dass B hiermit lediglich eine fremde Erklärung übermitteln wollte, waren für G nicht ersichtlich. Daher hat B eine eigene Willenserklärung abgegeben.

b. Handeln in fremdem Namen?

Zudem müsste B gem. § 164 Abs. 1 S. 1 BGB im Namen des A gehandelt haben (*Offenkundigkeitsprinzip*).

aa. Nichteinhaltung des Offenkundigkeitsprinzips

Gem. § 164 Abs. 1 S. 2 BGB braucht eine Erklärung hierfür nicht ausdrücklich im Namen des Vertretenen erfolgen, vielmehr reicht es aus, wenn sich das Handeln in fremdem Namen aus den Umständen ergibt. Die Frage, ob eine Erklärung in fremdem Namen abgegeben wurde, ist insofern gem. §§ 133, 157 BGB durch Auslegung vom objektiven Empfängerhorizont zu bestimmen. Hier erklärte B dem G, er wolle drei Fässer Bier kaufen, ohne in irgendeiner Weise auf den Geschäftsherrn A hinzuweisen. Für G lagen daher keine Anhaltspunkte vor, aus denen hätte ersichtlich werden können, dass B nicht im eigenen Namen, sondern im Namen des A handeln wollte. Mithin hat B nicht gem. § 164 Abs. 1 S. 1 BGB in fremdem Namen gehandelt.

bb. Ausnahme vom Offenkundigkeitsprinzip?

„Geschäft für den, den es angeht"

Als Ausnahme vom Offenkundigkeitsprinzip ist insbesondere das sog. „Geschäft für den, den es angeht" anerkannt. Bei bestimmten Bargeschäften des täglichen Lebens kommt es dem Dritten nicht darauf an, zu wissen, wer sein Vertragspartner ist. Dies ist der Fall, wenn der Vertrag sofort abgewickelt wird, so dass die wechselseitigen Ansprüche sofort erfüllt werden.

Beispiel: G bevollmächtigt V, für ihn im Supermarkt „ein paar Päckchen" Kaffee zu kaufen. V geht in den Supermarkt S, nimmt drei Päckchen Kaffee vom Regal und bezahlt an der Kasse, ohne darauf aufmerksam zu machen, dass er einen Kaufvertrag im Namen des G abschließen will. Trotz Nichteinhaltung des Offenkundigkeitsprinzips ist in diesem Fall dennoch ein Vertrag zwischen G (vertreten durch V) und S zustande gekommen, da es sich um ein Geschäft des täglichen Lebens handelt und es S angesichts der vollständigen Entrichtung des Kaufpreises nicht darauf ankommt, wer sein Vertragspartner geworden ist. Anderseits ist es für G von Bedeutung, selbst Vertragspartner zu werden, um dann als Vertragspartner z.B. etwaige Ansprüche aufgrund von Sachmängeln selbst geltend machen zu können.

Das Rechtsinstitut des „Geschäfts für den, den es angeht", kann auch für das *Erfül-lungsgeschäft* Bedeutung erlangen (Die Einzelheiten hierzu sind nicht ganz unum-stritten und werden im Sachenrecht behandelt, vgl. *Medicus*, BGB AT, 9. Aufl. 2006, Rz. 921 m.w.N.; *Palandt/Bassenge*, BGB, 66. Aufl. 2007, § 929 Rz. 23 ff.; *Baur/Stürner*, Sachenrecht, 17. Aufl. 1999, § 51 Rz. 43). Kommt es dem Veräuße-rer nicht darauf an, zu wissen, an wen er eine Sache übereignet, so kommt eine ent-sprechende Konstruktion auch im Rahmen der dinglichen Einigung gem. § 929 S. 1 BGB in Betracht.

Im genannten Beispiel kann V daher bei der dinglichen *Einigungserklärung* gem. § 929 S. 1 BGB als Vertreter des G gem. §§ 164 ff. BGB handeln, so dass trotz Nichteinhaltung des Offenkundigkeitsprinzips die Übereignungserklärung des V an dem Kaffeepäckchen unmittelbar für und gegen G wirkt.

Auf die *Übergabe* i.S.d. § 929 S. 1 BGB sind die Regeln über die Stellvertretung gem. §§ 164 ff. BGB dagegen nicht anwendbar, da diese Regeln nur für Willenser-klärungen, nicht jedoch für Realakte gelten. Die nach § 929 S. 1 BGB für den Ei-gentumserwerb des G erforderliche Übergabe von S an G kann dadurch konstruiert werden, dass V als Besitzdiener des G gem. § 855 BGB Besitz „für den G" erlangt. Die Übergabehandlung von S an V wirkt dann gem. § 855 BGB rechtlich wie eine „direkte" Übergabe von S an G.

Insofern ist es möglich, dass das Eigentum an dem Kaffeepäckchen gem. § 929 S. 1 BGB direkt von S auf G übergeht, ohne dass V in einem „Zwischenschritt" Ei-gentum erwirbt.

Fraglich ist, ob es sich hier um ein sog. „Geschäft für den, den es angeht" handelt, so dass eine Ausnahme vom Offenkundigkeitsprinzip anzunehmen ist. Ein „Ge-schäft für den, den es angeht", liegt bei Bargeschäften des täglichen Lebens vor, die sofort abgewickelt werden und bei denen es dem Dritten daher nicht auf die Person des Vertragspartners ankommt. Im vorliegenden Fall handelte es sich zwar um ein Geschäft des täglichen Lebens, dieses wurde aber nicht sofort erfüllt. Viel-mehr hat G vorgeleistet und seine Kaufpreisforderung gestundet. Bei einem sol-chen Geschäft kommt es für den Vorleistenden maßgeblich auf die Person des Vertragspartners und dessen Kreditwürdigkeit an. Angesichts der Tatsache, dass B den Kaufpreis für die drei Fässer Bier nicht sofort gezahlt hat, handelt es sich da-her bei dem Kauf der Bierfässer nicht um ein „Geschäft für den, den es angeht". Eine Ausnahme vom Offenkundigkeitsprinzip kommt mithin nicht in Betracht.

cc. Zwischenergebnis

B hat nicht gem. § 164 Abs. 1 BGB in fremdem Namen gehandelt, so dass keine wirksame Stellvertretung des A durch B vorliegt. Die Willenserklärung des B wirkt daher nicht gem. § 164 Abs. 1 BGB für und gegen A, sondern allein für und gegen B selbst. Damit ist B auch selbst Vertragspartner des G geworden.

2. Ergebnis - Kaufvertrag zwischen B und G

Damit ist ein Kaufvertrag über die drei Bierfässer zwischen B und G zustande ge-kommen.

II. Rückwirkende Nichtigkeit des Kaufvertrages gem. § 142 Abs. 1 BGB?

Dieser Kaufvertrag zwischen B und G könnte jedoch gem. § 142 Abs. 1 BGB als von Anfang an (*ex tunc*) nichtig anzusehen sein, wenn B seine auf den Abschluss des Kaufvertrags gerichtete Willenserklärung wirksam angefochten hat. Eine wirksame Anfechtung setzt einen Anfechtungsgrund und eine Anfechtungserklärung voraus.

1. Anfechtungsgrund

In Betracht kommt hier ein Inhaltsirrtum oder ein Erklärungsirrtum nach § 119 Abs. 1 BGB. Ein Erklärungsirrtum gem. § 119 Abs. 1 Hs. 1 Alt. 2 BGB läge vor, wenn B bei seiner Erklärung aus Versehen ein anderes als das gewollte Erklärungszeichen benutzt hätte. Ein Inhaltsirrtum gem. § 119 Abs. 1 Hs. 1 Alt. 1 BGB läge dann vor, wenn B sich zwar bei der Wahl seiner Erklärungszeichen nicht „vergriffen" hat, seiner Erklärung aber einen anderen als den objektiven Erklärungswert beigelegt hat.

Hier ist nicht ganz eindeutig, ob B sich bei Abschluss des Kaufvertrages versprochen hat und sich jetzt nicht mehr an die fehlende Angabe, für den A zu handeln, erinnern kann oder ob B davon ausging, seine Erklärungen reichten objektiv zur Verdeutlichung des Handelns für A aus.

Die Frage, welchem Irrtum B unterlag, kann jedoch dahinstehen, wenn eine Irrtumsanfechtung vorliegend gem. § 164 Abs. 2 BGB ausgeschlossen ist. Nach § 164 Abs. 2 BGB kommt der Mangel des Willens, in eigenem Namen zu handeln, nicht in Betracht, wenn der Wille, in fremdem Namen zu handeln, nicht erkennbar hervorgetreten ist. § 164 Abs. 2 BGB verbietet es also einem Vertreter, sich darauf zu berufen, er habe eigentlich in fremdem Namen handeln wollen und nur irrtümlich im eigenen Namen gehandelt. Damit schließt § 164 Abs. 2 BGB eine Anfechtung aus, die sich auf einen solchen Irrtum stützt.

Somit kann B, der sich auf einen Irrtum hinsichtlich der Offenlegung des Handelns für A beruft, seine Erklärung nicht nach §§ 142 f., 119 BGB anfechten, gleichgültig, ob er im konkreten Fall einem Inhalts- oder einem Erklärungsirrtum unterlegen ist.

2. Ergebnis - Anfechtung

Mangels Anfechtungsgrunds liegt daher keine wirksame Anfechtung des B gem. § 142 f. BGB vor, so dass der zwischen B und G zustande gekommene Kaufvertrag über drei Fässer Bier nicht gem. § 142 Abs. 1 BGB *ex tunc* nichtig ist.

B. Ergebnis

G hat daher gegen B einen Anspruch auf Zahlung des Kaufpreises für drei Fässer Bier gem. § 433 Abs. 2 BGB.

Fall 20

Ausgangsfall:

Seitdem er sich zur Ruhe gesetzt hat, vertreibt sich Rechtsanwalt R die Zeit mit dem Sammeln von Erstausgaben bedeutender juristischer Werke. Der mit ihm durch seine Sammelleidenschaft verbundene S entschließt sich, nunmehr seltene Kronkorken zu sammeln und will daher seine erlesene juristische Bibliothek verkaufen.

Am 27.2.2007 sendet der S dem R einen Brief, den dieser am 1.3.2007 erhält und in dem S dem R jeweils beide Bände von „Otto Mayer, Deutsches Verwaltungsrecht" von 1895 und 1896 zum Preis von insgesamt € 500,- und „Rudolf von Jhering, Der Zweck im Recht" von 1877 und 1883 zum Preis von insgesamt € 300,- anbietet. Im Briefkopf sind unter anderem auch die Telefonnummer und die E-Mailadresse des S angegeben.

R zögert zunächst und lässt den Brief unbeantwortet. Am 3.3.2007 entschließt er sich aber doch, den „Otto Mayer" zu kaufen. Da er noch am selben Tag in den Wanderurlaub aufbrechen will und seinen Privatsekretär, der die Korrespondenz des R erledigt, daher bereits beurlaubt hat, versucht R, den S telefonisch zu erreichen. Dies gelingt ihm jedoch nicht. R bittet daher schließlich seinen 21jährigen Neffen N, der sich mit Computern auskennt und über einen eigenen E-Mailaccount verfügt, dem S eine E-Mail zu senden und ihm auszurichten, R kaufe den „Otto Mayer". Der gewissenhafte N verfasst noch am 3.3.2007 eine E-Mail des Inhalts, er solle dem S von R ausrichten, R nehme den „Otto Mayer" und sendet die E-Mail an S ab. Innerhalb weniger Sekunden geht die E-Mail beim Internet-Provider des S ein und wird dessen Postfach zugeordnet.

Erst am 13.3.2007 schaltet S seinen Computer das nächste Mal ein und ruft die E-Mail des N ab. Da S inzwischen erkannt hat, dass Kronkorken ihn langweilen und er seine Bibliothek nun doch nicht verkaufen will, ruft er den inzwischen zurückgekehrten R an und erklärt ihm, seine Annahme habe viel zu lange auf sich warten lassen. Er werde die beiden Bände des „Otto Mayer" nicht hergeben. R ist empört und besteht darauf, die Bücher zu erhalten.

Kann R von S Übergabe und Übereignung der beiden Bände des „Otto Mayer" verlangen?

Abwandlung 1:

Sachverhalt zunächst wie im Ausgangsfall. Als R den N bittet, die E-Mail an S zu senden und diesem auszurichten, er nehme den „Otto Mayer" zum Preis von € 500,-, hört N nicht richtig zu, steckt aber den Brief des S, den R ihm aushändigt, ein. Er kann sich daher beim Schreiben der E-Mail nicht mehr daran erinnern, dass R nur den „Otto Mayer" haben will und schreibt dem S, der R nehme auch den „Rudolf von Jhering". Als S dem R alle vier Bände zusendet und in seinem Begleitschreiben um baldige Zahlung von € 800,- bittet, ruft R den S an und erklärt ihm, er habe doch ausrichten lassen, dass er nur den „Otto Mayer" gewollt habe. Wenn dies bei S nicht so angekommen sei, müsse sich N wohl vertan haben. Den „Rudolf von Jhering" könne S gerne wieder zurück haben. Bezahlen werde er ihn jedenfalls nicht.

Kann S von R oder notfalls von N Zahlung von € 300,- für die beiden Bände des „Rudolf von Jhering" verlangen?

Abwandlung 2:

Sachverhalt zunächst wie im Ausgangsfall. R händigt dem N das Schreiben des S mit der Bitte aus, dem S auszurichten, er nehme den „Otto Mayer". Da N, der ein bescheidenes Studentenleben fristet, von dem luxuriösen Hobby seines Onkels nichts hält, beschließt er, dem R eins auszuwischen und schreibt dem S, R nehme alle vier Bände. Nach Zusendung der Bücher ruft R bei S an und erklärt, er habe nur den „Otto Mayer" haben wollen. S besteht auf Zahlung aller vier Bände.

Kann S von R oder notfalls von N Zahlung von € 300,- für die beiden Bände des „Rudolf von Jhering" verlangen?

Lösung Fall 20

Ausgangsfall

A. Anspruch des R gegen S auf Übergabe und Übereignung der beiden Bände des „Otto Mayer" gem. § 433 Abs. 1 S. 1 BGB

R könnte gegen S einen Anspruch auf Übergabe und Übereignung der beiden Bände des „Otto Mayer" aus § 433 Abs. 1 S. 1 BGB haben.

I. Kaufvertragsschluss zwischen R und S

Dies setzt zunächst voraus, dass zwischen R und S diesbezüglich ein wirksamer Kaufvertrag zustande gekommen ist. Dazu müssten zwei übereinstimmende Willenserklärungen, Angebot und Annahme, vorliegen.

1. Angebot

Das Angebot ist eine empfangsbedürftige Willenserklärung, die mit Zugang wirksam wird und die zukünftigen Vertragsbedingungen in einer solchen Weise zusammenfasst, dass durch ein bloßes „Ja" des Vertragspartners der Vertrag zustande kommt.

Hier hat S dem R in seinem Brief mitgeteilt, dass er bereit sei, dem R die beiden Bände des Werkes „Deutsches Verwaltungsrecht" von Otto Mayer zum Preis von insgesamt € 500,- zu verkaufen. Damit liegt ein Angebot zum Abschluss eines Kaufvertrages vor.

Der Brief, in dem das Angebot enthalten war, ist dem R auch am 1.3.2007 zugegangen. Damit ist das Angebot wirksam geworden.

2. Annahme

Fraglich ist, ob R dieses Angebot angenommen hat. Auch bei der Annahme handelt es sich um eine empfangsbedürftige Willenserklärung, die zu ihrer Wirksamkeit des Zugangs beim Empfänger bedarf. Als Annahmeerklärung des R kommt hier allein die E-Mail-Erklärung vom 3.3.2007 in Betracht, in der inhaltlich auch eine mit dem Angebot übereinstimmende Annahmeerklärung zu sehen ist.

a. Willenserklärung des R

Angesichts der Tatsache, dass hier nicht R selbst, sondern N die E-Mail-Erklärung abgeschickt hat, ist allerdings bereits fraglich, ob insoweit überhaupt eine Willenserklärung des R vorliegt, oder ob es sich vielmehr um eine Willenserklärung des N handelt.

b. Übermittlung durch N als Boten

Eine (eigene) Willenserklärung des N läge insbesondere dann vor, wenn er hier als Stellvertreter des R gehandelt hätte. Von einer Willenserklärung des R selbst wäre demgegenüber auszugehen, wenn es sich bei N lediglich um einen Boten handeln würde, der lediglich eine fremde Willenserklärung (hier diejenige des R) übermittelt hätte (vgl. zu dieser Abgrenzung bereits die Fälle 9 und 18).

Diese Abgrenzung ist durch Auslegung aus Sicht eines objektiven Empfängers gem. §§ 133, 157 BGB vorzunehmen; als Kriterium dient insbesondere, ob dem Erklärenden Spielraum zur eigenen Willensbildung zustand.

N hat dem S in seiner Mitteilung, wie von R erbeten, lediglich ausgerichtet, dass R die beiden Bände von Otto Mayer nehme. Aus der Sicht eines objektiven Empfängers verfügte N damit über keinerlei Spielraum zur Bildung eines eigenen rechtsgeschäftlichen Willens. Damit stellte sich die Mitteilung des N für den S als bloße Übermittlung des Willens des R dar.

Es liegt daher eine eigene Annahmeerklärung des R vor, die lediglich durch N als Boten übermittelt worden ist.

c. Annahmefrist

Fraglich ist, ob R diese Annahme auch rechtzeitig erklärt hat. Dies ist der Fall, wenn die Erklärung innerhalb der Annahmefrist gem. §§ 147 ff. BGB erfolgte.

aa. Anwendbare Vorschriften zur Bestimmung der Annahmefrist

Fraglich ist zunächst, nach welchen Vorschriften die Annahmefrist hier zu bestimmen ist.

Zum einen sieht § 148 BGB vor, dass eine Annahmefrist durch den Antragenden in dessen Angebot (ausdrücklich oder konkludent) bestimmt werden kann und dass die Annahme in einem solchen Fall grundsätzlich innerhalb dieser Frist zu erfolgen hat. Vorliegend enthielt das Angebot des S jedoch keine Annahmefrist im Sinne des § 148 BGB, so dass eine Bestimmung der Annahmefrist nach dieser Vorschrift ausscheidet.

Kommt eine Fristbestimmung nach § 148 BGB nicht in Betracht, so ist nach § 147 BGB zwischen Angeboten unter Anwesenden (§ 147 Abs. 1 BGB) und unter Abwesenden (§ 147 Abs. 2 BGB) zu unterscheiden.

Willenserklärungen unter Anwesenden und unter Abwesenden

Wie bereits in Fall 18 angesprochen, unterscheidet das Gesetz zwischen Willenserklärungen unter Anwesenden und unter Abwesenden. Wesentliche Unterschiede ergeben sich hier insbesondere bei der Frage des Wirksamwerdens der Erklärung und bei der Bestimmung der Annahmefrist.

I. Wirksamwerden einer Willenserklärung

Für das Wirksamwerden einer Willenserklärung ist nur bei Willenserklärungen *unter Abwesenden* ein Zugang der Erklärung erforderlich (§ 130 BGB, vgl. insbesondere Fälle 6, 8 und 18).

Unter Anwesenden ist zu unterscheiden:

Ist die Willenserklärung *verkörpert* (z.B. durch einen Brief, den der Erklärende dem anwesenden Empfänger übergibt), so kommt es – analog § 130 BGB – ebenfalls darauf an, dass der Empfänger die unmittelbare Verfügungsgewalt über das Schriftstück erhält und ihm die Kenntnisnahme des Inhalts der Erklärung möglich ist.

Anders ist es bei einer *nicht verkörperten* Willenserklärung unter Anwesenden (z.B. mündliche Erklärung am Verhandlungstisch oder in einem Geschäft). Hier gibt es keinen Gegenstand, an dem der Empfänger Verfügungsgewalt erlangen könnte, so dass es für die Wirksamkeit der Erklärung allein darauf ankommt, dass der Empfänger sie akustisch richtig wahrgenommen hat (sog. *Vernehmungstheorie*). Die Einzelheiten sind hier stark umstritten, insbesondere z.B. die Frage, ob es ausreicht, dass der Erklärende objektiv davon ausgehen durfte, der Empfänger habe die Erklärung akustisch richtig verstanden, obwohl er in Wirklichkeit beispielsweise schwerhörig war (vgl. dazu *Soergel/Hefermehl*, BGB, 13. Aufl. 1999, § 130 Rz. 21 m.w.N.; MüKo/*Einsele*, BGB, 5. Aufl. 2006, § 130 Rz. 29 ff.).

II. Bestimmung der Annahmefrist

Die Unterscheidung zwischen Willenserklärungen unter Anwesenden und unter Abwesenden wird auch für die Bestimmung der Annahmefrist nach § 147 BGB (bei Fehlen einer Fristbestimmung) bedeutsam. Ein Angebot unter Anwesenden kann nach § 147 Abs. 1 BGB nur sofort angenommen werden. Bei einem Angebot unter Abwesenden kann eine Annahme nach § 147 Abs. 2 BGB nur bis zu dem Zeitpunkt erfolgen, zu dem der Antragende den Zugang der Annahme unter gewöhnlichen Umständen erwarten darf (dazu sogleich unten bb.).

III. Abgrenzung gem. § 147 Abs. 1 S. 2 BGB

Die Präzisierung in § 147 Abs. 1 S. 2 BGB, wonach insbesondere auch ein mittels Fernsprechers gemachtes Angebot unter § 147 Abs. 1 BGB fällt, kann erweitert werden und generell zur Abgrenzung zwischen Willenserklärungen unter Abwesenden und unter Anwesenden herangezogen werden.

Insoweit kommt es für eine Willenserklärung unter Anwesenden darauf an, dass ein unmittelbarer, interaktiver Dialog „von Person zu Person" stattfindet, wie z.B. bei einem Telefongespräch, einer Videokonferenz oder bei einem interaktiven Dialog in einem Internet-Chatroom, soweit die Erklärungen vom jeweiligen Empfänger fast im selben Moment zur Kenntnis genommen werden können (vgl. dazu MüKo/*Einsele*, BGB, 5. Aufl. 2006, § 147 Rz. 3; *Jauernig/Jauernig*, BGB, 12. Aufl. 2007, § 130 Rz. 12).

Erklärungen z.B. per Telefax, E-Mail oder SMS stellen demgegenüber in der Regel verkörperte Willenserklärungen unter Abwesenden dar, die erst bei Zugang wirksam werden und hinsichtlich einer etwaigen Annahmefrist § 147 Abs. 2 BGB unterfallen (*Palandt/Heinrichs*, BGB, 66. Aufl. 2007, § 147 Rz. 5).

> Hinweis: Auch bei einer auf einem Anrufbeantworter telefonisch hinterlassenen Nachricht handelt es sich typischerweise um eine (verkörperte) Willenserklärung unter Abwesenden, denn sie ist auf dem Anrufbeantworter gespeichert, und obwohl sie telefonisch erfolgt, kann ein interaktiver Dialog von Person zu Person nicht stattfinden (vgl. MüKo/*Einsele*, BGB, 5. Aufl. 2006, § 147 Rz. 3).

Das Angebot des S ist dem R per Brief zugegangen, so dass es sich dabei um eine verkörperte Willenserklärung unter Abwesenden handelte. Damit ist nicht die Frist des § 147 Abs. 1 BGB, sondern die gesetzliche Annahmefrist des § 147 Abs. 2 BGB einschlägig.

bb. Berechnung der Annahmefrist nach § 147 Abs. 2 BGB

Fraglich ist daher, wann S den Eingang der Antwort unter regelmäßigen Umständen im Sinne des § 147 Abs. 2 erwarten durfte.

Die Frist gem. § 147 Abs. 2 BGB setzt sich aus drei Zeiträumen zusammen: Sie beginnt mit der Abgabe des Angebots und umfasst die für die Übermittlung an den Empfänger benötigte Zeit, eine Art und Umfang des Geschäfts angemessene Bearbeitungs- und Überlegungszeit des Empfängers sowie schließlich diejenige Zeit, die umgekehrt für die Übermittlung der Annahmeerklärung an den Antragenden notwendig ist.

> Hinweis: Für die Fristberechnung nach § 147 Abs. 2 BGB kommt es nicht darauf an, wie lange die Übermittlung von Angebot bzw. Annahme tatsächlich gedauert haben oder wie lange der Annehmende tatsächlich überlegt hat. Vielmehr kommt es allein auf die Sicht des Antragenden an, nämlich darauf, wann dieser unter regelmäßigen Umständen mit dem Zugang einer Annahmeerklärung rechnen durfte. Geht die Annahmeerklärung innerhalb dieser Frist zu, so ist die Frist gewahrt.

Die Annahmefrist begann hier also am 27.2.2007, als S sein Angebot per Brief an R absendete. Die Übermittlung einer Erklärung per (einfachem) Postbrief dauert unter normalen Umständen höchstens zwei Tage, so dass für die Übermittlung des Angebots von S an R hier zwei Tage einzukalkulieren sind.

Fraglich ist, ob eine solche Zweitagesfrist auch für die Übermittlung der Annahmeerklärung des R an S anzusetzen ist, denn die Annahmeerklärung erfolgte ja tatsächlich nicht per Brief, sondern per E-Mail, deren Transportzeit viel kürzer ist.

Insoweit ist im Rahmen des § 147 Abs. 2 BGB allein auf die Sicht des Antragenden abzustellen. Da S zur Übermittlung seiner Angebotserklärung einen einfachen Brief verwendete, musste er umgekehrt auch damit rechnen, dass R sich zur Übermittlung seiner Annahmeerklärung ebenfalls der Briefpost bedienen würde, so dass auch als Übermittlungszeit für die Annahmeerklärung zwei Tage zu veranschlagen sind.

Darüber hinaus dürfte dem R zur Prüfung des Angebots, das sich auf den Abschluss eines Kaufvertrages über sehr wertvolle Bücher richtete, eine Überlegungsfrist von mindestens zwei Tagen zuzubilligen sein.

Mithin betrug die Annahmefrist gem. § 147 Abs. 2 BGB insgesamt 6 Tage ab dem 27.2.2007 und endete damit gem. §§ 187 Abs. 1, 188 Abs. 1 BGB mit Ablauf des 5.3.2007.

d. Wahrung der Annahmefrist

Fraglich ist, ob R diese Annahmefrist gewahrt hat. Vorliegend hat der Bote N die E-Mail mit der Annahmeerklärung des R am 3.3.2007 in Richtung des S auf den Weg gebracht und die Annahmeerklärung damit abgegeben. Abgerufen hat S diese E-Mail jedoch erst am 13.3.2007.

aa. Zugang der Annahmeerklärung

Da zur Wahrung der Annahmefrist die Abgabe der Annahmeerklärung jedoch nicht ausreicht, sondern die Annahmeerklärung auch innerhalb der Annahmefrist zugehen muss, ist zu prüfen, ob die Annahmeerklärung des R dem S spätestens am 5.3.2007 zugegangen ist.

Eine Willenserklärung geht zu, sobald sie in den Machtbereich des Empfängers gelangt ist und unter regelmäßigen Umständen mit der Kenntnisnahme durch den Empfänger zu rechnen ist.

(1) Bestimmung des Machtbereichs des Empfängers bei E-Mail-Erklärung

Fraglich ist, zu welchem Zeitpunkt die hier per E-Mail übermittelte Willenserklärung in den Machtbereich des S gelangte.

(a) Weiterleitung an Provider des Empfängers ?

Zunächst könnte die E-Mail des N bereits am 3.3.2007 in den Machtbereich des S gelangt sein, als sie an den Provider des S weitergeleitet worden ist. Dagegen spricht allerdings, dass die bloße „Entgegennahme" der elektronischen Mitteilung durch den Provider den Empfänger noch nicht in die Lage versetzt, auf die Mitteilung Zugriff nehmen zu können. Ein solcher Zugriff kann nämlich zumindest erst dann erfolgen, wenn der Provider die eingehende Nachricht so dem Postfach seines Kunden zuordnet und in dieses einstellt, dass der Kunde die Nachricht jederzeit herunterladen kann. Mit dem bloßen Eingang der Nachricht beim Provider des S ist die Mitteilung des N dem S daher noch nicht zugegangen.

(b) Einstellung ins Postfach des Empfängers

Die E-Mail des N könnte aber am 3.3.2007 in den Machtbereich des S gelangt sein, als sie von dem Provider des S dessen Postfach zugeordnet und in dieses zum Herunterladen durch S eingelegt worden ist. Für einen Zugang zu diesem Zeitpunkt spricht, dass der Empfänger die Nachricht ab diesem Moment jederzeit herunterladen und sich so Kenntnis von der Nachricht verschaffen kann. Das Herunterladen ähnelt letztlich also dem Leeren eines Briefkastens, der ja nach den allgemeinen Grundsätzen zum Zugang von Willenserklärungen (vgl. oben Fall 8) bereits zum Machtbereich des Empfängers gehört.

Gegen eine solche Bestimmung des Zugangszeitpunkts könnte allenfalls sprechen, dass die Nachricht sich zu diesem Zeitpunkt noch nicht in der Empfangsvorrichtung befindet, mittels derer der Empfänger die Erklärung auch tatsächlich zur Kenntnis nimmt, (d.h. seinem eigenen Computer), sondern noch eine „Weiterbeförderung" der Nachricht aus dem Postfach beim Provider auf den Computer des Empfängers erforderlich ist. Diese „Weiterbeförderung" kann, beispielsweise bei einer technischen Störung, auch zeitweise unmöglich sein, so dass eine ununterbrochene Zugriffsmöglichkeit nicht gesichert ist.

Dabei ist allerdings zu berücksichtigen, dass die Kommunikation zwischen Provider und Empfänger im Einflussbereich des Empfängers liegt und damit auch dessen Risikosphäre zuzuordnen ist. Darüber hinaus ist es anerkannt, dass auch ein Postfach in einer Postfiliale zum Machtbereich des Empfängers gehört, obwohl der Empfänger die Sendung dort noch abholen muss und möglicherweise nicht jederzeit ungehinderten Zugang hat (vgl. etwa *Soergel/Hefermehl*, BGB, 13. Aufl. 1999, § 130 Rz. 12a).

Damit ist im Ergebnis davon auszugehen, dass die E-Mail des N, die die Annahmeerklärung des R enthielt, am 3.3.2007 mit Bereitstellung im Postfach des S durch dessen Provider in den Machtbereich des S gelangt ist.

(2) Möglichkeit der Kenntnisnahme

Fraglich ist nunmehr, wann unter regelmäßigen Umständen mit der Kenntnisnahme durch den S zu rechnen war. Mittlerweile ist die E-Mail ein gebräuchliches und in weiten Teilen des privaten und des Geschäftsverkehrs akzeptiertes Kommunikationsmittel geworden. Jedenfalls dann, wenn in dem Angebot auch die E-Mailadresse des Antragenden genannt ist, darf davon ausgegangen werden, dass dieser mit per E-Mail übermittelten Erklärungen rechnet und seine Mailbox regelmäßig in kurzen Abständen auf neue Nachrichten überprüft. Hier hat S in seinem Brief an R auch auf seine E-Mailadresse hingewiesen. Mit der Kenntnisnahme von der am 3.3.2007 in sein Postfach eingestellten Erklärung war daher jedenfalls zwei Tage später am 5.3.2007 zu rechnen.

bb. Zwischenergebnis: Zugang innerhalb der Annahmefrist

Damit ist dem S die Annahmeerklärung des R am 5.5.2007, d.h. noch innerhalb der Annahmefrist, zugegangen.

II. Ergebnis

Zwischen R und S ist ein Kaufvertrag zustande gekommen. R hat gegen S einen Anspruch auf Übergabe und Übereignung der beiden Bände des „Otto Mayer" gem. § 433 Abs. 1 S. 1 BGB.

Abwandlung 1

A. Anspruch des S gegen R auf Kaufpreiszahlung gem. § 433 Abs. 2 BGB

S könnte gegen R einen Anspruch auf Zahlung des Kaufpreises für den „Rudolf von Jhering" in Höhe von € 300,- aus § 433 Abs. 2 BGB haben.

I. Vertragsschluss

Dies setzt zunächst voraus, dass zwischen R und S ein wirksamer Kaufvertrag zustande gekommen ist. Dazu müssten zwei übereinstimmende Willenserklärungen, Angebot und Annahme, vorliegen.

1. Angebot

Hier hat S dem R in seinem Brief angeboten, die beiden Bände des Werkes „Der Zweck im Recht" von Rudolf von Jhering, zum Preis von insgesamt € 300,- zu verkaufen.

2. Annahme

Fraglich ist, ob R dieses Angebot angenommen hat.

a. Willenserklärung des R

R hat den N gebeten, dem S auszurichten, er wolle nur den „Otto Mayer", nicht aber den „Rudolf von Jhering" kaufen. Daher hat R selbst zunächst keine mit dem Angebot dieses Buches übereinstimmende Annahmeerklärung abgegeben, so dass keine Annahme des R vorläge.

b. Zurechnung der durch N übermittelten Erklärung gem. § 120 BGB

Allerdings hat N als Bote des R gegenüber S erklärt, R wolle den „Rudolf von Jhering" kaufen. Fraglich ist also, ob diese von N als Boten (irrtümlich falsch) übermittelte Willenserklärung dem R als dessen Willenserklärung zuzurechnen ist.

Insoweit bestimmt § 120 BGB, dass eine Willenserklärung, welche durch die zur Übermittlung verwendete Person oder Einrichtung unrichtig übermittelt worden ist, wie eine irrtümlich im Sinne des § 119 BGB abgegebene Willenserklärung anfechtbar ist. Da grundsätzlich nur eine zunächst wirksame und dem Erklärenden zuzurechnende Willenserklärung durch den Erklärenden angefochten werden kann, ergibt sich mittelbar aus § 120 BGB, dass jedenfalls eine solche unbewusst fehlerhaft übermittelte Willenserklärung nicht unwirksam, sondern grundsätzlich dem Erklärenden zuzurechnen ist. Das Risiko einer unbewusst fehlerhaften Übermittlung eines von dem Erklärenden eingesetzten Boten wird damit dem Erklärenden zugewiesen.

Mithin liegt eine mit dem Angebot übereinstimmende wirksame Annahmeerklärung des R vor.

3. Zwischenergebnis - wirksamer Kaufvertrag zwischen R und S

Es ist daher ein Kaufvertrag zwischen S und R über den „Rudolf von Jhering" zum Preis von insgesamt € 300,- zustande gekommen.

II. Rückwirkende Unwirksamkeit des Kaufvertrags gem. § 142 Abs. 1 BGB

Dieser Kaufvertrag könnte jedoch gem. § 142 Abs. 1 BGB rückwirkend unwirksam sein. Dies setzt voraus, dass R seine auf den Abschluss des Kaufvertrages gerichtete Willenserklärung wirksam angefochten hat. Dies setzt einen Anfechtungsgrund und eine Anfechtungserklärung innerhalb der Anfechtungsfrist voraus.

1. Anfechtungsgrund: § 120 BGB

Gemäß § 120 BGB kann eine Willenserklärung, die von einer zur Übermittlung verwendeten Person unrichtig übermittelt worden ist, unter den gleichen Voraussetzungen angefochten werden, wie eine nach § 119 BGB irrtümlich abgegebene Willenserklärung.

Hier ist die von R abgegebene Willenserklärung durch N unrichtig übermittelt worden. Es ist auch davon auszugehen, dass R eine Erklärung, die der fehlerhaft übermittelten entsprach, nicht abgegeben hätte (§ 119 Abs. 1 2. HS BGB). Ein Anfechtungsgrund gem. § 120 BGB liegt damit vor.

2. Anfechtungserklärung innerhalb der Anfechtungsfrist

Ferner müsste R die Anfechtung innerhalb der Anfechtungsfrist dem Anfechtungsgegner erklärt haben. Die Anfechtung ist gem. § 143 Abs. 2 BGB dem anderen Vertragsteil, also dem S, zu erklären. Diesem hat R erklärt, nicht an dem Vertrag über den „Rudolf von Jhering" festhalten zu wollen, da er von Anfang an etwas anderes habe erklären wollen. Damit liegt eine Anfechtungserklärung vor.

Gem. § 121 BGB ist auch die Anfechtung wegen eines Übermittlungsirrtums nach § 120 BGB unverzüglich, also ohne schuldhaftes Zögern, nach Kenntnis von dem Anfechtungsgrund zu erklären. Hier hat R, unmittelbar nachdem er einen Übermittlungsfehler vermutete, den S angerufen und die Anfechtung erklärt. R hat seine Willenserklärung damit fristgemäß angefochten.

3. Ergebnis - Anfechtung

R hat seine auf den Abschluss des Kaufvertrags gerichtete Willenserklärung wirksam angefochten. Der Kaufvertrag ist damit gem. § 142 Abs. 1 BGB von Anfang an nichtig.

III. Ergebnis

S hat gegen R keinen Anspruch auf Zahlung des Kaufpreises für den „Rudolf von Jhering" aus § 433 Abs. 2 BGB.

> Hinweis: Einen eventuellen Schaden, der dem S aufgrund seines Vertrauens auf die Wirksamkeit der Willenserklärung des R entstanden sein könnte (z.B. Portokosten für den Versand der Bücher), könnte S von R gem. § 122 BGB ersetzt verlangen. Vgl. zum Ersatz des Vertrauensschadens gem. § 122 BGB im Einzelnen oben Fall 11.

B. Anspruch des S gegen N auf Kaufpreiszahlung gem. § 433 Abs. 2 BGB

S könnte gegen N einen Anspruch auf Zahlung des Kaufpreises für den „Rudolf von Jhering" in Höhe von € 300,- aus § 433 Abs. 2 BGB haben.

I. Vertragsschluss

Dann müsste zwischen S und N ein entsprechender Kaufvertrag zustande gekommen sein. Dies setzt zwei übereinstimmende Willenserklärungen, Angebot und Annahme, voraus. S hat die Bücher dem R und nicht dem N zum Kauf angeboten, so dass bereits das Vorliegen eines entsprechenden Angebots des S an N fraglich ist. Angesichts der Tatsache, dass N keine eigene Annahmeerklärung abgab, sondern lediglich die Erklärung des R an S als Bote übermittelte, fehlt es aber jedenfalls an einer Annahmeerklärung des N.

Ein Kaufvertrag zwischen S und N ist daher nicht zustande gekommen.

II. Ergebnis

S hat gegen N keinen Anspruch auf Zahlung des Kaufpreises für den „Rudolf von Jhering" aus § 433 Abs. 2 BGB.

C. Anspruch des S gegen N auf Kaufpreiszahlung gem. §§ 179 Abs. 1, 433 Abs. 2 BGB analog

S könnte gegen N einen Anspruch auf Zahlung des Kaufpreises für den „Rudolf von Jhering" in Höhe von € 300,- aus §§ 179 Abs. 1, 433 Abs. 2 BGB analog haben.

I. Unmittelbare Anwendbarkeit des § 179 Abs. 1 BGB

Fraglich ist zunächst, ob § 179 Abs. 1 BGB überhaupt in der vorliegenden Konstellation anwendbar ist. Unmittelbar ist § 179 Abs. 1 BGB gemäß seinem Wortlaut nur auf den Stellvertreter ohne Vertretungsmacht anwendbar. N hat hier jedoch aus der maßgeblichen Perspektive eines objektiven Erklärungsempfängers nach §§ 133, 157 BGB nicht als Vertreter, sondern als Bote des R gehandelt (s. dazu oben im Ausgangsfall). Eine unmittelbare Anwendung des § 179 Abs. 1 BGB scheidet daher aus.

II. Analoge Anwendbarkeit des § 179 Abs. 1 BGB

Fraglich ist jedoch, ob eine analoge Anwendung des § 179 Abs. 1 BGB auf einen Boten, der – wie hier – unbewusst (fahrlässig) eine falsche Erklärung übermittelt, in Betracht kommt.

1. Regelungslücke

Eine solche Analogie setzt zunächst eine Regelungslücke voraus (vgl. zu den Voraussetzungen der Analogie oben Fall 14). Vorschriften über eine Eigenhaftung eines fehlerhaft übermittelnden Boten finden sich im Gesetz nicht. Eine Regelungslücke liegt damit vor.

2. Planwidrigkeit

Fraglich ist allerdings, ob es sich hierbei auch um eine planwidrige Regelungslücke handelt.

Hierfür spricht noch nicht allein die bloße Tatsache, dass der Gesetzgeber eine Eigenhaftung des fehlerhaft übermittelnden Boten nicht geregelt hat, denn diese Nichtregelung könnte auch für den Willen des Gesetzgebers sprechen, dass in solchen Fällen der fahrlässig fehlerhaft handelnde Bote „planmäßig" nicht selbst gegenüber dem Dritten (dem Vertragspartner, hier S) haften soll. Für eine solche „planmäßige" Nichtregelung des Gesetzgebers spricht hier die systematische Gesetzesauslegung der §§ 177 ff. BGB und der §§ 120, 122 BGB.

a. Stellvertretungsrecht, § 177 ff. BGB

So ist nämlich im Stellvertretungsrecht die (eigene) Willenserklärung eines Vertreters ohne Vertretungsmacht dem Vertretenen zunächst nicht zuzurechnen, sondern gem. § 177 Abs. 1 BGB schwebend unwirksam. Der Geschäftsherr muss eine solche Erklärung nicht erst durch Anfechtung „aus der Welt schaffen", sondern hat vielmehr die Option, sie durch Genehmigung überhaupt erst wirksam werden zu lassen. Dieser erhöhte Schutz des Geschäftsherrn rechtfertigt sich dadurch, dass dem Dritten nunmehr ein eigener Anspruch gegen den ohne Vertretungsmacht handelnden Vertreter selbst, der ja immerhin eine eigene Willenserklärung abgegeben hat, gem. § 179 BGB zusteht.

b. Übermittlungsirrtum, §§ 120, 122 BGB

Diese Situation weicht erheblich von derjenigen in den von den §§ 120, 122 BGB geregelten Fällen ab. Denn hier regelt § 120 BGB, dass eine Willenserklärung auch dann, wenn sie durch den Boten fehlerhaft übermittelt worden ist, wirksam und dem Erklärenden zuzurechnen ist. Entscheidet sich dieser dafür, die ihm zugerechnete Erklärung gem. § 120 BGB anzufechten, so hat er gem. § 122 BGB selbst gegenüber dem Dritten für etwaige Vertrauensschäden zu haften. Hintergrund dieser Haftungsregelung ist, dass sich der Erklärende einen Boten – wie jedes andere „Übertragungsmittel" für seine Willenserklärung – frei aussuchen kann und auch die damit verbundenen jeweiligen Risiken tragen muss. Der Bote selbst, also das fehlerhaft handelnde „Übermittlungswerkzeug", das keine eigene Willenserklärung in die Welt gesetzt, sondern nur eine fremde Erklärung übermittelt hat, soll insoweit nicht selbst gegenüber dem Dritten haften. Eine Haftung des Boten kommt allenfalls im Innenverhältnis zwischen dem Boten und dem Erklärenden in Betracht (etwa wegen schuldhafter Verletzung der Pflichten aus einem Auftrag gem. §§ 280 Abs. 1, 662 BGB).

3. Zwischenergebnis - Keine analoge Anwendbarkeit des § 179 Abs. 1 BGB bei unbewusst fehlerhafter Übermittlung

Aufgrund dieser Unterschiede zwischen Stellvertretungsrecht und dem Recht der Botenschaft ist bereits nicht davon auszugehen, dass der Gesetzgeber eine Eigenhaftung des Boten gegenüber dem Dritten „planwidrig" nicht geregelt bzw. „übersehen" hat.

Aus den genannten Gründen dürfte letztlich jedenfalls auch die weitere Voraussetzung einer Analogie, nämlich eine Vergleichbarkeit der Interessenlagen, ausscheiden, zumal zusätzlich zu berücksichtigen ist, dass der lediglich unbewusst fehlerhaft handelnde Bote N hier wegen § 179 Abs. 2 BGB nicht auf Kaufpreiszahlung (positives Interesse), sondern lediglich auf Ersatz des Vertrauensschadens (negatives Interesse) haften würde.

Eine analoge Anwendung des § 179 BGB auf den unbewusst fehlerhaft übermittelnden Boten ist daher abzulehnen (allgemeine Ansicht, vgl. statt aller *Jauernig/Jauernig*, BGB, 12. Aufl. 2007, § 120 Rz. 3; *Staudinger/Schilken*, BGB, 2004, § 177 Rz. 22).

III. Ergebnis

S hat auch keinen Anspruch gegen N auf Zahlung des Kaufpreises für den „Rudolf von Jhering" aus §§ 179 Abs. 1, 433 Abs. 2 BGB analog.

Abwandlung 2

A. Anspruch des S gegen R auf Kaufpreiszahlung gem. § 433 Abs. 2 BGB

S könnte gegen R einen Anspruch auf Zahlung des Kaufpreises für den „Rudolf von Jhering" in Höhe von € 300,- aus § 433 Abs. 2 BGB haben.

I. Vertragsschluss

Dies setzt zunächst voraus, dass zwischen R und S ein wirksamer Kaufvertrag besteht. Dazu müssten zwei übereinstimmende Willenserklärungen, Angebot und Annahme, vorliegen.

1. Angebot

S hat dem R in seinem Brief angeboten, die beiden Bände des Werkes „Der Zweck im Recht" von Rudolf von Jhering, jeweils in der Erstausgabe von 1877 und 1883 zum Preis von insgesamt € 300,- zu verkaufen.

2. Annahme

Fraglich ist, ob R dieses Angebot angenommen hat.

a. Willenserklärung des R

R hat den N gebeten, dem S auszurichten, er wolle nur den „Otto Mayer", nicht aber den „Rudolf von Jhering" kaufen; eine Annahmeerklärung des R liegt insoweit zunächst nicht vor. Allerdings hat N in bewusster Missachtung der Anweisungen des R dem S mitgeteilt, dass R auch den „Rudolf von Jhering" kaufen wolle.

b. Zurechnung einer vorsätzlich unrichtig übermittelten Erklärung gem. § 120 BGB (Fall des Boten ohne Botenmacht)

Mithin ist fraglich, ob dem R die Erklärung des bewusst falsch übermittelnden S (Bote ohne Botenmacht) zuzurechnen ist.

Dies wäre der Fall, wenn die Norm des § 120 BGB auch in solchen Fällen Anwendung findet, in denen der Bote die durch ihn zu übermittelnde Erklärung vorsätzlich falsch übermittelt.

aa. Restriktive Auslegung des § 120 BGB

Die h.M. verneint dies und nimmt den Fall der vorsätzlich unrichtig übermittelten Erklärung vom Anwendungsbereich des § 120 BGB aus (vgl. etwa *Jauernig/Jauernig*, BGB, 12. Aufl. 2007, § 120 Rz. 3 f.; *Staudinger/Schilken*, BGB, 2004, Vor § 164 ff. Rz. 81 sowie § 177 Rz. 22; MüKo-*Schramm*, BGB, 5. Aufl. 2006, § 177 Rz. 8; *Soergel/Leptien*, BGB, 13. Aufl. 1999, § 177 Rz. 11). Dieser Ansicht zufolge umfasst § 120 BGB nur die unbewusst fehlerhafte Übertragung der Erklärung durch den Boten. Der Fall einer vorsätzlichen Falschübermittlung sei mit dem Fall einer Vertretung ohne Vertretungsmacht gleichzustellen und nach §§ 177 ff. BGB zu behandeln. Vorliegend würde dies dazu führen, dass die durch N „übermittelte" Erklärung dem R nicht zuzurechnen wäre, sondern vielmehr gem. § 177 Abs. 1 BGB analog schwebend unwirksam wäre. Mangels Genehmigung durch R bestünde mithin keine wirksame Annahmeerklärung des R, so dass zwischen R und S kein entsprechender Kaufvertrag zustande gekommen wäre.

bb. Weite Auslegung des § 120 BGB

Die Gegenansicht geht davon aus, § 120 BGB betreffe auch den Fall der bewussten Falschübermittlung. Nur dann, wenn der Bote vollkommen ohne Veranlassung eines Erklärenden tätig geworden sei, sei § 120 BGB unanwendbar (MüKo/*Kramer*, BGB, 5. Aufl. 2006, § 120 Rz. 4; Anwaltkommentar zum BGB/*Feuerborn*, Band 1, 2005, § 120 Rz. 6 f.; *Medicus*, BGB AT, 9. Aufl. 2006, Rz. 748; *Staudinger/Singer*, BGB, 2004, § 120 Rz. 2 f.). Vorliegend würde dies dazu führen, dass die durch N vorsätzlich fehlerhaft übermittelte Erklärung dem R in Anwendung des § 120 BGB als dessen Willenserklärung zuzurechnen wäre. Eine wirksame Annahmeerklärung des R läge dann vor, so dass ein entsprechender Kaufvertrag zustande gekommen wäre.

cc. Diskussion, Zwischenergebnis

Diese weite Auslegung hat zwar für sich, dass § 120 nicht auf das Verschulden des Erklärenden abstellt, sondern eine Risikozuweisung vornimmt. Das Risiko eines unzuverlässigen Boten würde insoweit grundsätzlich dem Erklärenden zugewiesen, der – wie hier – den Boten eingeschaltet hat (vgl. MüKo/*Kramer*, BGB, 5. Aufl. 2006, § 120 Rz. 4). Für die h. M. spricht jedoch demgegenüber die Tatsache, dass es fraglich ist, ob es sich bei vorsätzlicher Falschübermittlung überhaupt noch um die Übermittlung einer *fremden* (nämlich der ursprünglichen) Willenserklärung im Rahmen des § 120 BGB handelt. Denn bei einer vorsätzlich falschen Übermittlung durch den Boten geht letztlich nicht mehr die durch den Erklärenden abgegebene Erklärung zu (vgl. *Soergel/Hefermehl*, BGB, 13. Aufl. 1999, § 120 Rz. 4). Vielmehr gelangt durch das vorsätzliche Dazwischentreten des Boten eine neue, eigene Erklärung des Boten in Verkehr, die nur den Anschein erweckt, sie sei diejenige eines anderen Erklärenden und für die dieser eben nicht mehr verantwortlich ist. Vor diesem Hintergrund ähnelt das Risiko einer vorsätzlichen Falschübermittlung so sehr demjenigen Risiko, dass ein Bote vorsätzlich ganz ohne Veranlassung des Erklärenden auftritt, dass beide Fälle nicht unter Anwendung von § 120 BGB, sondern vielmehr unter analoger Anwendung der §§ 177 ff. BGB zu lösen sind (dazu im Einzelnen unten C. I.).

Gem. § 177 Abs. 1 BGB analog besteht mithin vorliegend mangels Genehmigung keine wirksame Annahmeerklärung des R.

II. Ergebnis

Ein wirksamer Kaufvertrag zwischen R und S besteht nicht. S hat gegen R keinen Anspruch auf Zahlung des Kaufpreises für den „Rudolf von Jhering" aus § 433 Abs. 2 BGB.

B. Anspruch des S gegen N auf Kaufpreiszahlung gem. § 433 Abs. 2 BGB

S könnte gegen N einen Anspruch auf Zahlung des Kaufpreises für den „Rudolf von Jhering" in Höhe von € 300,- aus § 433 Abs. 2 BGB haben.

I. Vertragsschluss

Dann müsste zwischen S und N ein entsprechender Kaufvertrag zustande gekommen sein. Dies setzt zwei übereinstimmende Willenserklärungen, Angebot und Annahme, voraus. Auch hier hat S die Bücher dem R und nicht dem N zum Kauf angeboten, so dass bereits das Vorliegen eines entsprechenden Angebots des S an N fraglich ist.

Jedenfalls müsste aber eine Annahmeerklärung durch N vorliegen. Zwar hat N den Inhalt der übermittelten Erklärung vorsätzlich abgeändert, so dass die Erklärung dem R nicht mehr gem. § 120 BGB zugerechnet werden kann (vgl. oben A. I. 2. b. cc.). Dieses vorsätzliche Dazwischentreten des N war jedoch aus der Sicht eines – zur Auslegung gem. §§ 133, 157 BGB insoweit allein maßgeblichen – objektiven Erklärungsempfängers nicht erkennbar. Aus dessen Sicht gab N ausdrücklich keine eigene Annahmeerklärung ab, sondern übermittelte lediglich eine Erklärung des R an S als Bote. Mithin fehlt es an einer eigenen Annahmeerklärung des N.

Ein Kaufvertrag zwischen S und N ist daher nicht zustande gekommen.

II. Ergebnis

S hat gegen N keinen Anspruch auf Zahlung des Kaufpreises für den „Rudolf von Jhering" aus § 433 Abs. 2 BGB.

C. Anspruch des S gegen N auf Kaufpreiszahlung gem. §§ 179 Abs. 1, 433 Abs. 2 BGB analog

S könnte gegen N einen Anspruch auf Zahlung des Kaufpreises für den „Rudolf von Jhering" in Höhe von € 300,- aus §§ 179 Abs. 1, 433 Abs. 2 BGB analog haben.

I. Analoge Anwendbarkeit des § 179 Abs. 1 BGB

Mangels unmittelbarer Anwendbarkeit der §§ 177 ff. BGB auf den hier gegebenen Fall der Botenschaft ist fraglich, ob § 179 Abs. 1 BGB in der vorliegenden Konstellation der vorsätzlichen Falschübermittlung einer Erklärung durch einen Boten analog anwendbar ist.

1. Planwidrige Regelungslücke

Insbesondere ist zu prüfen, ob insoweit eine planwidrige Regelungslücke gegeben ist. Für eine planwidrige Regelungslücke spricht hier (anders als oben in Abwandlung 1 C. II.) die Tatsache, dass nach zutreffender Gesetzesauslegung § 120 BGB den Fall einer vorsätzlich unrichtig übermittelten Willenserklärung durch einen Boten nicht umfasst und dem Erklärenden eine solche Erklärung nicht zuzurechnen ist (vgl. oben A. I. 2. b. cc.). Es ist nicht ersichtlich, wieso in einem solchen Fall weder der vorsätzlich handelnde Bote noch der Erklärende gegenüber dem Dritten haften sollten, so dass hier von einer Planwidrigkeit der Regelungslücke auszugehen ist.

2. Vergleichbarkeit der Interessenlage

Zudem besteht auch eine Vergleichbarkeit der Interessenlage mit Fällen der Vertretung ohne Vertretungsmacht nach §§ 177 ff. BGB. Denn im Unterschied zu der Konstellation in Abwandlung 1 ist zu berücksichtigen, dass hier ein Erfüllungsanspruch aus einem wirksamen Vertrag (hier gem. § 433 Abs. 2 BGB) gegen den Erklärenden nicht besteht. Ebenso ist die Rechtslage im Fall des bewusst ohne Vertretungsmacht handelnden Vertreters. Die Interessenlage des Erklärungsempfängers entspricht ebenfalls derjenigen bei der Vertretung ohne Vertretungsmacht. Er vertraut nämlich auf die Wirkung einer Erklärung gegen seinen vermeintlichen Vertragspartner. Dabei ist es für die Interessenlage ohne Bedeutung, ob diese Wirkung auf einer eigenen Erklärung des Vertreters oder einer vorsätzlich unrichtig übermittelten (quasi „eigenen") Erklärung des Boten beruht. Darüber hinaus ist der bewusst falsch übermittelnde Bote genauso wenig schutzwürdig wie der vorsätzlich seine Vertretungsmacht vorspiegelnde vollmachtlose Vertreter. Eine Haftung gem. § 179 Abs. 1 BGB auf das positive Interesse erscheint daher auch unter diesem Gesichtspunkt angemessen (vgl. *Soergel/Leptien*, BGB, 13. Aufl. 2006, § 177 Rz. 11).

Im Ergebnis ist § 179 Abs. 1 BGB daher analog auf den Boten ohne Botenmacht anzuwenden.

II. Voraussetzungen des § 179 Abs. 1 BGB analog

N hat bewusst eine Erklärung weitergeleitet, die R so nicht abgeben wollte. R hat den Vertrag über den "Rudolph von Jhering" auch nicht gem. § 179 Abs. 1 BGB genehmigt. Vielmehr hat er die Genehmigung durch seine Anfechtungserklärung verweigert.

Damit liegen die Voraussetzungen des § 179 Abs. 1 BGB analog, der nach Wahl des anderen Teils auf Erfüllung, nämlich Zahlung des Kaufpreises gem. § 433 Abs. 2 BGB, gerichtet ist, vor.

III. Ergebnis

S hat gegen N auf Zahlung des Kaufpreises für den „Rudolf von Jhering" in Höhe von € 300,- aus §§ 179 Abs. 1, 433 Abs. 2 BGB analog.

Fall 21

Ausgangsfall:

Am 1.1.2006 stellte der Inhaber Q des Versandhauses Q den E als Einkäufer ein. Kurz darauf stellte Q seinen Lieferanten durch ein Rundschreiben den E als neuen Einkäufer vor. Zu den benachrichtigten Lieferanten des Q gehörte auch der Teppichgroßhändler A. Am 1.5.2006 hat E innerhalb des Unternehmens des Q auf eine andere Stelle gewechselt und führt dort nunmehr rein unternehmensinterne Tätigkeiten ohne Kunden- oder Lieferantenkontakt aus. Eine Bekanntmachung dieses Wechsels in der gleichen Weise wie bei der Einstellung des E erfolgte jedoch nicht. Trotz seines neuen Aufgabenbereichs ruft E noch einmal bei A an und erklärt ihm, er wolle für Q Teppiche im Wert von € 50.000,- kaufen. A ist einverstanden. Als A von Q Bezahlung verlangt, verweigert dieser die Bezahlung. E sei schon lange nicht mehr Einkäufer und könne Q daher auch nicht mehr im Geschäftsverkehr vertreten.

Kann A von Q Zahlung verlangen?

Abwandlung:

Bei Q arbeitet in der Abteilung Einkauf auch der Auszubildende Z. Sein Aufgabenbereich beschränkt sich allerdings auf die Erfassung des Bedarfs bei den Q-Filialen und der Weiterleitung dieser Daten an die Einkäufer. Um dieses „umständliche Procedere" nach betriebswirtschaftlichen Grundsätzen umzugestalten, tätigt der Z gelegentlich selbst Einkäufe ohne Einschaltung des zuständigen Einkäufers. Dabei gibt sich Z als Einkäufer aus. Unter anderem hat er schon mehrfach bei A Teppiche bestellt. Die Rechnungen für die Teppiche schickt A an die Abteilung „Buchhaltung" bei Q, die dann die Rechnungen mit Hilfe von EDV mit den Bestellungen und Lieferungen abgleicht und bezahlt. Auf den Rechnungen für die von Z ausgeführten Bestellungen steht unter der Rubrik „Besteller" „Z". Da dieser Rubrik allerdings bei der Rechnungsbearbeitung regelmäßig keine Beachtung geschenkt wird, fällt dies den zuständigen Mitarbeitern nicht auf. Einen anderen Einkäufer namens Z gibt es bei Q nicht.

Eines Tages bestellt Z aufgrund der günstigen Preise bei A einfach einige Teppiche zum Preis von € 20.000,- „auf Vorrat", obwohl von den Filialen keine Teppiche angefordert waren. Daher fliegt das Vorgehen des Z auf. Q weigert sich gegenüber A, die Teppiche zu bezahlen. So viele Teppiche könne er im Moment nicht brauchen und schließlich sei Z nicht befugt, ihn im Geschäftsverkehr zu vertreten.

Kann A Bezahlung der Teppiche von Q verlangen?

Lösung Fall 21

Ausgangsfall

A. Anspruch des A gegen Q auf Kaufpreiszahlung aus § 433 Abs. 2 BGB

A könnte gegen Q einen Anspruch auf Zahlung des Kaufpreises für die Teppiche in Höhe von € 50.000,- aus § 433 Abs. 2 BGB haben.

Dies setzt zunächst voraus, dass zwischen A und Q ein wirksamer Kaufvertrag besteht. Dazu müssten zwei übereinstimmende Willenserklärungen, Angebot und Annahme, vorliegen.

I. Angebot

Das Angebot ist eine empfangsbedürftige Willenserklärung, die mit Zugang wirksam wird und die zukünftigen Vertragsbedingungen in einer solchen Weise zusammenfasst, dass durch ein bloßes „Ja" des Vertragspartners der Vertrag zustande kommt.

1. Angebot durch Q selbst?

Q selbst hat keine auf den Abschluss eines Kaufvertrages gerichtete Willenserklärung abgegeben. Er hat daher kein Angebot zum Kauf der Teppiche gemacht.

2. Stellvertretung des Q durch E

Ein Angebot zum Abschluss eines Kaufvertrages hat aber E erklärt, als er bei A anrief, um bestimmte Teppiche zu einem Preis von € 50.000,- zu bestellen. Dieses Angebot wirkt für und gegen Q, wenn die Voraussetzungen einer wirksamen Stellvertretung gem. § 164 Abs. 1 BGB vorliegen.

a. Eigene Willenserklärung des E

Dann müsste E aus der Sicht des A zunächst eine eigene Willenserklärung abgegeben haben und nicht lediglich dem A eine Erklärung des Q übermittelt haben. E war dem A als Einkäufer vorgestellt worden, so dass davon auszugehen ist, dass E für A erkennbar über einigen Entscheidungsspielraum bei der Abgabe von Willenserklärungen für Q verfügte. E hat daher eine eigene Willenserklärung abgegeben, als er A den Kauf der Teppiche anbot.

b. Handeln in fremdem Namen

Darüber hinaus müsste E in fremdem Namen gehandelt haben. Er hat ausdrücklich erklärt, die Teppiche für Q kaufen zu wollen. Somit handelte E im Namen des Q.

c. Vertretungsmacht

Schließlich müsste E im Rahmen seiner Vertretungsmacht gehandelt haben.

aa. Erteilung einer Vollmacht

Hier könnte Q dem E Vollmacht zum Abschluss von Verträgen mit Lieferanten erteilt haben. Die Erteilung einer Vollmacht kann gem. § 167 Abs. 1 BGB durch Erklärung gegenüber dem Vertreter oder durch Erklärung gegenüber dem Dritten erfolgen.

Hier hat Q den E als Einkäufer eingestellt. Bereits darin könnte die konkludente Erteilung einer Vollmacht gem. § 167 Abs. 1 Alt. 1 BGB zu sehen sein. Aufgrund des Rundschreibens könnte man allerdings auch in Erwägung ziehen, dass eine Vollmacht erst durch die Mitteilung an die Lieferanten gem. § 167 Abs. 1 Alt. 2 BGB erteilt wurde. Allerdings ist davon auszugehen, dass E auch dazu ermächtigt sein sollte, mit anderen als den gegenwärtigen Lieferanten Verträge abzuschließen, die ein Rundschreiben des Q nicht erhalten haben. Es ist daher bereits in der Einstellung als Einkäufer die konkludente Vollmachtserteilung gegenüber E nach § 167 Abs. 1 Alt. 1 BGB zu sehen.

bb. Erlöschen der Vollmacht

Die Vollmacht könnte jedoch im Zusammenhang mit dem Wechsel des E auf eine andere Stelle zum 1.5.2006 erloschen sein. Gem. § 168 S. 1 BGB bestimmt sich die Geltungsdauer einer Vollmacht nach dem ihrer Erteilung zugrunde liegenden Rechtsverhältnis (hier ein Arbeitsvertrag gem. §§ 611 ff. BGB). Im Übrigen ist sie gem. § 168 S. 2 BGB grundsätzlich frei widerruflich. Das der Vollmacht zugrunde liegende Rechtsverhältnis hat mit dem unternehmensinternen Wechsel des E zwar nicht geendet; der Arbeitsvertrag bestand fort. Allerdings gehörte mit der Zuweisung des anderen Aufgabenbereichs der Abschluss von Verträgen nicht mehr zu den Aufgaben des E. In der Versetzung auf die neue Stelle liegt daher ein konkludenter Widerruf der Vollmacht. Der Widerruf der Vollmacht ist eine empfangsbedürftige Willenserklärung, die erst durch Zugang wirksam wird. Nach § 168 S. 3 BGB i.V.m. § 167 Abs. 1 BGB kann der Widerruf der Vollmacht sowohl gegenüber dem Vertreter als auch gegenüber dem Vertragspartner erklärt werden. Mit der Mitteilung von seiner Versetzung ist dem E der konkludente Widerruf der

Vollmacht zugegangen. Die dem E erteilte Vollmacht ist daher wirksam widerrufen worden. Damit hatte E im Zeitpunkt seiner Erklärung keine Vertretungsmacht.

cc. Fortbestehen der Vertretungsmacht kraft Rechtsscheins gem. § 171 Abs. 2 BGB?

Möglicherweise bestand die Vollmacht aber gegenüber A gem. § 171 Abs. 2 BGB kraft Rechtsscheins fort.

(a) Unwiderrufene Kundgabe (zurechenbarer Rechtsscheinsträger)

Dies setzt gem. § 171 Abs. 1 BGB zunächst voraus, dass die erfolgte Bevollmächtigung dem Dritten mitgeteilt oder öffentlich bekannt gemacht worden ist (Fall der kundgegebenen Innenvollmacht). Hier hat Q dem E zunächst mit seiner Einstellung als Verkäufer konkludent Vollmacht zum Abschluss von Verträgen mit Lieferanten erteilt (siehe oben). Sodann hat er dies unter anderem dem A mitgeteilt. Eine kundgegebene Innenvollmacht im Sinne des § 171 Abs. 1 BGB liegt damit vor.

Über die Mitteilung der Umsetzung des E auf eine andere Stelle und damit über den konkludenten Widerruf der Vollmacht ist dem A indes keine Mitteilung gemacht worden. Ein Widerruf der Kundgabe in gleicher Weise, in der sie erfolgt ist (§ 171 Abs. 2 BGB), liegt also nicht vor.

(b) Keine Kenntnis oder fahrlässige Unkenntnis (schutzwürdiges Vertrauen)

Gem. § 173 BGB gilt die Vollmacht dem Dritten gegenüber nicht als fortbestehend, wenn dieser ihr Erlöschen kannte oder kennen musste, also fahrlässig nicht kannte (vgl. die Legaldefinition in § 122 Abs. 2 BGB).

A kannte das Erlöschen der Vollmacht nicht. Auch sind keine Anhaltspunkte ersichtlich, die zur der Annahme führen würden, die Unkenntnis des A sei fahrlässig gewesen. Es gab für ihn keinen Anlass, sich nach dem Fortbestehen der Vollmacht bei Q zu erkundigen. A durfte also gem. 173 BGB auf das Fortbestehen der Vollmacht vertrauen.

(c) Ergebnis - Fortbestehen der Vollmacht

Die Vertretungsmacht des E bestand damit gegenüber A gem. § 172 Abs. 2 BGB kraft Rechtsscheins fort.

dd. Umfang der Vollmacht

Schließlich müsste E im Rahmen der kraft Rechtsscheins bestehenden Vertretungsmacht gehandelt haben. E durfte als Einkäufer mit A diejenigen Geschäfte tätigen, die im Rahmen des normalen Geschäftsverkehrs zwischen Q und A anfielen. Es ist davon auszugehen, dass auch der Kauf von Teppichen im Wert von € 50.000,- für ein Versandhaus im Rahmen des üblichen Geschäftsverkehrs liegt.

E handelte damit auch im Rahmen der kraft Rechtsscheins gem. § 171 Abs. 2 BGB fortbestehenden Vollmacht.

3. Ergebnis - Vertretung des Q durch E

Die Voraussetzungen einer wirksamen Stellvertretung gem. § 164 Abs. 1 BGB liegen mithin vor. Das Angebot des E an A zum Kauf von Teppichen zu einem Preis von € 50.000,- wirkt daher unmittelbar für und gegen Q.

II. Annahme

A hat dieses Angebot auch angenommen.

III. Ergebnis

Ein wirksamer Kaufvertrag zwischen A und Q ist zustande gekommen. A hat daher gegen Q einen Anspruch auf Zahlung des Kaufpreises in Höhe von € 50.000,- aus § 433 Abs. 2 BGB.

Abwandlung

A. Anspruch des A gegen Q auf Kaufpreiszahlung gem. § 433 Abs. 2 BGB

A könnte gegen Q einen Anspruch auf Zahlung des Kaufpreises für die Teppiche in Höhe von € 20.000,- aus § 433 Abs. 2 BGB haben. Voraussetzung ist ein zwischen A und Q bestehender Kaufvertrag.

I. Kaufvertrag

Hier haben sich A und Z über den Kauf von Teppichen geeinigt. Eine Erklärung des Q, die auf den Abschluss eines Kaufvertrages gerichtet ist, liegt jedoch nicht vor.

1. Stellvertretung des Q durch Z

Dem Q ist jedoch die Willenserklärung des Z zuzurechnen, wenn Z als Stellvertreter des Q gehandelt hat. Dies setzt voraus, dass die Voraussetzungen der Stellvertretung gem. § 164 Abs. 1 BGB vorliegen.

a. Eigene Willenserklärung des Z

Dann müsste Z aus der Sicht des A zunächst eine eigene Willenserklärung abgegeben und nicht lediglich eine Willenserklärung des Q übermittelt haben. Z hat sich bei den Bestellungen als Einkäufer des Q ausgegeben, so dass A davon ausgehen musste, dass Z beim Abschluss von Verträgen mit Lieferanten über einigen Entscheidungsspielraum verfügte. Daher hat Z gegenüber A eine eigene Willenserklärung abgegeben, als er sich mit A auf den Kauf der Teppiche im Wert von € 20.000,- einigte.

b. Handeln in fremdem Namen

Z ist stets ausdrücklich für Q aufgetreten. Er handelte daher in fremdem Namen.

c. Vertretungsmacht des Z

Schließlich müsste Z bei der Abgabe seiner Erklärung mit Vertretungsmacht gehandelt haben.

aa. Keine Vollmachtserteilung durch Q

Der Auszubildende Z war ausschließlich mit unternehmensinternen Aufgaben betraut und nicht zu Einkäufen bevollmächtigt. Er hatte keine Vollmacht zur Vornahme des mit A abgeschlossenen Geschäfts.

bb. Duldungsvollmacht

Kraft Rechtsscheins könnte jedoch eine sog. Duldungsvollmacht bestanden haben. Den §§ 170 ff. BGB wird die Wertung entnommen, dass auch bei Nichtbestehen einer Vollmacht diejenigen Dritten, die aufgrund eines von dem „Vertretenen" in zurechenbarer Weise gesetzten Rechtsscheins auf das Bestehen einer Vollmacht vertraut haben, so zu behandeln sind, als habe tatsächlich eine Vollmacht bestanden (Vollmacht kraft Rechtsscheins). Im Einzelnen müssen die folgenden Voraussetzungen erfüllt sein.

(1) Keine Vollmacht

Eine Duldungsvollmacht kommt nur in Betracht, wenn keine tatsächlich erteilte Vollmacht vorliegt. Z war nicht zu Einkäufen bevollmächtigt. Es lag daher keine Vollmacht vor.

(2) Rechtsschein einer Vollmacht (Rechtsscheinsträger)

Es muss der Rechtsschein einer Vollmacht bestehen. Dies ist dann der Fall, wenn der Dritte nach Treu und Glauben und nach der Verkehrssitte aufgrund des objektiven Geschehens von einer Bevollmächtigung ausgehen kann. Z ist wiederholt wie ein Vertreter des Q aufgetreten. Die von Z getätigten Geschäfte wurden von Q auch nicht beanstandet, sondern wie alle anderen Geschäfte erfüllt. Damit konnte A nach Treu und Glauben und der Verkehrssitte davon ausgehen, Q habe Z zum Abschluss dieser Verträge bevollmächtigt.

(3) Zurechenbarkeit des Rechtsscheins

Darüber hinaus muss der Rechtsschein dem „Vertretenen" zurechenbar sein. Für die Duldungsvollmacht setzt dies voraus, dass der Vertreter ohne Vertretungsmacht zumindest einmal mit Kenntnis des Vertretenen gehandelt und der Vertretene dies geduldet hat. Q hatte das Verhalten des Z nicht bemerkt und wusste daher nichts davon, dass er sich als Vertreter des Q gerierte. Der Rechtsschein der Bevollmächtigung des Z ist dem Q daher jedenfalls nicht als Duldungsvollmacht zuzurechnen.

(4) Ergebnis

Eine Duldungsvollmacht des Z liegt nicht vor.

cc. Anscheinsvollmacht

In Betracht kommt des weiteren das Bestehen einer Anscheinsvollmacht kraft Rechtsscheins.

(1) Keine Vollmacht

Dem Z ist von Q keine Vollmacht erteilt worden.

(2) Rechtsschein einer Bevollmächtigung (Rechtsscheinsträger)

Es muss der Rechtsschein einer Vollmacht bestehen. Dies ist dann der Fall, wenn der Dritte nach Treu und Glauben und nach der Verkehrssitte aufgrund des objektiven Geschehens von einer Bevollmächtigung ausgehen kann. Z ist wiederholt wie ein Vertreter des Q aufgetreten. Die von Z getätigten Geschäfte wurden von Q auch nicht beanstandet, sondern wie alle anderen Geschäfte erfüllt. Damit konnte A nach Treu und Glauben und der Verkehrssitte davon ausgehen, Q habe Z zum Abschluss dieser Verträge bevollmächtigt.

(3) Zurechenbarkeit des Rechtsscheins

Außerdem müsste der Q den Rechtsschein in zurechenbarer Weise gesetzt haben. Tatsächliche Kenntnis und Duldung des Handelns des vollmachtlosen Vertreters durch den Geschäftsherrn ist dazu bei der Anscheinsvollmacht nicht erforderlich. Es reicht aus, dass der Vertreter das wiederholte Handeln des vollmachtlosen Vertreters bei pflichtgemäß sorgfältigem Verhalten hätte erkennen und verhindern können.

Z war es trotz seines Status als Azubi möglich, wiederholt Bestellungen aufzugeben, ohne dass dies dem Ausbilder aufgefallen wäre. Darüber hinaus erschien der Name des Z sogar auf den Rechnungen, die Q von A zugesandt wurden, so dass bei ordnungsgemäßer Prüfung der Einkaufs- und Zahlungsvorgänge das Verhalten des Z hätte erkannt werden müssen. Q hat es insofern versäumt, durch eine entsprechende Organisation seines Geschäftsbetriebs und sorgfältige Überwachung seiner Mitarbeiter dafür zu sorgen, dass Unbefugte nicht in seinem Namen auftreten und Rechtsgeschäfte abschließen. Daher hat Q den Rechtsschein des Bestehens einer Vollmacht des Z in zurechenbarer Weise gesetzt.

(4) Schutzwürdiges Vertrauen auf den Rechtsschein

Schließlich müsste A in schutzwürdiger Weise auf das Bestehen des Rechtsscheins der Vollmacht des Z vertraut haben.

Dies setzt zunächst voraus, dass der A die den Rechtsschein begründenden Umstände kannte. A wusste, dass Z bereits zuvor als Einkäufer aufgetreten war und dass die Rechnungen von Q immer anstandslos bezahlt worden sind.

Darüber hinaus muss das Vertrauen auf den Rechtsschein kausal für den Abschluss des Geschäfts mit dem Vertreter gewesen sein. Der Vertragspartner darf das Fehlen einer Vollmachtserteilung also nicht gekannt oder fahrlässig nicht gekannt haben und muss gerade aufgrund der von ihm angenommenen Vollmacht gehandelt haben. Es war dem A nicht bekannt, dass Q den Z nicht zum Abschluss von Verträgen mit Lieferanten bevollmächtigt hatte. Auch hatte er angesichts der Tatsache, dass die vorherigen Bestellungen des Z ohne Beanstandung abgewickelt worden waren, keinen Grund, an der Vertretungsmacht des Z zu zweifeln, so dass er das Fehlen der Vollmacht auch nicht fahrlässig verkannt hat. Darüber hinaus ist nicht davon auszugehen, dass A auch mit dem Auszubildenden Z auf dessen eigene Rechnung einen Kaufvertrag über Teppiche im Wert von € 20.000,- abgeschlossen hätte. A hat daher gerade wegen seines Vertrauens auf das Bestehen einer Vollmacht gehandelt.

A vertraute mithin in schutzwürdiger Weise auf den von Q zurechenbar gesetzten Anschein einer Vollmacht des Z.

(5) Umfang der Vertretungsmacht

Schließlich müsste Z im Rahmen seiner kraft Rechtsscheins bestehenden Vertretungsmacht gehandelt haben. Ebenso wie das Bestehen richten sich auch die Grenzen der Vertretungsmacht nach dem bestehenden Rechtsschein. Danach war Z zu den Geschäften bevollmächtigt, die in den Aufgabenbereich eines Einkäufers bei Q fielen. Es ist davon auszugehen, dass auch der Kauf der Teppiche im Wert von € 20.000,- sich im Rahmen des im Geschäftsverkehr zwischen Q und seinen Lieferanten Üblichen hielt und damit im Aufgabenbereich eines Einkäufers lag. Z handelte daher im Rahmen der kraft Rechtsscheins zugunsten des A bestehenden Vertretungsmacht.

(6) Ergebnis - Anscheinsvollmacht

Für den von Z abgeschlossenen Kaufvertrag bestand damit eine Anscheinsvollmacht zugunsten des A. Die Willenserklärung des Z ist dem Q daher gem. § 164 Abs. 1 BGB i.V.m. den Grundsätzen über die Anscheinsvollmacht zuzurechnen.

II. Ergebnis

Es besteht ein wirksamer Kaufvertrag zwischen A und Q. A hat daher gegen Q einen Anspruch auf Zahlung des Kaufpreises für die Teppiche in Höhe von € 20.000,- gem. § 433 Abs. 2 BGB.

Der Rechtsscheinstatbestand

Sowohl die §§ 170 ff. BGB als auch die in diesem Fall behandelten Rechtsinstitute der Duldungs- und Anscheinsvollmacht sind Ausprägungen eines allgemeineren Rechtsscheinsgedankens.

Auch in anderen Rechtsgebieten, vor allem im Sachenrecht und im Handels- und Gesellschaftsrecht, kommen immer wieder Rechtsscheintatbestände vor. Diese sind alle auf eine gemeinsame Struktur zurückzuführen, die im Folgenden kurz erläutert werden soll:

Grundgedanke der Rechtsscheinstatbestände ist der Schutz des Dritten im Rechtsverkehr, der nach Treu und Glauben aus dem für ihn erkennbaren Geschehen auf das Vorliegen eines Tatbestandes vertrauen darf, selbst wenn dieser Tatbestand tatsächlich gar nicht erfüllt ist. Dabei ist jedoch zu berücksichtigen, dass der Rechtsschein nicht zu Lasten desjenigen wirken darf, der für den Schein „nichts kann", der den Rechtsschein also nicht zurechenbar gesetzt hat (vgl. zu dieser Erwägung bereits den Fall zum Schein der Abgabe einer Willenserklärung, Fall 6). Im einzelnen ergibt sich daraus das folgende Schema, das allen Rechtsscheintatbeständen zugrunde liegt:

1.   Nichtvorliegen des Tatbestands
Liegt der Tatbestand selbst vor, bedarf es keines Rechtsscheinstatbestandes.

2.   Rechtsscheinsträger
Der Rechtsscheinsträger ist die tatsächliche Situation, die dem Dritten nach Treu und Glauben erlaubt, vom Vorliegen des Tatbestands auszugehen.

Beispiel 1: Ist der Veräußerer in der Lage, dem Erwerber einer Sache den Besitz an der Sache zu verschaffen, so begründet dies nach den §§ 932 ff. BGB den Rechtsschein, dass der Veräußerer auch Eigentümer der Sache ist. Rechtsscheinsträger ist die Besitzverschaffungsmacht.

Beispiel 2: Tritt jemand als Vertreter eines Geschäftsherrn auf und ist vom Standpunkt des Dritten aus nach den Umständen davon auszugehen, dass der Geschäftsherr dieses Verhalten billigt (z.B. weil der vom Vertreter abgeschlossene Vertrag erfüllt wird), so besteht der Rechtsschein einer dem Vertreter vom Geschäftsherrn erteilten Vollmacht.

3. Zurechenbarkeit des Rechtsscheins

Der Rechtsschein muss von demjenigen, zu dessen Lasten er wirken soll, zurechenbar verursacht sein.

Beispiel 1: Bei den §§ 932 ff. BGB wirkt der Rechtsschein zu Lasten des Eigentümers der vom Nichteigentümer veräußerten Sache. Voraussetzung für den Erwerb des Dritten kraft Rechtsscheins ist daher, dass der Eigentümer zuvor freiwillig den Besitz an der veräußerten Sache aufgegeben hat, so dass der Nichteigentümer nun die Möglichkeit hat, den Besitz an der Sache dem Dritten (Erwerber) zu verschaffen. Hat der Eigentümer den Besitz selbst gegen seinen Willen verloren, so hat er den Rechtsscheinsträger „Besitzverschaffungsmacht" nicht zurechenbar gesetzt. Ein gutgläubiger Erwerb kraft Rechtsscheins ist dann nicht möglich (§ 935 Abs. 1 BGB).

Beispiel 2: Der Geschäftsherr konnte auch bei pflichtgemäßer Sorgfalt das wiederholte Auftreten des „Anscheinsbevollmächtigten" als Vertreter nicht erkennen oder verhindern. Dann ist der Rechtsschein der Vollmacht dem Geschäftsherrn nicht in der für eine Anscheinsvollmacht erforderlichen Weise zurechenbar.

4. Schutzwürdiges Vertrauen des Dritten

Schließlich muss der Dritte in schutzwürdiger Weise auf den zurechenbar gesetzten Rechtsschein vertraut haben. Dies setzt im einzelnen voraus:

a. Der Dritte kennt die Tatsachen, aus denen sich der Rechtsschein ergibt.

b. Der Dritte weiß nicht, dass der Tatbestand tatsächlich nicht vorliegt und verkennt das Nichtvorliegen des Tatbestands auch nicht fahrlässig.

c. Der Dritte hat gerade aufgrund seines Vertrauens auf den Rechtsschein gehandelt. Hätte er gewusst, dass der Rechtsschein nicht vorliegt, so hätte er von dem Geschäft Abstand genommen (Kausalität des Vertrauens auf den Rechtsschein für das Verhalten des Dritten).

Achtung: Dies sind die allgemeinen Voraussetzungen eines Rechtsscheinstatbestands. Handelt es sich um im Gesetz geregelte Rechtsscheinstatbestände, kann der Gesetzgeber natürlich auf eine oder mehrere der genannten Voraussetzungen verzichten oder diese modifizieren und dennoch die Rechtsfolge eines bestehenden Rechtsscheins anordnen.

Beispiel: Beim Erwerb eines Grundstücks vom Nichtberechtigten schadet dem Erwerber gem. § 892 Abs. 1 BGB die fahrlässige Unkenntnis vom Nichtvorliegen des Tatbestands (das heißt der Eigentümerstellung des Veräußerers) nicht.

Ist allerdings ein Rechtsscheinstatbestand zu prüfen, der im Gesetz nicht geregelt ist, so sind die oben genannten Voraussetzungen vollständig zu prüfen.

Fall 22

Der Immobilienmakler K will sich ein neues Auto der renommierten Marke R zulegen, weil sein Nachbar N vor kurzem seinen durchgerosteten O-Kombi durch
einen edlen B-Kombi ersetzt hat und K nicht hinter N zurückstehen will. Dazu
will K den so genannten PremiumPräsentationsService von R nutzen, bei dem ein
Mitarbeiter von R mit dem gewünschten Vorführmodell zum Kunden kommt und
dort bei Gefallen gleich den Kaufvertrag abschließt.

K ruft daher bei R an und bittet um den Besuch eines Mitarbeiters von R. Er,
der K, sei an einem Wagen des Typs R Exekutor interessiert. R sagt zu, sofort seinen Generalbevollmächtigten G zu benachrichtigten. Dieser werde ihn dann am
folgenden Tag zu Hause aufsuchen. Tags darauf fährt G bei K mit einem nagel-
neuen schwarzen Exekutor vor. K ist von dem Auto begeistert und bittet den G,
sofort ein Bestellformular für einen gelben R Exekutor auszufüllen. Als K seinen
Federhalter zur Unterschrift zückt, fällt sein Blick auf den Preis von € 110.000,-,
der ihn erblassen lässt. Als gewiefter Autoverkäufer bemerkt G dies sofort. Um
seine schon sicher geglaubte Provision zu retten, sagt G zu K: „An dem Preis können wir schon noch etwas machen. Zwar gewährt R prinzipiell keine Rabatte auf
seine Autos, aber mit einem Presseausweis bekommen Sie 20%. Sie sind doch
Journalist, oder?" Dabei zwinkert G dem K mit beiden Augen zu. K meint, er habe
leider keinen Presseausweis, woraufhin der G erwidert: „Kein Problem, wenn Sie
ihn gerade nicht da haben. Es reicht aus, dass ich hier unten das Kästchen ankreu-
ze. Ihren Ausweis habe ich ja schon gesehen, nicht wahr?"

G kreuzt das Feld „Presseausweis" an und berechnet dem K einen Preis von
nunmehr nur noch € 88.000,-. K unterschreibt hocherfreut und bittet darum, den R
Exekutor nach Fertigstellung direkt im R Werk abholen zu dürfen.

Nach zwei Wochen erhält K einen Brief von R, in dem er eingeladen wird, seinen R Exekutor in der kommenden Woche abzuholen. Aufgrund der in letzter Zeit
stark gestiegenen Beliebtheit der Marke R unter Journalisten hat R jedoch seit
kurzem Vorsichtsmaßnahmen ergriffen. Der Brief endet daher mit der Zeile: „Bitte vergessen Sie Ihren Presseausweis nicht. Sie werden verstehen, dass wir Ihnen
Ihr Fahrzeug anderenfalls nicht übergeben können." K, der dies nach den Erklärungen des G für eine unbeachtliche Standardformel gehalten hat, tobt, als ihm R
in seinem Werk die Übergabe verweigert, da K keinen Presseausweis vorweisen
könne.

*Kann K von R oder notfalls von G Übergabe und Übereignung eines gelben R
Exekutor verlangen?*

Lösung Fall 22

A. Anspruch des K gegen R auf Übereignung und Übergabe eines gelben R Exekutor gem. § 433 Abs. 1 S. 1 BGB

K könnte gegen R einen Anspruch auf Übereignung und Übergabe eines gelben R Exekutor aus § 433 Abs. 1 S. 1 BGB haben.

I. Kaufvertragsschluss zwischen K und R

Dies setzt voraus, dass zwischen K und R ein wirksamer Kaufvertrag über einen solchen Wagen zustande gekommen ist. Dazu bedarf es zweier auf den Abschluss eines Kaufvertrags gerichteter übereinstimmender Willenserklärungen, Angebot und Annahme (§§ 145 ff. BGB).

1. Angebot, Annahme

Nach dem Gespräch zwischen G und K bezüglich der Erteilung eines Presserabatts hat G dem K ein Angebot zum Kauf eines gelben R Exekutor zum Kaufpreis von € 88.000,- unterbreitet. Dieses Angebot hat K durch seine Unterschrift unter den Vertragstext angenommen. Eine Willenserklärung des R selbst liegt jedoch nicht vor.

2. Stellvertretung durch G

Allerdings könnte die Willenserklärung des G dem R gem. § 164 Abs. 1 BGB zuzurechnen sein. Dann müsste G den R wirksam gem. §§ 164 ff. BGB vertreten haben.

a. Eigene Willenserklärung des G

G trat als Generalbevollmächtigter auf und verfügte daher bei der Erklärung seines Angebots erkennbar über einen nicht unerheblichen Entscheidungsspielraum. Mithin hat er eine eigene Willenserklärung abgegeben und nicht lediglich eine fremde Willenserklärung als Bote überbracht.

b. Im Namen des R

G handelte erkennbar im Namen des R, also in fremdem Namen im Sinne von § 164 Abs. 1 S. 1 BGB.

c. Vertretungsmacht

Fraglich ist jedoch, ob G gem. § 164 Abs. 1 S. 1 BGB im Rahmen der ihm zustehenden Vertretungsmacht handelte.

aa. Erteilung einer Vollmacht

G war Generalbevollmächtigter des R. Insofern ist davon auszugehen, dass R dem G eine rechtsgeschäftliche Vertretungsmacht (Vollmacht) gem. § 167 Abs. 1 BGB erteilt hatte, die den G jedenfalls zur Vornahme sämtlicher Rechtsgeschäfte im Namen des R berechtigte, die im Zusammenhang mit dessen Geschäftsbetrieb standen.

bb. Handeln des G im Rahmen der ihm zustehenden Vertretungsmacht

Fraglich ist, ob diese dem G durch R eingeräumte Vertretungsmacht auch den Abschluss des konkret mit K ausgehandelten Kaufvertrages umfasste. Hiergegen könnte die Tatsache sprechen, dass G dem K einen Presserabatt von 20% eingeräumt hat, ohne dass K Inhaber eines Presseausweises war. G ist insofern von der bei R üblichen Preispolitik, grundsätzlich keine Rabatte zu gewähren, abgewichen und hat dem K einen besonders vorteilhaften Presserabatt eingeräumt, der dem K nach den üblichen Richtlinien im Hause R nicht zugestanden hätte.

Allerdings ist zu berücksichtigen, dass R dem G Generalvollmacht erteilt hatte. Eine solche Vollmacht ist grundsätzlich nicht auf bestimmte Geschäfte beschränkt, sondern umfasst die Vornahme aller Rechtsgeschäfte im Namen des Vertretenen. Es sind im Übrigen keine Anhaltspunkte dafür ersichtlich, dass die Vollmacht des G ausschließlich auf die Gewährung von Rabatten an einen wirklichen Journalisten bzw. an den Inhaber eines Presseausweises beschränkt gewesen wäre.

Mithin hat G auch bei Abschluss des Kaufvertrages mit K im Rahmen der ihm zustehenden Generalvollmacht gehandelt, so dass G den R zunächst im Sinne der §§ 164 ff. BGB wirksam vertreten hat. Die gesetzlich geregelten Voraussetzungen einer wirksamen Stellvertretung liegen damit vor.

Trennung von Innen- und Außenverhältnis bei der Stellvertretung

Hier wird deutlich, dass bei der rechtsgeschäftlichen Vertretungsmacht (Vollmacht) allein der Umfang der durch den Geschäftsherrn erteilten Vertretungsmacht darüber entscheidet, welche Rechtsgeschäfte der Vertreter mit Wirkung für den Vertretenen vornehmen kann. Hält sich der Vertreter bei Vornahme eines Rechtsgeschäfts im Namen des Vertretenen im Rahmen der ihm zustehenden Vertretungsmacht, so liegt grundsätzlich eine wirksame Stellvertretung vor, selbst wenn der Vertreter damit gegen im Innenverhältnis erteilte Weisungen des Geschäftsherrn oder etwaige arbeitsvertragliche Beschränkungen der ihm erlaubten Tätigkeiten verstößt. Insofern ist bei der Stellvertretung streng zwischen dem *Außenverhältnis* und dem *Innenverhältnis* zu unterscheiden, die voneinander völlig unabhängig (abstrakt) sind.

Der Umfang der Vertretungsmacht entscheidet darüber, welche Geschäfte der Vertreter im Namen des Vertretenen wirksam vornehmen *kann*. Die Vertretungsmacht räumt dem Vertreter im *Außenverhältnis* gegenüber Dritten die Rechtsmacht ein, den Vertretenen zu verpflichten. Die Vertretungsmacht ist abstrakt, da ihr kein Rechtsgrund für ihre Erteilung zu entnehmen ist. Aus der alleinigen Tatsache, *dass* dem Vertreter Vertretungsmacht eingeräumt wurde, ist also nicht zu entnehmen, *wieso* ihm Vertretungsmacht eingeräumt wurde.

Hierfür ist vielmehr das Innenverhältnis zwischen dem Geschäftsherrn und dem Vertretenen maßgeblich. Ihm ist typischerweise der (schuldrechtliche) Rechtsgrund für die Einräumung der Vertretungsmacht durch den Geschäftsherrn zu entnehmen, so z.B. die Erteilung eines Auftrags durch den Geschäftsherrn an den Vertreter gem. §§ 662 ff. BGB oder der Abschluss eines Arbeitsvertrags zwischen dem Geschäftsherrn und dem Vertreter gem. §§ 611 ff. BGB.

Es treten hier strukturell ähnliche Probleme auf wie beim Abstraktionsgrundsatz zwischen schuldrechtlichem Verpflichtungsgeschäft und dinglichem Verfügungsgeschäft (vgl. Fälle 3 und 4). Wegen des Abstraktionsprinzips sind Bestehen und Umfang der Vertretungsmacht grundsätzlich vom Bestehen und Umfang des schuldrechtlichen Grundverhältnisses unabhängig (abstrakt). Für den Umfang der Vertretungsmacht ist es völlig ohne Belang, ob der Geschäftsherr dem Vertreter im Innenverhältnis bestimmte Weisungen erteilt oder aufgrund sonstiger vertraglicher Beschränkungen gegenüber dem Geschäftsherrn nur bestimmte Geschäfte tätigen *darf*. Das rechtliche *Können* (im Außenverhältnis) ist unabhängig vom rechtlichen *Dürfen* (im Innenverhältnis).

Beispiel: A weist seinen Arbeitnehmer B, dem er Generalvollmacht erteilt hat, an, für ihn bei C 10 Packungen rote Servietten zu kaufen. Es müssten rote Servietten sein, mit grünen könne A nichts anfangen. Wenn B nun im Namen des A 10 Packungen grüne Servietten kauft, so hat er zwar gegen die (arbeitsrechtliche) Weisung des A (im Innenverhältnis) verstoßen. Da aber der Kauf von grünen Servietten genauso wie der Kauf von roten Servietten von der Generalvollmacht (im Außenverhältnis) umfasst war, hat B den A wirksam gem. § 164 Abs. 1 BGB vertreten. Ein Kaufvertrag zwischen A und C ist zustande gekommen.

Dieses Ergebnis ist auch sachgerecht, weil die Reichweite der Vertretungsmacht im Außenverhältnis unmittelbar die Interessen des Dritten (also des Geschäftspartners) und damit des Rechtsverkehrs im Allgemeinen berührt. Dieser muss sich darauf verlassen können, dass der Umfang der Vertretungsmacht (also des rechtlichen Könnens einer Person) durch möglichst vorhersehbare und klare Regeln bestimmt ist (§§ 167 ff. BGB und insbesondere die §§ 170 ff. BGB, vgl. Fall 21) und nicht von oftmals nur schwer erkennbaren Weisungen im Innenverhältnis abhängt.

Zudem sind auch die Rechtsfolgen eines Fehlverhaltens des Vertreters verschieden, je nachdem, ob eine Zuwiderhandlung gegen Beschränkungen im Außen- oder im Innenverhältnis vorliegt: Überschreitet der Vertreter seine Vertretungsmacht (Außenverhältnis), so gelten die Vorschriften über die Stellvertretung ohne Vertretungsmacht gem. §§ 177 ff. BGB: Ein Vertrag zwischen Geschäftsherrn und Drittem ist schwebend unwirksam gem. § 177 BGB und den Vertreter selbst kann eine persönliche Haftung gegenüber dem Dritten aus § 179 BGB treffen. Verstößt ein Vertreter dagegen schuldhaft gegen die ihm im Innenverhältnis gegenüber dem Geschäftsherrn obliegenden (typischerweise schuldrechtlichen) Verpflichtungen, z.B. aus einem Arbeitsverhältnis gem. §§ 611 ff. BGB oder aus einem Auftrag gem. §§ 662 ff. BGB, ohne jedoch seine Vertretungsmacht (Außenverhältnis) zu überschreiten, so kommt grundsätzlich ein (für den Geschäftsherrn typischerweise unerwünschter) Vertrag zwischen Geschäftsherrn und Drittem gem. § 164 Abs. 1 BGB zustande. Die Bindung aus einem solchen unerwünschten Vertrag kann für den Geschäftsherrn einen Schaden darstellen. Wegen der Verletzung des schuldrechtlichen Innenverhältnisses kann der Vertreter gegenüber dem Geschäftsherrn dann zum Ersatz dieses Schadens gem. § 280 Abs. 1 BGB verpflichtet sein.

Die Trennung zwischen vertretungsrechtlichem Außenverhältnis und schuldrechtlichem Innenverhältnis bereitet dem Anfänger erfahrungsgemäß deswegen Probleme, weil die rechtsgeschäftliche Erteilung der Vertretungsmacht im Außenverhältnis und der Abschluss des schuldrechtlichen Vertragsverhältnisses im Innenverhältnis oftmals *zeitlich* zusammenfallen, obwohl es sich bei ihnen um zwei verschiedene Rechtsgeschäfte handelt. Dieser *zeitliche* Zusammenhang wird im Übrigen durch die Vorschrift des § 168 S. 1 BGB deutlich, wonach (grundsätzlich) die Vollmacht erlischt, wenn das ihr zu Grunde liegende Rechtsverhältnis (Innenverhältnis) erlischt.

Hinweis: Man muss sich darüber im Klaren sein, dass auch die gem. § 167 Abs. 1 Alt. 1 BGB erteilte Innenvollmacht das rechtliche Können im Außenverhältnis betrifft. Sie steht der Außenvollmacht in ihrer rechtlichen Wirkung gleich: Sowohl Innen- als auch Außenvollmacht bestimmen die Vertretungsmacht des Vertreters (das Können im Außenverhältnis) und nicht das rechtliche Dürfen im Innenverhältnis. § 167 macht dies ausdrücklich klar: Innen- und Außenvollmacht sind lediglich zwei unterschiedliche Möglichkeiten der *Erteilung* rechtsgeschäftlicher Vertretungsmacht.

d. Missbrauch der Vertretungsmacht

Fraglich ist jedoch, ob dieses Ergebnis angesichts der Grundsätze zu korrigieren ist, die für Fälle des Missbrauchs der Vertretungsmacht entwickelt worden sind.

Missbrauch der Vertretungsmacht

Die Tatsache, dass der Umfang der Vertretungsmacht des Vertreters von den schuldrechtlichen Bindungen im Innenverhältnis unabhängig (abstrakt) ist, führt dazu, dass der Vertreter den Geschäftsherrn auch dann wirksam verpflichten *kann*, wenn er es nach dem Innenverhältnis eigentlich nicht *darf.* Setzt sich ein Vertreter im Rahmen seiner Vertretungsmacht über die für ihn im Innenverhältnis bestehenden Beschränkungen hinweg, so liegt grundsätzlich ein Fall des sog. Missbrauchs der Vertretungsmacht vor.

Da die Wirksamkeit des Vertretergeschäfts hierdurch nicht beeinträchtigt wird (siehe oben), trägt grundsätzlich der Vertretene das Risiko eines solchen Missbrauchs. Dies ist auch sachgerecht, da der Vertretene sich seinen Vertreter selbst aussucht und durch Beschränkungen der Vertretungsmacht im Außenverhältnis Missbrauchsrisiken vorbeugen kann.

Achtung: Missbrauch der Vertretungsmacht kommt nur dann in Betracht, wenn der Vertreter tatsächlich im Rahmen der ihm zustehenden Vertretungsmacht handelt. Ein Überschreiten der Vertretungsmacht ist kein Missbrauch; in diesem Fall kommt bereits kein Vertrag zwischen dem Geschäftsherrn und dem Dritten zustande, weil die Voraussetzungen einer wirksamen Stellvertretung nach § 164 Abs. 1 BGB nicht vorliegen.

In zwei Fallkonstellationen wird von der genannten Risikoverteilung jedoch eine Ausnahme gemacht und der Geschäftsherr vor dem Missbrauch der Vertretungsmacht durch den Vertreter geschützt. Dies sind die Fallgruppen der *Kollusion* und des *evidenten Missbrauchs der Vertretungsmacht.*

Diese Fälle eines (im Außen- bzw. Vertretungsverhältnis beachtlichen) Missbrauchs der Vertretungsmacht sind gesetzlich nicht ausdrücklich geregelt. Daher ist es auch kaum überraschend, dass die Voraussetzungen im Einzelnen stark umstritten sind. Zum Ganzen eingehend Anwaltkommentar zum BGB/*Stoffels*, Band 1, 2005, § 164 Rz. 84 ff. m.w.N.; *Erman/Palm*, BGB, 11. Aufl. 2004, § 167 Rz. 46 ff.

aa. Kollusion

Fraglich ist zunächst, ob vorliegend ein Fall der Kollusion gegeben ist, der jedenfalls zur Unwirksamkeit des Vertretergeschäfts gem. § 138 Abs. 1 BGB führen würde.

Kollusion

Weitgehend anerkannt ist die Fallgruppe der Kollusion. Sie liegt vor, wenn Vertreter und Dritter bewusst und einverständlich zum Nachteil des Vertretenen zusammengewirkt haben.

Beispiel: Kunstsammler G ist Eigentümer eines wertvollen Gemäldes, auf das sein neidischer Konkurrent D schon seit langem ein Auge geworfen hat, obwohl G einen Verkauf kategorisch ablehnt. D wendet sich an den Kurator V, dem der viel beschäftigte G Generalvollmacht zum Abschluss sämtlicher Rechtsgeschäfte seine Kunstsammlung betreffend erteilt hat. D besticht den V mit einer erheblichen Summe, woraufhin V das Gemälde im Namen des G an D verkauft.

Ein solches, durch kollusives Zusammenwirken herbeigeführtes Vertretergeschäft ist nichtig. Dies wird zumeist aus der Vorschrift des § 138 Abs. 1 BGB hergeleitet: Ein durch gemeinschaftliche Absprache zur Schädigung Dritter herbeigeführtes Rechtsgeschäft ist sittenwidrig (Anwaltkommentar zum BGB/*Stoffels*, Band 1, 2005, § 164 Rz. 85; MüKo/*Schramm*, BGB, 5. Aufl. 2006, § 164 Rz. 107 m.w.N.).

Voraussetzung hierfür ist, dass G und K bewusst und einverständlich zum Nachteil des R zusammengewirkt haben.

G hat dem K unter Augenzwinkern erklärt, K sei doch Journalist und er habe den Presseausweis des K gesehen. Dem ist zu entnehmen, dass dem G bewusst war, dass K kein Journalist war. G hat dem K also zu erkennen gegeben, dass er grundsätzlich bereit sei, einen Presserabatt auch an einen Nichtjournalisten zu gewähren. K hat diese Vorgehensweise durch seine Unterschrift unter dem mit der Angabe "Presseausweis" versehenen Vertragstext zumindest gebilligt. Insofern sind G und K grundsätzlich einverständlich vorgegangen.

Fraglich ist jedoch, ob dieses Geschäft von einer beiderseitigen Schädigungsabsicht getragen war. Zwar mag es nahe liegen, dass jedenfalls dem G bewusst war, dass die Gewährung eines Presserabatts an einen hierzu nicht Berechtigten dem R einen Vermögensnachteil in Höhe von 20 % des Kaufpreises zufügen würde. Auch handelte G in der Absicht, eine Provision zu erhalten, die er nicht erhalten hätte, wenn K angesichts eines höheren Kaufpreises vom Kauf des Wagens Abstand genommen hätte.

Allerdings ist nicht ersichtlich, dass es K durch seine Handlungen darauf ankam, den R zu schädigen. Es ist dem Sachverhalt nicht einmal eindeutig zu entnehmen, dass sich K über die Details einer Vergabe von Presserabatten im Hause R bewusst war; auch ein absichtliches Herbeiführen einer Provisionszahlung durch R an G lag dem K fern. K ging es ausschließlich um ein für ihn selbst günstiges Geschäft. Für eine etwaige Absicht des K, den R zu schädigen, liegen insofern keine hinreichenden Anhaltspunkte vor.

Mangels kollusiven Zusammenwirkens von G und K zu Lasten des R scheidet eine Unwirksamkeit des Vertretergeschäfts gem. § 138 Abs. 1 BGB aus.

bb. Sonstiger Missbrauchstatbestand

Fraglich ist jedoch, ob ein sonstiger Fall des Missbrauchs der Vertretungsmacht gegeben ist, der zur Unwirksamkeit der Vertretung des R durch G führt.

Tatbestand des Missbrauchs der Vertretungsmacht

Grundsätzlich ist anerkannt, dass neben dem Fall der Kollusion auch noch ein weiterer Missbrauchstatbestand (im engeren Sinne) besteht, der entgegen der gewöhnlichen Risikoverteilung zur Unwirksamkeit der missbräuchlichen Stellvertretung führt. Dieser Tatbestand ist im Grundsatz dann gegeben, wenn der Vertreter sich bei Ausübung der Vertretungsmacht über die ihm im Innenverhältnis gesetzte Grenze hinwegsetzt und der Dritte bösgläubig ist (*Brox/Walker*, BGB AT, 30. Aufl. 2006, Rz. 581). Stark umstritten ist, welche Voraussetzungen in der Person des Vertreters und in der Person des Dritten hierfür im Einzelnen gegeben sein müssen. Die unterschiedlichen Ansichten hierzu sind jeweils mit guten Argumenten vertretbar; in einer Klausurlösung kommt es darauf an, die den Ansichten zugrunde liegenden Wertungen zu verstehen und am konkreten Fall darzustellen.

1. Voraussetzungen beim Dritten

Anerkannt ist, dass ein Fall des beachtlichen Missbrauchs der Vertretungsmacht jedenfalls dann gegeben ist, wenn der Dritte weiß, dass der Vertreter seine ihm dem Geschäftsherrn gegenüber (im Innenverhältnis) obliegenden Pflichten verletzt hat. In diesem Fall ist der Dritte in keiner Weise schützenswert.

Zum Teil wird vertreten, ein beachtlicher Fall des Missbrauchs der Vertretungsmacht sei auch dann gegeben, wenn der Dritte die Beschränkung des Dürfens des Vertreters im Innenverhältnis lediglich grob fahrlässig nicht gekannt hat. Hiergegen spricht jedoch, dass dies im Ergebnis eine Pflicht des Dritten begründen würde, sich über etwaige im Innenverhältnis zwischen Vertretenem und Vertreter bestehende Beschränkungen zu informieren. Genau dies soll jedoch durch den Grundsatz der Trennung zwischen Innen- und Außenverhältnis bei der Stellvertretung vermieden werden (siehe oben; Anwaltkommentar zum BGB/*Stoffels*, Band 1, 2005, § 164 Rz. 91 f. m.w.N.).

Schwierigkeiten bereitet in der Praxis jedoch die Tatsache, dass die positive Kenntnis des Dritten als innere Tatsache meist nur schwer beweisbar ist. Daher hat sich in Rechtsprechung und Literatur mittlerweile eine vermittelnde Ansicht durchgesetzt, wonach ein beachtlicher Fall des Missbrauchs dann vorliegt, wenn die im Innenverhältnis zwischen Vertreter und Vertretenem bestehende Beschränkung bei objektiver Betrachtung *offensichtlich* bzw. *evident* ist und sich ein Missbrauch dem Dritten geradezu aufdrängen musste. In diesem Fall ist der Dritte so zu behandeln, als habe er die Beschränkung gekannt (BGH NJW 1999, 2883; *Brox/Walker*, BGB AT, 30. Aufl. 2006, Rz. 582; Anwaltkommentar zum BGB/*Stoffels*, Band 1, 2005, § 164 Rz. 93).

2. Voraussetzungen beim Vertreter

Nicht ganz einheitlich beantwortet wird auch die Frage, ob die Beschränkung des Innenverhältnisses dem Vertreter selbst bekannt sein oder grob fahrlässig unbekannt geblieben sein muss. Gegen ein solches Erfordernis spricht jedoch, dass die Frage, ob ein Fall des Missbrauchs der Vertretungsmacht beachtlich ist, ausschließlich die Risikoverteilung zwischen Drittem und Vertretenem regelt: Bei Unbeachtlichkeit ist der Geschäftsherr gegenüber dem Dritten gebunden, bei Beachtlichkeit nicht. Eine etwaige Kenntnis des Vertreters von Beschränkungen des Innenverhältnisses ist lediglich im Rahmen dieses Innenverhältnisses relevant (z.B. für die Frage, ob der Vertreter dem Geschäftsherrn Schadensersatz schuldet) und nicht zur Abgrenzung von beachtlichen und unbeachtlichen Fällen des Missbrauchs der Vertretungsmacht geeignet (Vgl. hierzu BGH NJW 1988, 3012 f.; *Brox/Walker*, BGB AT, 30. Aufl. 2006, Rz. 583; *Medicus*, BGB AT, 9. Aufl. 2006, Rz. 968; a.A. *Staudinger/Schilken*, BGB, 2004, § 167 Rz. 94 m.w.N.).

(1) Voraussetzungen in der Person des K

Ein beachtlicher Missbrauch der Vertretungsmacht kommt jedenfalls dann in Betracht, wenn der Dritte die Beschränkung des rechtlichen Dürfens des Vertreters im Innenverhältnis positiv kannte.

Fraglich ist zunächst also, ob K wusste, dass G nach den durch R aufgestellten Richtlinien zur Vergabe von Rabatten nicht dazu berechtigt war, dem K einen Presserabatt zu erteilen. Nach den Äußerungen des G war dem K sicherlich bewusst, dass G davon ausging, dass K kein Journalist sei und ihm trotzdem einen Presserabatt zugute kommen lassen wollte.

Allerdings ist fraglich, ob dem K auch bekannt war, dass G durch eine solche Erteilung eines Presserabatts seine Befugnisse gegenüber R überschritt. Zwar hatte G dem K mitgeteilt, dass R eigentlich keine Rabatte gewähre. Durch die sofortige Darstellung der Vergabe eines solchen Rabatts als „unproblematisch" erweckte G jedoch möglicherweise den Eindruck bei K, eine solche Rabattvergabe sei bei R nicht völlig unüblich. Ob also K wirklich wusste, dass G seine Befugnisse überschritt, ist dem Sachverhalt nicht eindeutig zu entnehmen.

Allerdings ist weitgehend anerkannt, dass ein Missbrauch der Vertretungsmacht aus Beweisgründen bereits dann zu bejahen ist, wenn sich dem Dritten ein Verstoß des Vertreters gegen seine Befugnisse im Innenverhältnis geradezu aufdrängen musste. Das ist der Fall, wenn der Missbrauch evident nach außen erkennbar geworden ist.

Hier hat G den K darauf hingewiesen, dass R grundsätzlich keine Rabatte gewährt. Zudem war durch das Augenzwinkern des G deutlich erkennbar, dass es sich bei der Rabattvergabe um eine „vertrauliche" Absprache zwischen G und K handelte, die gerade nicht den bei R üblichen Richtlinien entsprach. Dieses Verhalten konnte ein objektiver Dritter hier nur dahingehend verstehen, dass sich G über seine ihm eigentlich gegenüber R bestehenden Pflichten bei der Vergabe von Rabatten hinwegsetzte. Die Befugnisüberschreitung des G war mithin evident, so dass die Voraussetzungen für einen beachtlichen Fall des Missbrauchs der Vertretungsmacht in der Person des K vorliegen.

(2) Voraussetzungen in der Person des Vertreters G

G wusste, dass er nicht zur Erteilung eines Presserabatts an den Nichtjournalisten K berechtigt war. Die Frage, ob eine solche Kenntnis des Vertreters Tatbestandsvoraussetzung eines beachtlichen Missbrauchs der Vertretungsmacht ist, kann daher vorliegend dahinstehen.

(3) Rechtsfolge des Missbrauchs der Vertretungsmacht

Fraglich ist, welche Rechtsfolge ein Missbrauch der Vertretungsmacht nach sich zieht.

In jüngerer Rechtsprechung und Literatur ist heute weitgehend anerkannt, dass ein Missbrauch der Vertretungsmacht einem Handeln ohne Vertretungsmacht gleichzustellen ist und insofern grundsätzlich die Vorschrift des § 177 BGB (zumindest analog) zur Anwendung kommt (vgl. BGH NJW 1999, 2266, 2268; *Brox/ Walker*, BGB AT, 30. Aufl. 2006, Rz. 581; vgl. zum Ganzen *Staudinger/Schilken*, BGB, 2004, § 167 Rz. 101 m.w.N.).

Damit ist G vorliegend wie ein Vertreter ohne Vertretungsmacht gem. § 177 BGB zu behandeln; der zwischen R und K zustande gekommene Vertrag ist gem. § 177 Abs. 1 BGB schwebend unwirksam und hängt von der Genehmigung des R ab. Gem. § 182 Abs. 1 BGB kann diese sowohl gegenüber dem Vertreter als auch gegenüber dem Dritten erklärt werden. Als R es ablehnte, dem K den Wagen zu übergeben, hat er die Genehmigung endgültig verweigert.

II. Ergebnis

Mithin ist zwischen R und K kein wirksamer Kaufvertrag zustande gekommen. K hat daher gegen R keinen Anspruch auf Übereignung und Übergabe eines gelben R Exekutor aus § 433 Abs. 1 S. 1 BGB.

B. Anspruch des K gegen G auf Übereignung und Übergabe eines gelben R Exekutor gem. §§ 179 Abs. 1, 433 Abs. 1 S. 1 BGB

K könnte gegen G einen Anspruch auf Übereignung und Übergabe eines gelben R Exekutor gem. §§ 179 Abs. 1, 433 Abs. 1 S. 1 BGB haben.

I. Vertragsschluss durch G als Vertreter ohne Vertretungsmacht

Dies setzt gem. § 179 Abs. 1 BGB zunächst voraus, dass G als Vertreter ohne Vertretungsmacht gehandelt hat. Als Generalbevollmächtigter des R hatte G Vollmacht, einen Kaufvertrag über den gelben R Exekutor zum Preis von € 88.000,- abzuschließen (siehe oben). G hat damit nicht ohne Vertretungsmacht gehandelt.

Allerdings könnte G hier dennoch so zu behandeln sein, als habe er ohne Vertretungsmacht gehandelt. G hat bei Abschluss des Kaufvertrages mit K als Vertreter des R seine Vertretungsmacht missbraucht (siehe oben). Rechtsfolge des Missbrauchs der Vertretungsmacht ist die zumindest entsprechende Anwendbarkeit der §§ 177 ff. BGB.

Im Ergebnis ist G aufgrund des Missbrauchs seiner Vertretungsmacht daher so zu behandeln, als habe er als Vertreter ohne Vertretungsmacht gehandelt. Diese Voraussetzung des § 179 Abs. 1 BGB liegt insofern vor.

II. Verweigerung der Genehmigung durch R

Des weiteren müsste R die Genehmigung des Geschäfts verweigert haben. Dies hat R getan, als er es ablehnte, dem K den Wagen auszuhändigen (siehe oben).

III. Haftungsausschluss gem. § 179 Abs. 3 S. 1 BGB

Die Haftung des G gegenüber K könnte aber gem. § 179 Abs. 3 S. 1 BGB ausgeschlossen sein. Dies setzt hier voraus, dass R den Missbrauch der Vertretungsmacht durch G kannte oder kennen musste. Aufgrund des Verhaltens des G, der dem K vor Abschluss des Vertrages zugezwinkert hatte und das Feld „Presseausweis" ankreuzte, obwohl K unmittelbar zuvor die Auskunft gegeben hatte, dass er gar keinen Presseausweis habe, musste es dem K klar sein, dass G im Verhältnis zu R zum Abschluss des Vertrages zu dem ermäßigten Kaufpreis nicht befugt war (siehe oben). Die Voraussetzungen des § 179 Abs. 3 S. 1 BGB liegen damit vor.

IV. Ergebnis

K hat gegen G keinen Anspruch auf Übereignung und Übergabe eines gelben R
Exekutor gem. §§ 179 Abs. 1, 433 Abs. 1 S. 1 BGB.

Fall 23

Kunsthändler G hat einen überfüllten Terminkalender. Am 6.3.2006 findet sowohl eine Kunstauktion in New York als auch eine andere bei D in Köln statt. Bei beiden Auktionen sollen zahlreiche Werke bekannter Künstler des 20. Jahrhunderts versteigert werden. G möchte die New Yorker Auktion selbst besuchen, um neue Kontakte mit Kunsthändlern in den USA zu knüpfen. So bittet er seine neue Mitarbeiterin, Dr. V, statt seiner zur Kölner Auktion zu fahren und ihn dort zu vertreten.

G hat bereits den Katalog der Kölner Auktion studiert und V angewiesen, eine von mehreren zur Versteigerung stehenden Zeichnungen des Malers und Bildhauers Amedeo Modigliani zum Höchstpreis von € 7.000,- zu ersteigern. G hatte die V gerade deshalb eingestellt und zu der Kölner Auktion geschickt, weil er irrigerweise davon ausging, sie habe sich im Rahmen ihres Kunststudiums besonders mit Künstlern des 20. Jahrhunderts auseinandergesetzt. In Wirklichkeit ist das Spezialgebiet der V jedoch die Malerei der Italienischen Renaissance, worüber sie auch promoviert hat. Dies hat G jedoch beim flüchtigen Durchlesen des Lebenslaufes der V übersehen.

So fährt V nach Köln zur Auktion des D. Sie teilt dem D am Empfang mit, dass sie Mitarbeiterin des G sei und bei der Auktion in seinem Namen handle. V ersteigert eine Zeichnung von Modigliani zum Preis von € 6.000,-. Zur gleichen Zeit plaudert G in New York mit einigen anderen Kunsthändlern an der Hotelbar und hört dort von zahlreichen Misserfolgen, die seinen Kollegen durch „unqualifizierte" Mitarbeiter entstanden seien. Hierdurch verunsichert liest er nach der Rückkehr aus New York nochmals genau den Lebenslauf der V und entdeckt seinen Irrtum. Gegenüber V erklärt er, angesichts ihrer „mangelnden Qualifikation" handele es sich bei dem von V mit D getätigten Geschäft sicher um einen Fehlkauf. Er könne das Handeln der V für ihn bei der Kölner Auktion unter diesen Umständen nicht gelten lassen.

Kann D von G Bezahlung der Zeichnung verlangen?

Lösung Fall 23

A. Anspruch des D gegen G auf Bezahlung der Zeichnung gem. § 433 Abs. 2 BGB

D könnte gegen G einen Anspruch auf Zahlung des Kaufpreises gem. § 433 Abs. 2 BGB für die Zeichnung von Amedeo Modigliani in Höhe von € 6.000,- haben.

Dies setzt zunächst einen wirksamen Kaufvertrag zwischen D und G über die Zeichnung voraus. Ein Kaufvertrag kommt durch Angebot und Annahme zustande.

I. Angebot

Das Angebot ist eine empfangsbedürftige Willenserklärung, die mit Zugang wirksam wird und die zukünftigen Vertragsbedingungen in einer solchen Weise zusammenfasst, dass durch ein bloßes „Ja" des Vertragspartners der Vertrag zustande kommt.

1. Angebot durch G selbst?

G selbst hat keine auf den Abschluss eines Kaufvertrages gerichtete Willenserklärung abgegeben. Er selbst hat daher kein Angebot zum Abschluss eines Kaufvertrages gemacht.

2. Angebot durch V als Stellvertreterin des G

Ein Angebot zum Abschluss eines Kaufvertrages hat aber V gemacht, indem sie bei der Versteigerung für die Zeichnung von Amedeo Modigliani € 6.000,- geboten hat. Dieses Angebot wirkt für und gegen G, wenn die Voraussetzungen einer wirksamen Stellvertretung gem. § 164 Abs. 1 BGB vorliegen.

a. Eigene Willenserklärung der V

Dies setzt zunächst voraus, dass V aus der Sicht des D eine eigene Willenserklärung abgegeben hat und nicht lediglich eine Willenserklärung des G übermittelt hat. V war für D erkennbar mit Entscheidungsspielraum hinsichtlich des Kaufge-

genstands und des Kaufpreises ausgestattet. Sie hat daher eine eigene Willenserklärung abgegeben.

b. Handeln in fremdem Namen

Am Empfang hat V dem D mitgeteilt, dass sie im Namen des G an der Versteigerung teilnehme. Sie hat daher auch in fremdem Namen gehandelt.

c. Vertretungsmacht

V müsste schließlich bei der Abgabe ihrer auf den Kauf der Zeichnung gerichteten
Willenserklärung mit Vertretungsmacht gehandelt haben.

aa. Erteilung von Vollmacht

Hier kommt nur eine rechtsgeschäftliche Erteilung der Vertretungsmacht durch G
in Betracht. G hat die V gebeten, ihn bei der Auktion in Köln zu vertreten und ihr
damit gem. § 167 Abs. 1 Alt. 1 BGB zunächst Vollmacht erteilt, die inhaltlich auf
den Kauf einer Zeichnung von Amedeo Modigliani zu einem Höchstpreis von
€ 7.000,- beschränkt war. An diese Beschränkung hat V sich bei der Abgabe ihrer
Willenserklärung gehalten, so dass ihre Erklärung zunächst im Rahmen der ihr erteilten Vertretungsmacht lag.

Durch die Erklärung des G gegenüber V, er könne das Handeln der V für ihn
bei der Auktion nicht gelten lassen, könnte die der V eingeräumte Vollmacht jedoch rückwirkend wieder entfallen sein, so dass V bei der Abgabe ihrer Erklärung
doch ohne Vertretungsmacht gehandelt hätte.

bb. Widerruf der Vollmachtserteilung

In der Erklärung des G gegenüber V könnte zunächst ein Widerruf der der V ein-
geräumten Vollmacht gem. § 168 S. 2, 3 BGB zu sehen sein. Hier hatte V von der
Vollmacht jedoch bereits Gebrauch gemacht. Selbst wenn in der Erklärung des G
gegenüber V eine Widerrufserklärung gegenüber dem Vertreter gem. § 168 S. 3
BGB i.V.m. § 167 Abs. 1 Alt. 1 BGB zu sehen ist, so wirkte diese nur für die Zu-
kunft (*ex nunc*). Die Wirksamkeit des bereits zuvor durch V im Namen des G mit
D abgeschlossenen Geschäfts würde durch einen solchen Widerruf daher nicht berührt. Die Vollmacht der V ist daher nicht durch einen Widerruf durch G rückwirkend (*ex tunc*) entfallen.

cc. Anfechtung der Vollmachtserteilung, § 142 Abs. 1 BGB

Die Vollmachtserteilung könnte jedoch durch G wirksam angefochten worden
sein. Dies führte gem. § 142 Abs. 1 BGB dazu, dass die Vollmacht als von Anfang
an nichtig zu betrachten ist.

(1) Zulässigkeit der Anfechtung

> **Anmerkung**: Dabei ist zunächst zwischen Fällen zu unterscheiden, in denen von
> der Vollmacht noch kein Gebrauch gemacht wurde, und solchen, in denen sie be-
> reits „ausgeübt" wurde.
> Die Erteilung einer noch nicht ausgeübten Vollmacht kann angefochten werden.
> Allerdings wird dies in der Regel nicht erforderlich sein, da ein Widerruf gem.
> § 168 S. 2 BGB die Vollmacht für die Zukunft beseitigt und deren Ausübung so
> verhindert.

Angesichts der Tatsache, dass V von der Vollmacht bereits „Gebrauch" gemacht
hat, ist fraglich, ob eine Anfechtung der Vollmachtserteilung durch G überhaupt
zulässig ist.

Ob die Anfechtung einer Vollmachtserteilung auch dann zulässig ist, wenn bereits von der Vollmacht Gebrauch gemacht worden ist, ist umstritten.

> **Anmerkung**: Bei der Vollmachtserteilung handelt es sich zwar um eine Willenser-
> klärung, so dass eine Anfechtung grundsätzlich möglich ist. Allerdings sehen einige
> Stimmen in der Literatur die Rechtsfolgen einer solchen Anfechtung als unbillig an,
> so dass sie die Anfechtung einer bereits „ausgeübten" Vollmacht als generell unzu-
> lässig ansehen (so *Erman/Palm*, BGB, 11. Aufl. 2004, § 167 Rz. 27; *Brox/Walker*,
> BGB AT, 30. Aufl. 2006, Rz. 573, 574).
> Wenn nämlich die Vollmachtserteilung angefochten wird, so entfällt die Voll-
> macht und dadurch auch die Vertretungsmacht des Vertreters *ex tunc* gem. § 142
> Abs. 1 BGB. Der Vertreter handelt also als Vertreter ohne Vertretungsmacht. Der
> Vertragspartner hat dann einen Anspruch gegen den Vertreter aus § 179 Abs. 1, 2
> BGB. Da dem Vertreter gegenüber eine Willenserklärung angefochten wurde, hat
> dieser gegen den Vertretenen einen Anspruch auf Schadensersatz aus § 122 BGB.
> Bei einer solchen Schadensabwicklung stehen dem Dritten (Vertragspartner) keine
> Ansprüche mehr gegen den Vertretenen zu, obwohl der Vertragspartner ja davon
> ausging, mit diesem einen Vertrag abzuschließen (und nicht mit dem Stellvertreter).
> Nunmehr muss der Dritte also das Risiko tragen, dass der Vertreter insolvent wird
> (Insolvenzrisiko). Handelt es sich bei dem Vertreter gar um einen beschränkt Ge-
> schäftsfähigen, so könnte es auch zu einem Haftungsausschluss nach § 179 Abs. 3
> S. 2 BGB kommen, obwohl der Dritte sich *den Vertretenen* (und *nicht den Vertre-
> ter*) als Vertragspartner aussuchte und sich daher nur auf etwaige Mängel in diesem
> Verhältnis einzustellen brauchte.
> Die herrschende Meinung geht demgegenüber grundsätzlich von der Anfecht-
> barkeit einer Vollmachtserteilung aus, selbst wenn von ihr bereits Gebrauch ge-
> macht wurde (vgl. *Palandt/Heinrichs*, BGB, 66. Aufl. 2007, § 167 BGB Rz. 3).
> Grund hierfür ist zunächst der Gesetzeswortlaut, aus dem nicht hervorgeht, dass ei-
> ne Vollmachtserteilung nach Gebrauchmachen von der Vollmacht nicht mehr ange-
> fochten werden kann. Etwaige Unbilligkeiten im Rahmen der Haftung zwischen
> den Beteiligten seien dort zu problematisieren, wo sie aufträten und nicht durch ei-
> nen generellen Ausschluss jeglicher Anfechtungsmöglichkeiten zu lösen.
> Vor diesem Hintergrund überrascht es dann auch kaum, dass sich die grundsätz-
> lichen Befürworter einer Anfechtungsmöglichkeit über die Einzelheiten einer sol-
> chen Anfechtungsmöglichkeit uneinig sind. So ist insbesondere streitig, wem ge-
> genüber eine solche Anfechtung zu erklären ist, und wie die Schadensersatzhaftung

> im Einzelnen auszugestalten ist (siehe unten). Diese Probleme sind jedoch am bes-
> ten bei den einzelnen Voraussetzungen und Rechtsfolgen der Anfechtung zu prüfen,
> nicht bei deren genereller Zulässigkeit, da es dort nicht auf sie ankommt.

Durch eine Anfechtung würde für das schon abgeschlossene Vertretergeschäft rückwirkend die Vertretungswirkung beseitigt. V stünde rückwirkend als Vertreterin ohne Vertretungsmacht da, und D verlöre seine Ansprüche gegen G. Zu beachten ist jedoch, dass sich im Gesetz keine Anhaltspunkte dafür finden, dass die Anfechtung einer betätigten Innenvollmacht generell ausgeschlossen sein soll. Vielmehr gelten die Anfechtungsregeln für jede Willenserklärung. Ein Interessenausgleich ist also nicht durch den Ausschluss der Anwendbarkeit der Anfechtungsregeln zu finden, sondern hat auf andere Weise zu erfolgen.

Mithin ist die Anfechtung der im vorliegenden Fall bereits „ausgeübten" Vollmacht grundsätzlich zulässig.

(2) Anfechtungsgrund - § 119 Abs. 2 BGB

Es müsste zunächst ein Anfechtungsgrund vorliegen. Angesichts des Irrtums des G über den Sachverstand der V könnte Anfechtungsgrund hier ein Irrtum über verkehrswesentliche Eigenschaften der bevollmächtigen Person (V) gem. § 119 Abs. 2 BGB sein.

(a) Irrtum über Eigenschaften der V

Eigenschaften einer Person gem. § 119 Abs. 2 BGB sind Merkmale, die der Person unmittelbar anhaften und in unmittelbarer Beziehung zum Geschäftsinhalt stehen. Hierunter fällt insbesondere auch die berufliche Qualifikation zur Vornahme eines bestimmten (Vertreter)geschäfts. G nahm irrig an, die V sei zur Vornahme des konkreten Geschäfts besonders qualifiziert, obwohl sie Spezialistin auf dem Gebiet einer völlig anderen Kunstepoche ist. Insofern hat sich G über die Sachkunde der V auf dem Gebiet der Kunst des 20. Jahrhunderts geirrt, einer Eigenschaft, die der V unmittelbar anhaftete. Daher irrte sich G über eine Eigenschaft der V im Sinne des § 119 Abs. 2 BGB.

(b) Verkehrswesentlichkeit

Diese Eigenschaft der V müsste gem. § 119 Abs. 2 BGB „im Verkehr als wesentlich" angesehen werden. Dies ist der Fall, wenn sie aufgrund ausdrücklicher oder stillschweigender Vereinbarung zur Grundlage des Geschäfts gemacht worden ist. Fehlt eine solche Vereinbarung, ist auf die Verkehrsauffassung abzustellen.

Zunächst spricht bereits einiges dafür, dass G der Vollmachtserteilung zum Abschluss von Kaufverträgen über Kunstobjekte des 20. Jahrhunderts zumindest stillschweigend eine gewisse Sachkunde der Vertreterin über diese Kunstepoche zugrunde legte. Jedenfalls ist davon auszugehen, dass bei einer Kunstauktion der Sachverstand über die betreffende Kunstepoche für jeden Kunsthändler von besonderer, wesentlicher Bedeutung ist.

Insofern bezog sich der Irrtum des G auch auf eine verkehrswesentliche Eigenschaft der V im Sinne des § 119 Abs. 2 BGB.

(c) Kausalität des Irrtums

Gem. § 119 Abs. 1 Hs. 2 BGB müsste der Irrtum des G für die Vollmachtserteilung auch kausal gewesen sein. G hat V gerade deshalb zu der Kunstauktion geschickt, weil er von ihrer besonderen Sachkunde in der Kunst des 20. Jahrhunderts ausging. Wäre er seinem Irrtum nicht unterlegen, hätte er die Vollmacht nicht der V erteilt. Damit war sein Irrtum kausal für die Abgabe seiner Willenserklärung gem. § 119 Abs. 1 Hs. 2 BGB.

(d) Ergebnis - Anfechtungsgrund

Damit liegt ein Irrtum des G gem. § 119 Abs. 2 BGB vor, der G zur Anfechtung berechtigt.

(3) Anfechtungserklärung, richtiger Anfechtungsgegner

Fraglich ist jedoch, ob V die richtige Anfechtungsgegnerin ist. Wem gegenüber eine Anfechtung zu erklären ist, ist in § 143 Abs. 2-4 BGB geregelt. Gem. § 143 Abs. 3 BGB ist bei einem einseitigen Rechtsgeschäft, das einem anderen gegenüber vorzunehmen war, der andere der Anfechtungsgegner. Bei der Bevollmächtigung handelt es sich nach § 167 Abs. 1 BGB um ein einseitiges Rechtsgeschäft, welches einem anderen gegenüber vorzunehmen war.

Fraglich ist aber, wer hier als „der andere" anzusehen ist. Da es sich um eine Innenvollmacht handelt, könnte dies möglicherweise die Vertreterin V sein. Jedoch ist zu beachten, dass durch die Anfechtung der Vollmacht ja auch das Vertretergeschäft gem. § 177 Abs. 1 BGB rückwirkend schwebend unwirksam wird. Der Sache nach wird also mit der Anfechtung der Vollmacht auch der Kaufvertrag zwischen G und D angegriffen. Deshalb könnte „der andere" im Sinne des § 143 Abs. 3 S. 1 BGB grundsätzlich auch der Dritte (Geschäftsgegner) sein, hier also D.

Die Anfechtung einer bereits ausgeübten Vollmacht

Die Frage, wer bei einer ausgeübten Vollmacht der richtige Anfechtungsgegner ist, ist umstritten. Bezüglich der grundsätzlichen Wertungen besteht jedoch weitgehend Einigkeit. Im Ergebnis soll der Dritte in seinem Vertrauen auf die Gültigkeit der Vollmacht geschützt werden; ihm soll nach wie vor ein Anspruch gegen den Vertretenen zustehen. Wie dieses Ziel zu erreichen ist, wird jedoch unterschiedlich beurteilt.

Eine Ansicht möchte grundsätzlich nur den Dritten als Anfechtungsgegner zulassen (*Medicus*, BGB AT, 9. Aufl. 2006, Rz. 945), so dass der Vertretene grundsätzlich auch diesem gegenüber nach § 122 BGB haften würde. Im Ergebnis liefe dies auf eine Anfechtung des Vertretergeschäfts hinaus. Im vorliegenden Fall müsste G die Anfechtung dann gegenüber D erklären; die Anfechtung gegenüber V reichte nicht aus.

Die wohl herrschende Meinung (*Palandt/Heinrichs*, BGB, 66. Aufl. 2007, § 167 BGB Rz. 3; *Soergel/Leptien*, BGB, 13. Aufl. 1999, § 166 Rz. 22; *Larenz/Wolf*, BGB AT, 9. Aufl. 2004, § 47 Rz. 35) unterscheidet zwischen den Fällen der Innen- und der Außenvollmacht. Liege eine „betätigte" („ausgeübte") Innenvollmacht (das heißt die Vollmacht wurde gegenüber dem Vertreter erteilt, § 167 Abs. 1 Alt. 1 BGB) vor, so könne die Anfechtung gegenüber dem Vertreter erklärt werden; dies folge aus dem Wortlaut des § 143 Abs. 3 S. 1 BGB. Allerdings müsse der Dritte dann dadurch geschützt werden, dass man ihm einen Anspruch gem. § 122 BGB gegen den Vertretenen zuspreche (obwohl der Dritte nicht Empfänger der Anfechtungserklärung ist, § 122 Abs. 1 BGB, ggf. in analoger Anwendung).

Liege eine Außenvollmacht vor (das heißt die Vollmacht wurde gegenüber dem Dritten erteilt, § 167 Abs. 1 Alt. 2 BGB), so müsse eine Anfechtung auch diesem gegenüber erfolgen. Dies lasse sich vor dem Wortlaut des § 143 Abs. 3 S. 1 BGB rechtfertigen. In einem solchen Fall bestünde dann unproblematisch ein Anspruch des Dritten gegen den Geschäftsherrn aus § 122 Abs. 1 BGB.

Anmerkung: Die unterschiedlichen Ansichten sind alle mit guten Argumenten vertretbar; es kommt darauf an, zu argumentieren und zu zeigen, dass das Problem und die ihm zugrundeliegenden Wertungen verstanden wurden. Grundsätzlich ist es aber in einer Klausur erwägenswert, den gesamten Streit nicht bereits bei der Frage der Zulässigkeit der Anfechtung (siehe oben) dadurch „abzubrechen", dass man die Anfechtbarkeit der ausgeübten Vollmacht generell verneint. Dann muss man nämlich oben sehr abstrakt diskutieren und kommt nicht zu den interessanten Problemen des § 143 BGB, die zudem eine „normbezogenere" Argumentation mit dem Gesetzeswortlaut ermöglichen.

Daher wird vertreten, dass bei einer ausgeübten Innenvollmacht die Anfechtung der Vollmachtserteilung nur gegenüber dem Dritten wirksam erklärt werden könne. Zur Begründung wird angeführt, dass der Vertretene sich für die Einschaltung eines Vertreters entschieden habe und der Dritte daher möglichst nicht mit den daraus resultierenden zusätzlichen Risiken hinsichtlich der Wirksamkeit des Geschäfts belastet werden solle. Der Dritte sei daher in seinem Vertrauen auf die wirksame Erteilung der Vollmacht schutzwürdig. Sein Schuldner solle der von ihm ausgewählte Geschäftspartner (der Vertretene) bleiben. Daher solle dem Dritten auch ein direkter Schadensersatzanspruch gegen den Vertretenen zustehen.

Diese Argumentation findet indes keine Grundlage in § 143 Abs. 2-4 BGB. Wenn man den Wortlaut dieser Bestimmung berücksichtigt und daher die Erklärung der Anfechtung der ausgeübten Innenvollmacht gegenüber dem Vertreter zulässt, so kann der Dritte dennoch geschützt werden. Dem Dritten ist dann nämlich ein direkter Anspruch gem. § 122 BGB (ggf. analog) gegen den Geschäftsherrn zuzusprechen.

Daher ist die Anfechtung einer ausgeübten Innenvollmacht gem. § 143 Abs. 3 BGB gegenüber dem Vertreter zulässig.

Die Anfechtungserklärung des G ist gegenüber V und damit gegenüber dem richtigen Anfechtungsgegner gem. § 143 Abs.1, 3 BGB erklärt worden.

(4) Anfechtungsfrist

Darüber hinaus müsste G die Anfechtung fristgerecht erklärt haben. Gem. § 121 Abs. 1 S. 1 BGB ist die Anfechtung ohne schuldhaftes Zögern, nachdem der zur Anfechtung Berechtigte von dem Anfechtungsgrund Kenntnis erlangte, zu erklären. Unmittelbar nachdem G seinen Irrtum erkannt hat, hat er die Anfechtung gegenüber der V erklärt. Damit hat er die Anfechtungsfrist gem. § 121 Abs. 1 S. 1 BGB gewahrt.

dd. Zwischenergebnis

Die Vollmachtserteilung des G gegenüber V ist wirksam angefochten worden, so dass sie gem. § 142 Abs. 1 BGB als von Anfang an (*ex tunc*) nichtig zu betrachten ist. Bei der Abgabe ihrer Willenserklärung zum Kauf der Modigliani-Zeichnung handelte V daher als Vertreterin ohne Vertretungsmacht.

3. Rechtsfolge der Vertretung ohne Vertretungsmacht

D hat das von V ohne Vertretungsmacht abgegebene Angebot angenommen, so dass ein Vertragsschluss ohne Vertretungsmacht im Sinne der § 177 ff. BGB vorliegt. Der Kaufvertrag war daher zunächst gem. § 177 Abs. 1 BGB schwebend unwirksam. Fraglich ist, ob G den Vertrag genehmigt hat. Gem. § 183 Abs. 1 BGB kann die Genehmigung sowohl gegenüber dem Vertreter als auch gegenüber dem Dritten erklärt werden. Allerdings konnte die Erklärung gegenüber V, G könne das Handeln der V für ihn nicht gelten lassen, vom objektiven Empfängerhorizont nur als Verweigerung der Genehmigung gem. §§ 133, 157 BGB verstanden werden. Der Vertrag ist damit endgültig unwirksam geworden.

II. Ergebnis

Zwischen D und G ist kein wirksamer Kaufvertrag zustande gekommen. D hat gegen G keinen Anspruch auf Zahlung des Kaufpreises für die Zeichnung von Amedeo Modigliani in Höhe von € 6.000,- gem. § 433 Abs. 2 BGB.

> **Anmerkung:** Aufgrund der Formulierung der Fallfrage ist hier nur der Kaufpreisanspruch des D gegen G gem. § 433 Abs. 2 BGB geprüft worden.
>   Ein weiterer Anspruch, der im Rahmen einer Klausur zum Allgemeinen Teil des BGB im Zusammenhang mit der in diesem Fall behandelten Problematik relevant werden kann, ist § 122 BGB. Die Erwägungen, die im Rahmen der Prüfung des § 122 BGB im Fall der Anfechtung einer ausgeübten Innenvollmacht anzustellen sind, sind in den obigen Ausführungen zur Anfechtung der Vollmachtserteilung weitgehend enthalten.
>   Zusammenfassend sei noch einmal darauf hingewiesen, dass eine Argumentation mit den Interessen der Beteiligten im Vordergrund stehen muss. Dabei ist einerseits zu berücksichtigen, dass der Vertretene sich für den Vertragsschluss mittels einer Vertretungskonstruktion entschieden hat. Daraus resultierende zusätzliche Irr-

tumsrisiken sollten nicht zu Lasten des Dritten gehen. Andererseits hat der Dritte sich nicht den Vertreter, sondern den Geschäftsherrn als Vertragspartner ausgesucht. Schuldner des Dritten sollte daher möglichst der Geschäftsherr bleiben. Dieser hat den Vertreter zunächst wirksam bevollmächtigt, ihn zu verpflichten.

Sofern man die Anfechtung der ausgeübten Innenvollmacht zulässt, spricht also viel dafür, dem Dritten zumindest einen direkten Anspruch aus § 122 BGB gegen den Vertretenen zu gewähren, ganz so als sei der Vertragsschluss ohne Einschaltung eines Vertreters erfolgt.

Fall 24

G ist Inhaber eines überregionalen Weingroßhandels. Sein verdienter Mitarbeiter V soll nun in Duisburg eine neue Filiale aufbauen. Dazu bevollmächtigt G den V zum Abschluss aller hierfür erforderlichen Geschäfte. Als Weinliebhaber ist es G sehr wichtig, dass in der neuen Filiale auch französische Weine angeboten werden.

Der Weinhändler D hatte dem G einen umfangreichen Katalog zugesandt, in dem Bordeaux-Weine zu besonders günstigen Preisen angeboten werden. G beschließt daher, V anzuweisen, bei dem Händler D 200 Flaschen „Château l'Abeille de Fieuzal 1994er" zu bestellen.

G verspricht sich jedoch beim Telefonat mit V und bittet ihn, 200 Flaschen „Château Fieuzal 1994er" zu kaufen. Dieser Wein ist als Erstwein des Erzeugers erheblich teurer als der Zweitwein „Château l'Abeille de Fieuzal".

So bestellt der dem D als Filialleiter bekannte V bei D im Namen des G 200 Flaschen „Château Fieuzal 1994er". D ist hocherfreut und bestätigt die Bestellung.

Vier Wochen später kommt G zu V nach Duisburg, um sich die neue Filiale kurz vor der Eröffnung nochmals anzusehen. Dabei sieht er den „Château Fieuzal 1994er" im Regal stehen.

Sofort ruft er bei D an und erklärt die Anfechtung des Kaufs dieses „unverkäuflichen Luxusweins". D meint, das könne doch wohl nicht sein Ernst sein und verlangt die Bezahlung der gelieferten Flaschen.

Zu Recht?

Lösung Fall 24

A. Anspruch des D gegen G auf Kaufpreiszahlung gem. § 433 Abs. 2 BGB

D könnte gegen G einen Anspruch auf Zahlung des Kaufpreises für 200 Flaschen „Château Fieuzal" gem. § 433 Abs. 2 BGB haben.

Dann müsste zwischen G und D ein wirksamer Kaufvertrag bestehen. Ein Kaufvertrag besteht aus zwei übereinstimmenden Willenserklärungen, Angebot und Annahme.

I. Angebot

1. Durch G selbst

G selbst hat gegenüber D kein Angebot abgegeben.

2. Stellvertretung durch V

Allerdings hat V den D angerufen und 200 Flaschen „Château Fieuzal" bestellt. Hierin liegt eine Willenserklärung, in der ein Angebot zum Kauf einer bestimmten Sache zu sehen ist; auch ist anzunehmen, dass der Kaufpreis zumindest aus der Preisliste des D bestimmbar ist. Fraglich ist, ob diese Erklärung dem G gem. § 164 Abs. 1 BGB zuzurechnen ist.

a. Eigene Willenserklärung

Fraglich ist zunächst, ob V eine eigene Willenserklärung abgegeben hat, oder ob er lediglich als Bote eine Willenserklärung des G überbracht hat. Dies ist durch Auslegung aus Sicht eines objektiven Empfängers gem. §§ 133, 157 BGB zu er-mitteln. Vorliegend rief V den D an; letzterer wusste, dass es sich bei V um den neuen Filialleiter des G handelte, dem im Rahmen einer solchen Tätigkeit ein ge-wisser Handlungsspielraum zustand. Denn es ist kaum anzunehmen, dass der In-haber eines Weingroßhandels sämtliche erforderlichen Willenserklärungen selbst erklären und sie lediglich durch Boten übermitteln lassen würde. Insofern wird man bei lebensnaher Auslegung nicht davon ausgehen können, dass V lediglich eine fremde Willenserklärung übermittelte, sondern vielmehr eine eigene Willens-erklärung abgab.

b. Im Namen des G

V handelte ausdrücklich im Namen des G, also in fremdem Namen.

c. Vertretungsmacht

Angesichts der ausdrücklichen Erteilung einer umfassenden Vollmacht durch G gegenüber V gem. § 167 Abs. 1 Alt. 1 BGB handelte V auch im Rahmen der ihm erteilten Vertretungsmacht.

Mithin hat V als Vertreter im Namen des G gegenüber D ein Angebot zum Kauf von 200 Flaschen „Château Fieuzal" abgegeben, das gem. § 164 Abs. 1 BGB für und gegen G wirkt.

II. Annahme

Dieses Angebot hat D auch angenommen.

III. Zwischenergebnis

Somit ist ein Kaufvertrag über 200 Flaschen „Château Fieuzal" zwischen G und D zunächst zustande gekommen.

IV. Vertrag infolge Anfechtung *ex tunc* nichtig, § 142 Abs. 1 BGB?

Dieser Vertrag könnte jedoch wegen einer Anfechtung der auf den Abschluss des Vertrages gerichteten Willenserklärung des V gem. § 142 Abs. 1 BGB *ex tunc* nichtig sein.

1. Anfechtungserklärung

G hat gegenüber D die Anfechtung der Willenserklärung erklärt. Fraglich ist jedoch, ob G überhaupt die Anfechtung der von V abgegebenen Willenserklärung erklären konnte. Grundsätzlich kann eine Willenserklärung nur von ihrem Urheber angefochten werden. Allerdings wirkt die Willenserklärung eines Vertreters gem. § 164 Abs. 1 S. 1 BGB für und gegen den Geschäftsherrn. Der Geschäftsherr kann daher ausnahmsweise eine fremde Willenserklärung, die des Vertreters, anfechten.

Aufgrund der wirksamen Stellvertretung wirkte die Erklärung des V gem. § 164 Abs. 1 S. 1 BGB für und gegen G, so dass dieser grundsätzlich die Anfechtung gem. § 143 BGB erklären konnte.

2. Anfechtungsgrund, § 119 Abs. 1 Hs. 1 Alt. 2 BGB

Fraglich ist, ob ein Anfechtungsgrund vorliegt. In Betracht kommt hier ein Erklärungsirrtum des G, da sich G in seinem Telefongespräch mit V versprochen und so eine Erklärung abgegeben hat, die er mit diesem Inhalt überhaupt nicht abgeben wollte.

Fraglich ist jedoch, ob dieser Irrtum des Geschäftsherrn (Vertretenen) auch im Rahmen eines Geschäfts zu beachten ist, das durch einen Stellvertreter gem. § 164 BGB für den Geschäftsherrn abgeschlossen wurde. Daraus, dass der Stellvertreter eine eigene Willenserklärung abgibt, die gem. § 164 Abs. 1 BGB für und gegen den Vertreter wirkt, könnte man schließen, dass grundsätzlich nicht auf Fehler in der Willensbildung des Vertretenen, sondern in der Willensbildung des Vertreters abzustellen ist.

a. § 166 Abs. 1 BGB

So bestimmt § 166 Abs. 1 BGB, dass etwaige Willensmängel nur dann zu berücksichtigen sind, wenn sie in der Person des Vertreters vorliegen. Unterliegt der Vertretene (Geschäftsherr) einem Willensmangel, so führt dies nicht zum Vorliegen eines Anfechtungsgrundes.

Vorliegend hat sich nicht der Vertreter V, sondern lediglich der Geschäftsherr G geirrt, der dem V eine fehlerhafte Weisung erteilt hat. Mithin kommt der Willensmangel des G als Anfechtungsgrund grundsätzlich nicht in Betracht.

b. Analoge Anwendung des § 166 Abs. 2 BGB

Fraglich ist jedoch, ob in Fällen, in denen der Geschäftsherr (Vertretene) dem Vertreter bestimmte Weisungen erteilt (Vertreter mit „gebundener Marschroute"), die Vorschrift des § 166 Abs. 2 BGB analog anzuwenden ist, mit der Folge, dass in solchen Fällen auch ein Willensmangel des Geschäftsherrn zu berücksichtigen ist.

---

§ 166 Abs. 2 BGB

§ 166 Abs. 2 BGB liegt die folgende Erwägung zugrunde: Es gibt Fälle, in denen das Gesetz an die Kenntnis bestimmter Tatsachen (oftmals nachteilige) Rechtsfolgen knüpft.

Ein Beispiel für die Anwendung des § 166 Abs. 2 BGB sind Fälle des § 932 BGB:

Grundsätzlich kann man nur so viele Rechte veräußern, wie einem zustehen. Das bedeutet für die Übereignung beweglicher Sachen nach § 929 BGB: Nur der Eigentümer kann das Eigentum an einer Sache auf einen anderen übertragen.

Allerdings gibt es davon eine Ausnahme: Gem. § 932 BGB kann man auch von jemandem Eigentum erwerben, der *nicht* Eigentümer der Sache war (der sie z. B. nur im Rahmen eines Miet- oder Leihvertrags in Besitz hatte). Dazu muss der Erwerber jedoch *gutgläubig* sein. Das bedeutet gem. § 932 Abs. 2 BGB, dass ihm nicht bekannt sein darf, dass die Sache dem Veräußerer nicht gehört. An gutem Glauben fehlt es nach § 932 Abs. 2 BGB ebenfalls, wenn dem Erwerber diese Tatsache grob fahrlässig unbekannt geblieben ist (wenn es sich z. B. aufdrängen musste, dass der Veräußerer nicht Eigentümer ist). Fehlt dieser gute Glaube, so ist gutgläubiger Erwerb gem. § 932 BGB nicht möglich; so dass der Erwerber kein Eigentum erwirbt.

> Gem. § 166 Abs. 2 BGB soll sich der Geschäftsherr, der solche Tatsachen kennt, den nachteiligen Rechtsfolgen nicht dadurch entziehen können, dass er einem (gutgläubigen) Vertreter Weisungen erteilt und dadurch dessen Unkenntnis „ausnutzt".
> Ist also der Vertretene in einem Fall des gutgläubigen Eigentumserwerbs nach § 932 BGB bösgläubig, so soll er nicht dennoch die Sache erwerben dürfen, nur weil er einen gutgläubigen Vertreter „einschaltet".

aa. Planwidrige Regelungslücke

Dazu müsste zunächst eine Regelungslücke vorliegen. In § 166 Abs. 1 BGB sind sowohl die Fälle des Kennens/Kennenmüssens bestimmter Umstände geregelt, als auch Fälle des Vorliegens von Willensmängeln. § 166 Abs. 2 BGB, der den Fall eines Vertreters mit „gebundener Marschroute" betrifft, regelt jedoch nur die Fälle des Kennens/Kennenmüssens bestimmter Umstände. Willensmängel des Vertretenen sind dort nicht geregelt. Insofern besteht eine Regelungslücke. Fraglich ist jedoch, ob diese planwidrig ist.

Aus § 166 Abs. 1 BGB wird ersichtlich, dass Willensmängel nur von dem geltend gemacht werden sollen, der auch die Willenserklärung abgibt und so einen eigenen Willen bildet und äußert. Allerdings ist der Fall nicht geregelt, in dem der Wille gar nicht von dem Vertreter selbst gebildet wird, sondern vom Vertretenen durch konkrete Weisungen an den Vertreter „herangetragen" wird. In einer solchen Konstellation ist der Vertreter nahezu auf die Rolle eines Boten reduziert, da er sich im Wesentlichen einem fremden Willensbildungsprozess unterwirft. Es ist nicht ersichtlich, warum der Gesetzgeber in diesem Fall nicht an dem Prinzip hätte festhalten wollen, dass die Willensmängel desjenigen zu berücksichtigen sind, der den Willen tatsächlich bildet. Daher liegt eine planwidrige Regelungslücke vor.

bb. Vergleichbarkeit der Interessenlage

Handelt ein Vertreter mit „gebundener Marschroute", so soll sich der Vertretene gem. § 166 Abs. 2 BGB nicht darauf berufen können, dass der Vertreter bestimmte Umstände nicht kannte, obwohl der Vertretene selbst sie kannte. In Fällen, in denen der Vertreter Weisungen des Geschäftsherrn unterstellt war, soll das Verkennen bestimmter *Tatsachen* durch den Vertreter also unbeachtlich sein; es kommt allein auf das Kennen oder Nichtkennen dieser Tatsachen beim Geschäftsherrn an. Auch bei Willensmängeln handelt es sich in der Regel um ein Verkennen tatsächlicher Umstände. Daher ist die Interessenlage bei dem in § 166 Abs. 2 BGB geregelten Fall der „Kenntnis bestimmter Umstände" vergleichbar mit dem des Vorliegens eines Willensmangels.

§ 166 Abs. 2 BGB ist daher im Fall des Vertreters mit gebundener Marschroute analog auch auf Willensmängel anzuwenden.

Daher ist der Irrtum des G analog § 166 Abs. 2 BGB als Anfechtungsgrund zu berücksichtigen.

Anmerkung: In Fall 23 wurde erörtert, ob eine Anfechtung einer *Vollmachtsertei-lung* zulässig ist, nachdem von der Vollmacht durch den Vertreter Gebrauch ge-macht wurde.

Die hier vorliegende Konstellation ist anders als die in Fall 23. Denn hier han-delt es sich nicht um die Anfechtung der Vollmachtserteilung, sondern ausschließ-lich um die *Anfechtung des Vertretergeschäfts durch den Vertretenen*. Zudem be-zieht sich der Willensmangel des Vertretenen hier auf das *Vertretergeschäft* und *nicht* auf die *Vollmachterteilung*.

Zwischen den beiden Fallkonstellationen ist folgendermaßen zu differenzieren:

a. Handelt es sich um einen Willensmangel des Geschäftsherrn, der sich, wie hier, ausschließlich auf das Vertretergeschäft bezieht, so liegt in der Sache kein Unter-schied zu der Konstellation vor, in der der Geschäftsherr selbst die Willenserklä-rung abgibt. Dann ist eine Anfechtung des *Vertretergeschäfts* (gegenüber dem Drit-ten) möglich, bezüglich des Vorliegens des Willensmangels beim Geschäftsherrn ist § 166 Abs. 2 BGB dann analog anzuwenden (*Brox/Walker*, BGB AT, 30. Aufl. 2006, Rz. 574).

b. Handelt es sich um einen Willensmangel des Geschäftsherrn, der sich auf die Er-teilung der Vollmacht bezieht, und will der Geschäftsherr die Vollmachtserteilung anfechten (z.B. Irrtum über Eigenschaft der Person des Vertreters gem. § 119 Abs. 2 BGB, vgl. Fall 23, oder Irrtum über Umfang der Vertretungsmacht etc.), dann ist der in Fall 23 geschilderte Streit einschlägig, da manche Autoren in einem solchen Fall eine Anfechtung ablehnen (Vgl. *Brox/Walker*, BGB AT, 30. Aufl. 2006, Rz. 573 f.).

3. Anfechtungsfrist

G hat die Anfechtungserklärung unverzüglich nach Erkennen seines Irrtums abge-geben und damit die Frist gem. § 121 Abs. 1 BGB gewahrt.

4. Vertrag ex tunc *nichtig*

Somit hat G die auf den Vertragsschluss gerichtete Willenserklärung des V wirk-sam angefochten, so dass der Vertrag gem. § 142 Abs. 1 BGB von Anfang als nichtig anzusehen ist. Es besteht also zwischen G und D kein wirksamer Kaufver-trag.

V. Ergebnis

D hat gegen G keinen Anspruch auf Zahlung des Kaufpreises aus § 433 Abs. 2 BGB.

Fall 25

O ist Inhaber eines Restaurants und braucht noch Wein, den er zu dem auf seinem neuen Menu angebotenen Dessert servieren möchte. Er bittet seinen Mitarbeiter V, für ihn 10 Flaschen „Château Le Thibaut, Montbazillac, 1998" zu bestellen.

Als V bei dem Weinhändler H eintrifft, erklärt ihm der dort zufällig anwesende und als großer Weinkenner bekannte Restaurantchef P, dass „kein Mensch einen solchen Wein zum Dessert trinken würde". Vielmehr sei ein voluminöser, kräftiger, trockener Bordeaux besser geeignet, bei den Gästen „am Ende des Menus Eindruck zu schinden". V solle daher „nicht so kleinlich sein" und beispielsweise 10 Flaschen des wesentlich teureren „Château Beychevelle, 1993" nehmen. Tatsächlich wird „Château Beychevelle" nicht als Dessertwein verwendet, sondern eher zu schweren Gerichten wie Wild und Lamm getrunken, da schwere und trockene Weine zu kaum einem Dessert passen. P weiß das, möchte jedoch seinem Konkurrenten O Schwierigkeiten und unzufriedene Gäste bescheren.

V, der sich bei seinem Chef O ob seiner „fundierten Weinkenntnisse" profilieren möchte, kauft bei H für O 10 Flaschen „Château Beychevelle, 1993". H, der das Gespräch zwischen V und P nicht mitgehört hat, ist hoch erfreut über die „gute Wahl".

Als V die Flaschen zu O bringt, ist dieser entsetzt. Er erklärt dem V, er solle die Flachen „sofort zurück zu H schaffen, und ihm erst wieder mit dem richtigen Wein unter die Augen treten". Nach dieser Reaktion seines Chefs wird auch dem V klar, dass er einem Streich des P aufgesessen ist und ficht den Kaufvertrag gegenüber H an, als er ihm den Wein zurückbringt. H besteht auf Zahlung des Kaufpreises durch O oder durch V.

Zu Recht?

Lösung Fall 25

A. Anspruch des H gegen O auf Bezahlung des Kaufpreises für 10 Flaschen „Château Beychevelle"

H könnte gegen O einen Anspruch auf Bezahlung des Kaufpreises für 10 Flaschen „Château Beychevelle" aus § 433 Abs. 2 BGB haben. Dies setzt das Bestehen eines wirksamen Kaufvertrags zwischen H und O voraus. Dazu bedarf es zweier übereinstimmender Willenserklärungen, Angebot und Annahme.

I. Vertragsschluss durch O selbst?

O selbst hat gegenüber H kein Angebot abgegeben.

II. Stellvertretung durch V

Allerdings hat V bei H 10 Flaschen „Château Beychevelle" bestellt. Hierin liegt eine Willenserklärung, in der ein Angebot zum Kauf einer bestimmten Sache zu sehen ist; auch ist anzunehmen, dass der Kaufpreis zumindest aus der Preisliste des H bestimmbar ist. Dieses Angebot hat H auch angenommen. Fraglich ist, ob die Erklärung des V dem O gem. § 164 Abs. 1 BGB zuzurechnen ist.

1. Eigene Willenserklärung

V hat gegenüber H eine eigene Willenserklärung abgegeben.

2. Im Namen des O

Dabei hat er ausdrücklich im Namen des O gehandelt.

3. Vertretungsmacht

Fraglich ist, ob V im Rahmen der ihm zustehenden Vertretungsmacht gehandelt hat. O hatte V gem. § 167 Abs. 1 Alt. 1 BGB lediglich zum Kauf des billigeren „Château le Thibaut, Montbazillac" bevollmächtigt. Der Kauf von 10 Flaschen des teureren „Château Beychevelle" war hiervon nicht umfasst.

4. Vertreter ohne Vertretungsmacht, § 177 Abs. 1 BGB

Somit handelte V als Vertreter ohne Vertretungsmacht. Gem. § 177 Abs. 1 BGB ist ein durch einen Vertreter ohne Vertretungsmacht geschlossener Vertrag schwebend unwirksam.

5. Vertrag durch Verweigerung der Genehmigung durch O endgültig unwirksam

O hat eine Genehmigung dieses Vertrags ausdrücklich gegenüber V verweigert. Mithin ist der Vertrag zwischen O und H endgültig unwirksam geworden (§§ 177 Abs. 1, 182 Abs. 1 BGB).

III. Ergebnis

Daher hat H gegen O keinen Anspruch auf Zahlung des Kaufpreises gem. § 433 Abs. 2 BGB.

B. Anspruch des H gegen V auf Kaufpreiszahlung gem. §§ 179 Abs. 1, 433 Abs. 2 BGB

H könnte einen Anspruch gegen V auf Kaufpreiszahlung aus §§ 179 Abs. 1, 433 Abs. 2 BGB haben.

I. Vertreter ohne Vertretungsmacht

V hat als Vertreter ohne Vertretungsmacht gehandelt.

II. Kenntnis der fehlenden Vertretungsmacht

Auch wusste V, dass ihm keine Vertretungsmacht zum Kauf von 10 Flaschen des teureren „Château Beychevelle" zustand. Somit ist die Anspruchsgrundlage des § 179 Abs. 1 BGB einschlägig.

> **Anmerkung:** Hätte V den Mangel der Vertretungsmacht nicht gekannt, so wäre die (eigenständige) Anspruchsgrundlage des § 179 Abs. 2 BGB einschlägig.

III. Ausschluss der Haftung gem. § 179 Abs. 3 BGB?

H kannte den Umfang der Vertretungsmacht des V nicht. Auch bestanden keine Anzeichen dafür, dass er von der Beschränkung der Vollmacht des V hätte wissen müssen. Daher ist eine Haftung des V gem. § 179 Abs. 1 BGB nicht wegen § 179 Abs. 3 BGB ausgeschlossen.

IV. Zwischenergebnis

Somit kann H von V gem. § 179 Abs. 1 Alt. 1 BGB grundsätzlich die Erfüllung des Kaufvertrages, also Zahlung des Kaufpreises gem. § 433 Abs. 2 BGB verlangen.

V. *Ex tunc*-Unwirksamkeit des Kaufvertrags gem. § 142 Abs. 1 BGB?

Fraglich ist jedoch, ob der Kaufvertrag aufgrund einer Anfechtung der Willenserklärung des V gem. § 142 Abs. 1 BGB *ex tunc* als nichtig anzusehen ist. In Betracht kommt hier eine Anfechtung durch den Vertreter V.

1. Zulässigkeit der Anfechtung durch V

Fraglich ist, ob V seine auf den Abschluss des Vertrags gerichtete Willenserklärung anfechten kann, obwohl er lediglich einem Anspruch aus §§ 179 Abs. 1, 433 Abs. 2 BGB ausgesetzt ist, der auf seinem Handeln als Vertreter ohne Vertretungsmacht beruht. Dies könnte insofern zweifelhaft sein, als der Vertreter trotz seiner Haftung aus § 179 Abs. 1 BGB nicht Vertragspartei wird.

Allerdings ist anerkannt, dass der Vertreter ohne Vertretungsmacht in Fällen, in denen der Dritte Erfüllung des Vertrages gem. § 179 Abs. 1 BGB verlangt, grundsätzlich *die Stellung* einer Vertragspartei erhält; er wird also so behandelt, als ob er Vertragspartei wäre.

> **Anmerkung:** Wenn der Dritte Erfüllung wählt, so muss er also auch seinerseits dem Vertreter gegenüber so haften, wie er es bei Wirksamkeit der Vertretung gegenüber dem Vertretenen müsste. Daraus folgt, dass der Vertreter in einem solchen Fall auch die Gegenleistung fordern könnte (hier also Übereignung und Übergabe der 10 Flaschen „Château Beychevelle" gem. § 433 Abs. 1 S. 1 BGB), zumindest nachdem er dem Dritten die vertragsmäßige Leistung erbracht hat (vgl. dazu Mü-Ko/*Schramm*, BGB, 5. Aufl. 2006, § 179 Rz. 32).

Da der Vertreter grundsätzlich eine eigene Willenserklärung abgibt, wäre es unbillig, wenn er sich im Rahmen seiner eigenen Haftung aus § 179 Abs. 1 BGB nicht auf etwaige bei ihm vorliegende Willensmängel berufen könnte, die ja im übrigen nach § 166 Abs. 1 BGB grundsätzlich beachtlich sind. Daher kann der

Vertreter im Rahmen des gesetzlichen Schuldverhältnisses aus § 179 Abs. 1 BGB auch Anfechtungsrechte ausüben (BGH NJW 2002, 1867; MüKo/*Schramm*, BGB, 5. Aufl. 2006, § 179 Rz. 35). Eine Anfechtung des Kaufvertrags durch V ist somit zulässig.

2. Anfechtungserklärung

V hat gegenüber H (als Vertragspartner im Rahmen des gesetzlichen Schuldverhältnisses gem. §§ 179 Abs. 1, 433 Abs. 2 BGB) eine ausdrückliche Anfechtungserklärung abgegeben, § 143 Abs. 1, 2 BGB.

3. Anfechtungsgrund

Es müsste ein Anfechtungsgrund vorliegen.

a. § 123 Abs. 2 BGB

Ein Anfechtungsgrund könnte in einer arglistigen Täuschung im Sinne von § 123 Abs. 2 BGB liegen. Dann müsste V zur Abgabe einer Willenserklärung durch arglistige Täuschung durch einen Dritten bestimmt worden sein.

aa. Täuschungshandlung

Es müsste zunächst eine Täuschungshandlung vorliegen. Täuschungshandlung ist ein Verhalten, das darauf abzielt, in einem anderen eine unrichtige Vorstellung hervorzurufen, zu bestärken oder zu unterhalten. P hat hier wahrheitswidrig behauptet, der Wein „Château Beychevelle" sei, im Gegensatz zum „Montbazillac", als Dessertwein zu verwenden.

bb. Durch einen Dritten

> **Anmerkung**: Wird der Erklärende durch den Erklärungsempfänger oder seine Hilfspersonen getäuscht, so ist grundsätzlich ein Anfechtungsrecht des Erklärenden nach § 123 Abs. 1 BGB gegeben. Die Vorschrift des § 123 Abs. 2 BGB betrifft den Fall, in dem die Täuschung durch einen „Dritten" verübt wurde, dessen Äußerungen dem Erklärenden nicht zuzurechnen sind.

Fraglich ist allerdings, wie sich die Tatsache auswirkt, dass nicht H selbst, sondern P gegenüber V eine Täuschungshandlung vorgenommen hat. Ist die Täuschung durch einen Dritten verübt worden, so ist gem. § 123 Abs. 2 BGB eine Anfechtung gegenüber dem Geschäftspartner nur dann möglich, wenn dieser von der Täuschung wusste.

(1) P als „Dritter" im Sinne des § 123 Abs. 2 BGB

Fraglich ist zunächst, ob es sich bei P um einen „Dritten" im Sinne des § 123 Abs. 2 BGB handelt. Es ist anerkannt, dass „Dritter" im Sinne des § 123 Abs. 2 BGB nicht solche Personen sind, die dem Erklärungsempfänger so nahe stehen, dass ihre Erklärung dem Erklärungsempfänger „zuzurechnen" ist.

Dies wird für Vertreter des Erklärungsempfängers und für Hilfspersonen des Erklärungsempfängers bejaht.

P hat nicht als Vertreter des H gem. § 164 ff. BGB gehandelt. Auch war P nicht von H dazu eingesetzt, Kunden zu beraten oder Verhandlungen mit ihnen zu führen. Auch eine ggf. analoge Zurechnung nach den zu § 278 BGB entwickelten Grundsätzen scheidet daher aus.

Darüber hinaus wird im Rahmen des § 123 Abs. 2 BGB auch dann von einer „Zurechnung" der Täuschungshandlung ausgegangen, wenn der Täuschende „im Lager" des Erklärungsempfängers steht. Dies ist der Fall, wenn er sich auf Seiten des Erklärungsempfängers befindet und maßgeblich am Zustandekommen des Vertrags mitgewirkt hat, z.B. als Verhandlungsgehilfe, der zumindest auch die Interessen des Erklärenden verfolgt.

Hier wollte P in keiner Weise dem H zu einem besonders günstigen Verkauf verhelfen oder ihn auf sonstige Weise unterstützen; es kam ihm vielmehr lediglich darauf an, O zu schädigen. Insofern können die Äußerungen des P nicht dem H zugerechnet werden, so dass es sich bei P um einen „Dritten" im Sinne des § 123 Abs. 2 BGB handelt.

(2) Erklärung, die einem anderen gegenüber abzugeben war

Bei dem durch V abgegebenen Angebot handelt es sich um eine empfangsbedürftige Willenserklärung, die im Sinne des § 123 Abs. 2 gegenüber H abzugeben war.

(3) Keine Kenntnis des H

H hatte das Gespräch zwischen P und V nicht gehört und hatte auch keinen Anlass, von einer Täuschungshandlung des P gegenüber V auszugehen. Daher kannte H die Täuschung des O nicht und musste sie auch nicht kennen, so dass eine Anfechtung durch V gem. § 123 Abs. 2 BGB ausscheidet.

b. § 119 Abs. 2 BGB

Als Anfechtungsgrund kommt hier jedoch auch ein Irrtum gem. § 119 Abs. 2 BGB über eine verkehrswesentliche Eigenschaft des Weins „Château Beychevelle" in Betracht.

aa. Eigenschaft

Vorliegend irrte sich V über die Eignung des Weins „Château Beychevelle" als Dessertwein. Fraglich ist jedoch, ob es sich hierbei um eine Eigenschaft dieses Weines i.S.d. § 119 Abs. 2 BGB handelt.

Eigenschaften sind neben den auf der natürlichen Beschaffenheit beruhenden Merkmalen auch tatsächliche und rechtliche Verhältnisse und Beziehungen zur Umwelt, die infolge ihrer Beschaffenheit und Dauer auf die Brauchbarkeit und den Wert der Sache Einfluss haben, also die wertbildenden Faktoren. Diese Beziehungen müssen jedoch in der Sache selbst ihren Grund haben, von ihr ausgehen oder sie unmittelbar kennzeichnen.

Zweifelhaft ist bereits, ob die Eignung eines Weins als Dessertwein ein für den Wert dieses Weins bestimmender Faktor ist, da die Tatsache, dass nicht jeder Wein zu jedem Gericht getrunken wird, nicht unbedingt den Wert eines Weins bestimmt.

Allerdings kommt in Betracht, die Beschaffenheitsmerkmale des Weins selbst (kräftig, trocken) als Eigenschaft zu werten, da sie für die Brauchbarkeit des Weins zu einem bestimmten Zweck (z.B. als Dessertwein) ausschlaggebend sind.

Die Tatsache, dass es sich bei dem Wein „Château Beychevelle" um einen kräftigen, trockenen Rotwein handelt, war dem V jedoch bekannt. Er irrte insofern nicht über die konkrete Beschaffenheit des Weins (trockener, kräftiger Rotwein), sondern über die Tatsache, dass ein kräftiger, trockener Rotwein in der Regel nicht zu einem Dessert getrunken wird. V irrte sich also lediglich über die Verwendungsmöglichkeit einer bestimmten Weinsorte (trockene, kräftige Rotweine als Dessertwein).

Insofern spricht bereits einiges dafür, dass es sich bei der von V angenommenen Nutzbarkeit des Weins „Château Beychevelle", dessen Eigenschaften (trockener, kräftiger Rotwein) er genau kannte, nicht um einen Irrtum über Eigenschaften der Sache, sondern um einen Irrtum über ein der Erklärung zum Abschluss des Kaufvertrags vorgelagertes Motiv handelt, so dass ein im Rahmen des § 119 Abs. 2 BGB unbeachtlicher Motivirrtum vorläge (vgl. dazu Fall 12).

bb. Verkehrswesentlichkeit

Selbst wenn man davon ausgeht, dass es sich bei der Nutzbarkeit eines trockenen Weines als Dessertwein um einen Umstand handelt, der dem Wein unmittelbar anhaftet, und so eine Eigenschaft i.S. des § 119 Abs. 2 BGB darstellt, so müsste diese Eigenschaft hier jedoch verkehrswesentlich im Sinne des § 119 Abs. 2 BGB gewesen sein. Verkehrswesentlich ist eine Eigenschaft dann, wenn sie aufgrund ausdrücklicher oder stillschweigender Vereinbarung zur Grundlage des Geschäfts gemacht worden ist. Fehlt eine solche Vereinbarung, so entscheidet die Verkehrsauffassung.

H hatte das Gespräch zwischen V und P nicht gehört. Auch sind keine Anhaltspunkte dafür ersichtlich, dass ihm die Tatsache bewusst war, V wolle (für O) einen Wein kaufen, der als Dessertwein verwendet werden kann. Eine ausdrückliche

oder stillschweigende Vereinbarung über die Verwendbarkeit des „Château Beychevelle" als Dessertwein scheidet daher aus.

Zudem ist nicht davon auszugehen, dass die Nutzbarkeit eines Weins für ein
bestimmtes Gericht (hier: Dessert) nach der Verkehrsanschauung als wesentliche
Eigenschaft eines Weines anzusehen ist, so lange im Rahmen des konkreten Geschäfts hierüber keine besondere Beratung oder Vereinbarung stattgefunden hat.
Kauft jemand beim Weinhändler einen bestimmten Wein, über dessen Beschaffenheit selbst er sich im Klaren ist, mit der Absicht, diesen Wein zu einem bestimmten Gericht zu trinken, so wird diese Absicht erst dann geschäftswesentlich, wenn
er sie dem Verkäufer mitgeteilt hat oder dem Verkäufer konkrete Anhaltspunkte
für diese Absicht ersichtlich waren. Ansonsten stellt die Möglichkeit dieser Verwendung ein lediglich einseitiges Motiv des Käufers für den Abschluss des Geschäfts dar.

Mithin war die Nutzbarkeit des „Château Beychevelle" als Dessertwein hier jedenfalls nicht verkehrswesentlich im Sinne des § 119 Abs. 2 BGB, so dass ein Irrtum über eine verkehrswesentliche Eigenschaft gem. § 119 Abs. 2 BGB als Anfechtungsgrund ausscheidet.

Anmerkung: § 119 Abs. 2 BGB regelt den Fall des Irrtums über verkehrswesentliche Eigenschaften der Sache oder der Person. Abzugrenzen ist der Eigenschaftsirrtum von sonstigen Motivirrtümern, die auch nach § 119 Abs. 2 BGB unbeachtlich sind. Diese Abgrenzung kann man, wie hier dargestellt, an Hand der Merkmale
„Eigenschaft" und „Verkehrswesentlichkeit" vornehmen (vgl. oben Fall 12).

Bei dem Anfechtungsgrund der arglistigen Täuschung gem. § 123 Abs. 1 BGB
handelt es sich um eine weitere Ausnahme von dem Grundsatz, dass bloße Motivirrtümer stets unbeachtlich sind. Auch die arglistige Täuschung über ein Motiv des
Käufers stellt einen Anfechtungsgrund nach § 123 Abs. 1 BGB dar. Hätte also im
vorliegenden Fall H Kenntnis von der Täuschung durch P gehabt, so wäre eine Anfechtung nach § 123 Abs. 2 BGB zulässig. Hätte H selbst den P getäuscht, so wäre
eine Anfechtung nach § 123 Abs. 1 BGB zulässig.

---

c. Zwischenergebnis

Es liegt kein Anfechtungsgrund vor. Daher kommt eine wirksame Anfechtung des
Kaufvertrags durch V (als Vertragspartner im Rahmen des gesetzlichen Schuld-
verhältnisses gem. §§ 179 Abs. 1, 433 Abs. 2 BGB) nicht in Betracht, so dass der
Kaufvertrag nicht gem. § 142 Abs. 1 BGB als *ex tunc* nichtig anzusehen ist.

VI. Ergebnis

Mithin hat H gegen V einen Anspruch auf Kaufpreiszahlung aus §§ 179 Abs. 1,
433 Abs. 2 BGB.

Fall 26

Ausgangsfall:

Das Millionärsehepaar M möchte seinem Sohn S zum 18. Geburtstag am 1.11. 2006 eine besondere Freude machen und ihm das Grundstück mit der Adresse Philosophenweg 2 in Heidelberg, das sie als Abstellplatz für ihre Oldtimersammlung nutzen, zukommen lassen. Das Grundstück gehört Herrn und Frau M. Um mit einem entsprechenden Grundbuchauszug die Geburtstagstorte des S schmücken zu können, begeben sich Herr und Frau M am 1.7.2006 zu Notar N. Dort schließen die Ms als Vertreter des S mit sich selbst einen Schenkungsvertrag über das Grundstück Philosophenweg 2. Der Vertrag wird notariell beurkundet.

Am 1.9.2006 begeben sich Herr und Frau M erneut zu dem Notar N und erklären vor diesem als Vertreter ihres Sohnes und im eigenen Namen die Auflassung des Grundstücks an S. Am 20.9.2006 wird S als Eigentümer des Grundstücks Philosophenweg 2 im Grundbuch eingetragen.

Kurz vor seinem 18. Geburtstag erklärt S seinen Eltern, er habe „keinen Nerv" mehr auf den biederen Schulalltag und werde die Schule umgehend „schmeißen". Die Ms sind geschockt. Unter diesen Umständen wollen sie auf jeden Fall verhindern, dass S das Grundstück „bekommt".

Sie gehen daher sofort wieder zum Notar N und schließen vor diesem als Vertreter des S und im eigenen Namen einen Schenkungsvertrag ab. Auch dieser wird notariell beurkundet. Darüber hinaus erklären sie die Auflassung des Grundstücks in Vertretung des S und im eigenen Namen von S an sich selbst. Kurze Zeit später werden Herr und Frau M wieder als Eigentümer im Grundbuch eingetragen.

Als die Ms dem S an seinem Geburtstag als Geschenk das Büchlein „Selbstdisziplin und erfolgreiche Lebensführung" überreichen, wollen sie ihm noch eine Lektion erteilen und berichten dem S von den Vorgängen um das Grundstück, das er aufgrund seines mangelnden Durchhaltevermögens nun doch nicht bekomme. S meint, „geschenkt sei geschenkt". Die Eltern könnten ihm doch das Grundstück nicht so mir nichts dir nichts wieder „wegnehmen". S werde das Grundstück sofort verkaufen, um mit dem Erlös eine 24-monatige Weltreise zu finanzieren. Es sei ja schließlich immer noch sein Grundstück.

Ist S Eigentümer des Grundstücks?

Abwandlung:

Das Grundstück Philosophenweg 2 ist mit einem Mehrfamilienhaus bebaut. Herr und Frau M haben zehn Wohnungen in diesem Haus vermietet.

Ist S Eigentümer des Grundstücks?

Lösung Fall 26

Ausgangsfall

Fraglich ist, ob S Eigentümer des Grundstücks ist.

A. Herr und Frau M ursprüngliche Eigentümer

Ursprünglich waren Herr und Frau M Eigentümer des Grundstücks Philosophen-weg 2.

B. Verlust des Eigentums durch Übereignung an S?

Herr und Frau M könnten das Eigentum an dem Grundstück durch Einigung und Eintragung gem. §§ 873 Abs. 1, 925 Abs. 1 BGB an S verloren haben.

I. Einigung

Dies setzt gem. § 873 Abs. 1 BGB zunächst eine wirksame Einigung (Auflassung gem. § 925 Abs. 1 BGB) über den Eigentumsübergang voraus.
Herr und Frau M haben am 1.9.2006 vor dem Notar N erklärt, das Eigentum an dem Grundstück an den S übertragen zu wollen. Einigungserklärungen von Herrn und Frau M liegen damit vor.
Fraglich ist, ob auch S eine Einigungserklärung hinsichtlich des Übergangs des Eigentums an dem Grundstück auf ihn abgegeben hat.

1. Keine eigene Erklärung des S

S selbst hat keine Einigungserklärung abgegeben.

2. Stellvertretung durch Herrn und Frau M

S könnte bei der Abgabe der Einigungserklärung aber durch Herrn und Frau M gem. §§ 164 ff. BGB vertreten worden sein.

a. Eigene Willenserklärung der Ms

Zunächst müssten Herr und Frau M eine eigene Willenserklärung abgegeben haben und nicht lediglich eine fremde Willenserklärung als Bote übermittelt haben. Ob eine eigene Willenserklärung abgegeben wurde, ist vom objektiven Empfängerhorizont zu beurteilen. Fraglich ist, wer Empfänger der Einigungserklärung im Sinne des § 873 Abs. 1 BGB ist. Die Formvorschrift des § 925 Abs. 1 BGB verlangt zwar, dass die Auflassungserklärung vor einer zuständigen Stelle abzugeben ist. Zuständige Stelle ist jeder Notar. Dies bedeutet aber nicht, dass die Auflassungserklärung auch *gegenüber* der zuständigen Stelle abzugeben ist. Vielmehr ist die Einigungserklärung wie bei jedem Vertrag gegenüber der anderen Vertragspartei abzugeben. Erklärungsempfänger waren damit hier Herr und Frau M selbst. Herr und Frau M waren sich darüber im Klaren, dass S nicht einmal von der geplanten Übereignung des Grundstücks an ihn wusste und dass sie selbst das Grundstück für den S „ausgesucht" hatten. Herr und Frau M haben daher eigene Willenserklärungen abgegeben.

b. In fremdem Namen

Herr und Frau M haben die Einigungserklärung für S auch in dessen Namen abgegeben.

c. Vertretungsmacht von Herr und Frau M

Fraglich ist, ob Herr und Frau M bei der Abgabe der Einigungserklärung für S auch mit Vertretungsmacht gehandelt haben. Als Eltern des S sind die Ms gemäß § 1626 Abs. 1 i.V.m. § 1629 Abs. 1 BGB gemeinschaftlich zur Vertretung des S berechtigt.

d. Keine Vertretungsmacht gem. § 181 BGB

Fraglich ist jedoch, ob § 181 BGB der Vertretung des S durch Herrn und Frau M bei der Abgabe der Auflassungserklärung entgegensteht.

Durch die §§ 1629 Abs. 2 S. 1, 1795 Abs. 2 BGB wird klargestellt, dass die Vorschrift des § 181 BGB auch für die gesetzliche Vertretung des Kindes durch seine Eltern zu beachten ist.

In Betracht kommt hier ein Insichgeschäft gem. § 181 Alt. 1 BGB, wonach die Vertretungsmacht nicht den Abschluss eines Rechtsgeschäfts als Vertreter mit sich selbst (Selbstkontrahieren) umfasst.

Hier haben Herr und Frau M auf der einen Seite als Vertreter des M und auf der anderen Seite für sich selbst gehandelt. Die Voraussetzungen des Selbstkontrahierens gem. § 181 Alt. 1 BGB liegen damit vor.

aa. Ausnahme wegen bloßer Erfüllung einer Verbindlichkeit - Wirksamer Schenkungsvertrag?

Eine Ausnahme von § 181 Alt. 1 BGB liegt nach § 181 BGB aE BGB vor, wenn die Übertragung des Eigentums an dem Grundstück lediglich die Erfüllung einer Verbindlichkeit darstellt. Als zu erfüllende Verbindlichkeit kommt hier ein Schenkungsvertrag zwischen Herrn und Frau M einerseits und S andererseits in Betracht.

Ein Schenkungsvertrag gem. §§ 516 ff. BGB setzt übereinstimmende Willenserklärungen von Schenker und Beschenktem voraus. Am 1.7.2006 haben Herr und Frau M erklärt, dem S ihr Grundstück Philosophenweg 2 schenken zu wollen. S hat allerdings selbst nicht die Annahme dieses Schenkungsangebots erklärt.

(1) Vertretung des S durch Herrn und Frau M gem. §§ 164 ff. BGB

S könnte aber durch Herrn und Frau M gem. §§ 164 ff. BGB vertreten worden sein.

(a) Eigene Willenserklärung der Ms

Herr und Frau M haben eine eigene Willenserklärung abgegeben, die auf die Annahme des Angebots der Schenkung gerichtet war.

(b) In fremdem Namen

Diese Erklärung haben sie auch im Namen des S abgegeben.

(c) Vertretungsmacht von Herr und Frau M

Fraglich ist allerdings, ob sie mit Vertretungsmacht handelten. Als Eltern des S sind die Ms gemäß § 1626 Abs. 1 i.V.m. § 1629 Abs. 1 BGB gemeinschaftlich zur Vertretung des S berechtigt.

(d) Keine Vertretungsmacht gem. § 181 BGB

Der wirksamen Vertretung könnte allerdings wiederum die Vorschrift des § 181 Alt. 1 BGB entgegenstehen. Wiederum haben Herr und Frau M einerseits für sich selbst und andererseits als Vertreter des S gehandelt. Die Voraussetzungen des § 181 Alt. 1 BGB liegen damit zunächst vor. Fraglich ist, ob eine Ausnahme von § 181 Alt. 1 BGB gegeben ist.

(aa) Ausnahme von § 181 BGB wegen bloßer Erfüllung einer Verbindlichkeit?

Eine Ausnahme von § 181 Alt. 1 BGB liegt nach § 181 BGB aE BGB vor, wenn der Abschluss eines Schenkungsvertrages zwischen S und Herrn und Frau M lediglich die Erfüllung einer Verbindlichkeit darstellen würde. Allerdings ist keine solche Verbindlichkeit ersichtlich, deren Erfüllung im Abschluss eines Schenkungsvertrages zwischen S und Herrn und Frau M liegen könnte. Die Ausnahme des § 181 BGB aE ist damit nicht einschlägig.

(bb) Teleologische Reduktion des § 181 BGB

Eine weitere Ausnahme ist nach dem Wortlaut des § 181 BGB nicht vorgesehen. Zu erwägen ist aber eine teleologische Reduktion des Verbots des Selbstkontrahierens für Fälle, in denen das Geschäft für den Vertretenen lediglich rechtlich vorteilhaft ist.

Die teleologische Reduktion

Die teleologische Reduktion kann als der „umgekehrte Fall" der Analogie bezeichnet werden. Während bei der Analogie der Anwendungsbereich einer Norm über ihren Wortlaut hinaus erstreckt wird (vgl. dazu oben Fall 14), um eine vom Gesetzgeber nicht intendierte Lücke im Gesetz zu schließen, schränkt man bei der teleologischen Reduktion den Anwendungsbereich einer Norm entgegen ihres weiter reichenden Wortlauts ein. Der Anwendungsbereich wird im Verhältnis zum Wortlaut „reduziert".

Voraussetzung dafür ist, dass die Anwendung der Norm auf eigentlich vom Wortlaut erfasste Fälle von dem der Norm zugrunde liegenden Zweck nicht gedeckt ist.

Zweck des § 181 BGB ist es, den Vertretenen beim Selbstkontrahieren vor Interessenkonflikten zu schützen. Der Vertreter kann beim Selbstkontrahieren versucht sein, seine eigenen Interessen über die des Vertretenen zu stellen. Durch diese Erwägung erklärt sich auch die im Wortlaut des § 181 BGB vorgesehene Ausnahme der Erfüllung einer Verbindlichkeit. Besteht die Verbindlichkeit bereits, so ist hinsichtlich ihrer Erfüllung kein Entscheidungsspielraum mehr gegeben und ein Interessenkonflikt ist nicht zu befürchten.

Anmerkung: Darüber hinaus wird der Zweck des § 181 BGB zum Teil auch darin gesehen, die Publizität des Geschäftsabschlusses sicherzustellen, die nicht gegeben ist, wenn der Vertreter die Erklärungen sich selbst gegenüber abgibt. Allerdings steht dies nicht mit der in § 181 BGB vorgesehenen Ausnahme der Erfüllung einer Verbindlichkeit im Einklang. Denn auch in diesem Fall ist die Publizität der Vornahme des Geschäfts beim Selbstkontrahieren und bei der Mehrfachvertretung nicht gegeben. Insofern wird man bei der Bestimmung des Normzwecks von § 181 BGB im Wesentlichen von dem Zweck der Vermeidung von Interessenkonflikten ausgehen können.

Ist das Geschäft beim Selbstkontrahieren für den Vertretenen lediglich rechtlich vorteilhaft, bringt es für den anderen Teil, den Vertreter, keinerlei Vorteile mit sich, so dass die Gefahr eines Interessenkonfliktes ebenfalls nicht besteht. Für den Vertretenen lediglich rechtlich vorteilhafte Geschäfte sind daher vom Anwendungsbereich des § 181 BGB auszunehmen, wenn der Vertreter mit sich selbst kontrahiert.

Hier haben Herr und Frau M als Vertreter des S einen Schenkungsvertrag mit sich selbst geschlossen, durch den S einen Anspruch auf die Übertragung des Eigentums und des Besitzes an dem Grundstück Philosophenweg 2 erhalten sollte. Damit war dieses Geschäft für den Vertretenen S lediglich rechtlich vorteilhaft. Das Verbot des Selbstkontrahierens gem. § 181 Alt. 1 BGB ist deshalb hier aufgrund einer teleologischen Reduktion dieser Vorschrift nicht anwendbar.

Herr und Frau M haben S daher wirksam vertreten.

(2) Formwirksamkeit

Der Vertrag ist auch notariell beurkundet worden und erfüllt damit die Form des § 518 Abs. 1 BGB.

bb. Ergebnis - Erfüllung einer Verbindlichkeit

Ein wirksamer Schenkungsvertrag liegt damit vor. Herr und Frau M waren also bei der Erklärung der Auflassung am 1.9.2006 aufgrund des am 1.7.2006 geschlossenen Schenkungsvertrages zur Übertragung des Eigentums an dem Grundstück auf S verpflichtet. Die Vornahme des Erfüllungsgeschäfts stellte damit lediglich die Erfüllung einer Verbindlichkeit im Sinne des § 181 aE BGB dar.

e. Ergebnis - Vertretung des S durch Herrn und Frau M

Damit haben Herr und Frau M den S bei der Erklärung der Einigung über den Übergang des Eigentums an dem Grundstück wirksam vertreten. Eine Einigungserklärung des S im Sinne des § 873 Abs. 1 BGB liegt vor.

3. Form

Gem. § 925 Abs. 1 BGB ist die Auflassung vor einer zuständigen Stelle zu erklären. Zuständig ist jeder Notar. Hier haben Herr und Frau M ihre eigenen Erklärungen und die Erklärung im Namen des S vor dem Notar abgegeben. Die gesetzliche Form ist damit erfüllt.

4. Ergebnis - Einigung

Eine wirksame Einigung über den Übergang des Eigentums an dem Grundstück von Herrn und Frau M auf S gem. §§ 873 Abs. 1, 925 Abs. 1 BGB liegt damit vor.

II. Eintragung

S ist am 20.9.2006 als Eigentümer des Grundstücks Philosophenweg 2 in das Grundbuch eingetragen worden.

III. Verfügungsbefugnis der Ms

Als Eigentümer des Grundstücks waren Herr und Frau M auch zur Übereignung an S gem. §§ 873 Abs. 1, 925 Abs. 1 BGB berechtigt.

IV. Ergebnis - Eigentumsübergang

S ist gem. §§ 873 Abs. 1, 925 Abs. 1 BGB Eigentümer des Grundstücks geworden.

C. Verlust des Eigentums an Herrn und Frau M gem. §§ 873 Abs. 1, 925 Abs. 1 BGB

S könnte das Eigentum an dem Grundstück durch Einigung und Eintragung gem. §§ 873 Abs. 1, 925 Abs. 1 BGB wieder an Herrn und Frau M verloren haben.

I. Einigung

Dies setzt gem. § 873 Abs. 1 BGB zunächst eine wirksame Einigung über den Eigentumsübergang voraus.

Herr und Frau M haben vor dem Notar N erklärt, dass das Eigentum an dem Grundstück von S an sie übertragen werden soll. Einigungserklärungen von Herrn und Frau M liegen damit vor.

Fraglich ist, ob auch S eine Einigungserklärung hinsichtlich des Übergangs des Eigentums an dem Grundstück auf Herrn und Frau M abgegeben hat.

1. Keine eigene Erklärung des S

S selbst hat keine Einigungserklärung abgegeben.

2. Stellvertretung durch Herrn und Frau M

S könnte bei der Abgabe der Einigungserklärung aber durch Herrn und Frau M gem. §§ 164 ff. BGB vertreten worden sein.

a. Eigene Willenserklärung der Ms

Herr und Frau M haben eigene Willenserklärungen abgegeben.

b. In fremdem Namen

Herr und Frau M haben die Einigungserklärung für S auch in dessen Namen abgegeben.

c. Vertretungsmacht von Herr und Frau M

Fraglich ist, ob Herr und Frau M bei der Abgabe der Einigungserklärung für S auch mit Vertretungsmacht gehandelt haben. Als Eltern des S sind die Ms gem. § 1626 Abs. 1 i.V.m. § 1629 Abs. 1 BGB gemeinschaftlich zur Vertretung des S berechtigt.

d. Keine Vertretungsmacht gem. § 181 BGB

Fraglich ist jedoch, ob § 181 BGB der Vertretung des S durch Herrn und Frau M bei der Abgabe der Auflassungserklärung entgegensteht.

Durch die §§ 1629 Abs. 2 S. 1, 1795 Abs. 2 BGB wird klargestellt, dass die Vorschrift des § 181 BGB auch für die gesetzliche Vertretung des Kindes durch seine Eltern zu beachten ist.

In Betracht kommt hier ein Insichgeschäft gem. § 181 Alt. 1 BGB, wonach die Vertretungsmacht nicht den Abschluss eines Rechtsgeschäfts als Vertreter mit sich selbst (Selbstkontrahieren) umfasst.

Hier haben Herr und Frau M auf der einen Seite als Vertreter des S und auf der anderen Seite für sich selbst gehandelt. Die Voraussetzungen des Selbstkontrahierens gem. § 181 Alt. 1 BGB liegen damit vor.

aa. Ausnahme wegen bloßer Erfüllung einer Verbindlichkeit - Wirksamer Schenkungsvertrag?

Eine Ausnahme von § 181 Alt. 1 BGB liegt nach § 181 BGB aE vor, wenn die Übertragung des Eigentums an dem Grundstück lediglich die Erfüllung einer Verbindlichkeit darstellt. Als zu erfüllende Verbindlichkeit kommt hier ein Schenkungsvertrag zwischen Herr und Frau M einerseits und S andererseits in Betracht.

Ein Schenkungsvertrag gem. §§ 516 ff. BGB setzt übereinstimmende Willenserklärungen von Schenker und Beschenktem voraus. S selbst hat kein Angebot zum Abschluss eines Schenkungsvertrages gemacht.

(1) Vertretung des S durch Herrn und Frau M gem. §§ 164 ff. BGB

S könnte indes bei dieser Erklärung durch Herrn und Frau M gem. §§ 164 ff. BGB vertreten worden sein.

(a) Eigene Willenserklärung der Ms

Unmittelbar vor der Auflassungserklärung im Namen des S haben Herr und Frau M wiederum im Namen des S erklärt, sich selbst das Grundstück Philosophenweg 2 schenken zu wollen und damit eine eigene Willenserklärung abgegeben.

(b) In fremdem Namen

Diese Erklärung haben sie auch im Namen des S abgegeben.

(c) Vertretungsmacht von Herr und Frau M

Fraglich ist allerdings, ob sie mit Vertretungsmacht handelten. Als Eltern des S sind die Ms gemäß § 1626 Abs. 1 i.V.m. § 1629 Abs. 1 BGB gemeinschaftlich zur Vertretung des S berechtigt.

(d) Keine Vertretungsmacht gem. § 181 BGB?

Der wirksamen Vertretung könnte allerdings erneut die Vorschrift des § 181 Alt. 1 BGB entgegenstehen. Wiederum haben Herr und Frau M einerseits für sich selbst und andererseits als Vertreter des S gehandelt. Die Voraussetzungen des § 181 Alt. 1 BGB liegen damit zunächst vor. Fraglich ist, ob eine Ausnahme von § 181 Alt. 1 BGB gegeben ist.

(aa) Ausnahme von § 181 BGB wegen bloßer Erfüllung einer Verbindlichkeit?

Es ist keine Verbindlichkeit ersichtlich, deren Erfüllung im Abschluss eines Schenkungsvertrages zwischen S und Herrn und Frau M bestehen könnte. Die Ausnahme des § 181 BGB aE ist damit nicht einschlägig.

(bb) Teleologische Reduktion des § 181 BGB

Fraglich ist, ob eine teleologische Reduktion des Verbots des Selbstkontrahierens auch in diesem Fall in Betracht kommt.

Hier sollen Herr und Frau M einen Anspruch auf Übertragung von Eigentum und Besitz an dem Grundstück erhalten. Dieses Geschäft ist also nicht für den Vertretenen, sondern für die Vertreter lediglich rechtlich vorteilhaft. Damit liegt die Gefahr eines Interessenkonfliktes beim Vertreter hier vor, so dass eine teleologische Reduktion nicht in Betracht kommt.

(e) Zwischenergebnis - Keine wirksame Vertretung des S durch Herrn und Frau M gem. §§ 164 ff. BGB

Herr und Frau M haben den S bei der Abgabe der auf den Abschluss eines Schenkungsvertrags gerichteten Willenserklärung daher aufgrund ihrer nach § 181 Alt. 1 BGB fehlenden Vertretungsmacht nicht wirksam vertreten.

(2) Ergebnis - Erfüllung einer Verbindlichkeit

Ein wirksamer Schenkungsvertrag ist damit nicht zustande gekommen. Daher stellte die Auflassung des Grundstücks von S an Herrn und Frau M auch nicht lediglich die Erfüllung einer Verbindlichkeit dar.

bb. Teleologische Reduktion des § 181 BGB

Fraglich ist jedoch, ob eine teleologische Reduktion des § 181 BGB für die Vertretung des S durch Herrn und Frau M bei der Abgabe der Auflassungserklärung in Betracht kommt.

Durch die Auflassung sollen die Vertreter, Herr und Frau M, von dem Vertretenen S Eigentum an dem Grundstück erhalten. Dieses Geschäft ist also für den Vertretenen S nicht lediglich rechtlich vorteilhaft. Damit liegt die Gefahr eines Interessenkonfliktes beim Vertreter hier vor, so dass auch für die Vertretung hinsichtlich der Auflassung gem. § 925 Abs. 1 BGB eine teleologische Reduktion nicht in Betracht kommt.

cc. Ergebnis - Keine Vertretungsmacht

Gem. § 181 Alt. 1 BGB hatten Herr und Frau M daher keine Vertretungsmacht, als sie im Namen des S die Auflassung des Grundstücks an sich selbst erklärten.

3. Ergebnis - Einigung

Eine Einigung über den Übergang des Eigentums des Grundstücks von S an Herrn und Frau M liegt damit nicht vor.

II. Ergebnis - Eigentumsübergang

Das Eigentum an dem Grundstück ist daher nicht von S auf Herrn und Frau M gem. §§ 873 Abs. 1, 925 Abs. 1 BGB übergegangen.

D. Ergebnis

Somit ist S Eigentümer des Grundstücks.

Abwandlung

Fraglich ist, ob S Eigentümer des Grundstücks ist.

A. Herr und Frau M ursprüngliche Eigentümer

Ursprünglich waren Herr und Frau M Eigentümer des Grundstücks Philosophen-weg 2.

B. Verlust des Eigentums durch Übereignung an S

Herr und Frau M könnten das Eigentum an dem Grundstück durch Einigung und Eintragung gem. §§ 873 Abs. 1, 925 Abs. 1 BGB an S verloren haben.

Dies setzt gem. § 873 Abs. 1 BGB zunächst eine wirksame Einigung über den Eigentumsübergang voraus.

Herr und Frau M haben am 1.9.2006 vor dem Notar N erklärt, das Eigentum an dem Grundstück an den S übertragen zu wollen. Einigungserklärungen von Herrn und Frau M liegen damit vor. S selbst hat jedoch keine Einigungserklärung abge-geben.

I. Stellvertretung durch Herrn und Frau M

S könnte bei der Abgabe der Einigungserklärung aber durch Herrn und Frau M gem. §§ 164 ff. BGB vertreten worden sein. Herr und Frau M haben eine eigene Willenserklärung abgegeben; sie handelten auch im Namen des S. Fraglich ist al-lein, ob Herr und Frau M bei der Abgabe der Einigungserklärung für S auch mit Vertretungsmacht gehandelt haben. Als Eltern des S sind die Ms gemäß § 1626 Abs. 1 i.V.m. § 1629 Abs. 1 BGB gemeinschaftlich zur Vertretung des S berech-tigt.

1. Keine Vertretungsmacht gem. § 181 BGB

Fraglich ist jedoch, ob § 181 BGB der Vertretung des S durch Herrn und Frau M bei der Abgabe der Auflassungserklärung entgegensteht. Hier haben Herr und Frau M auf der einen Seite als Vertreter des S und auf der anderen Seite für sich selbst gehandelt. Die Voraussetzungen des Selbstkontrahierens gem. § 181 Alt. 1 BGB liegen damit vor.

a. Ausnahme wegen bloßer Erfüllung einer Verbindlichkeit - Wirksamer Schenkungsvertrag?

Eine Ausnahme von § 181 Alt. 1 BGB liegt nach § 181 BGB aE BGB vor, wenn die Übertragung des Eigentums an dem Grundstück lediglich die Erfüllung einer Verbindlichkeit darstellt. Als zu erfüllende Verbindlichkeit kommt hier ein Schenkungsvertrag zwischen Herrn und Frau M einerseits und S andererseits in Betracht.

Am 1.7.2006 haben Herr und Frau M erklärt, dem S ihr Grundstück Philosophenweg 2 schenken zu wollen. S hat allerdings selbst nicht die Annahme dieses Schenkungsangebots erklärt.

aa. Vertretung des S durch Herrn und Frau M gem. §§ 164 ff. BGB

Er könnte aber durch Herrn und Frau M gem. §§ 164 ff. BGB vertreten worden sein. Herr und Frau M haben eine eigene Willenserklärung abgegeben, die auf die Annahme des Angebots der Schenkung gerichtet war. Diese Erklärung haben sie auch im Namen des S abgegeben. Fraglich ist allerdings, ob sie mit Vertretungsmacht handelten. Als Eltern des S sind die Ms gemäß § 1626 Abs. 1 i.V.m. § 1629 Abs. 1 BGB gemeinschaftlich zur Vertretung des S berechtigt.

(1) Keine Vertretungsmacht gem. § 181 BGB

Der wirksamen Vertretung könnte allerdings erneut die Vorschrift des § 181 Alt. 1 BGB entgegenstehen. Wiederum haben Herr und Frau M einerseits für sich selbst und andererseits als Vertreter des S gehandelt. Die Voraussetzungen des § 181 Alt. 1 BGB liegen damit zunächst vor. Fraglich ist jedoch, ob eine Ausnahme von § 181 Alt. 1 BGB gegeben ist.

(a) Ausnahme von § 181 BGB wegen bloßer Erfüllung einer Verbindlichkeit?

Es ist keine Verbindlichkeit ersichtlich, deren Erfüllung im Abschluss eines Schenkungsvertrages zwischen S und Herrn und Frau M bestehen könnte. Die Ausnahme des § 181 BGB aE ist damit nicht einschlägig.

(b) Teleologische Reduktion des § 181 BGB - lediglich rechtlich vorteilhaftes Geschäft?

Fraglich ist, ob § 181 BGB hier aufgrund einer teleologische Reduktion des Verbots des Selbstkontrahierens auch in diesem Fall nicht anzuwenden ist. Dann müsste es sich bei dem Schenkungsvertrag um ein für S lediglich rechtlich vorteilhaftes Geschäft handeln.

(aa) Schenkungsvertrag: Für S lediglich rechtlich vorteilhaft

Hier haben Herr und Frau M als Vertreter des S einen Schenkungsvertrag mit sich selbst geschlossen, durch den S einen Anspruch auf die Übertragung des Eigentums und des Besitzes an dem Grundstück Philosophenweg 2 erhalten sollte. Dieser Vertrag würde einen Anspruch des S begründen und so bei ihm einen Rechtszuwachs bewirken. Hierin wäre zunächst also grundsätzlich ein für S lediglich rechtlich vorteilhaftes Geschäft zu sehen.

(bb) Verfügungsgeschäft rechtlich nachteilhaft wegen § 566 BGB

Fraglich ist jedoch, wie sich hier die Tatsache auswirkt, dass sich auf dem Grundstück ein Mehrfamilienhaus befindet, in dem Mieter von Herrn und Frau M wohnen.

Insofern ist die Vorschrift des § 566 Abs. 1 BGB zu berücksichtigen, nach der bei der Veräußerung von vermietetem Wohnraum der Erwerber in die sich aus dem Mietvertrag ergebenden Rechte und Pflichten eintritt.

Anmerkung: § 566 BGB bezweckt den Schutz des Mieters von Wohnraum, wenn die Mietsache durch den Vermieter veräußert wird. Wenn der Eigentümer (bisheriger Vermieter) sein Eigentum an dem vermieteten Grundstück an den Erwerber veräußert (durch Auflassung und Eintragung gem. §§ 873 Abs. 1, 925 Abs. 1 BGB), so tritt der Erwerber gem. § 566 Abs. 1 BGB in alle Rechte und Pflichten aus dem Mietvertrag ein, er erlangt also die schuldrechtliche Stellung des Vermieters. Insofern ist § 566 BGB eine Ausnahme von dem allgemeinen Grundsatz, nach dem Verpflichtungsgeschäfte (hier ein Mietvertrag) nur zwischen den am Schuldverhältnis beteiligten Parteien (Mieter und Vermieter) Rechte und Pflichten begründen (Relativität der Schuldverhältnisse, vgl. Fall 3).

Erwirbt S also vorliegend gem. §§ 873 Abs. 1, 925 Abs. 1 BGB Eigentum an dem Grundstück, so würde er in die Stellung seiner Eltern als Vertragspartei von 10 Mietverträgen eintreten. Insofern wäre er den vertraglichen Ansprüchen der Mieter aus den Mietverhältnissen gem. §§ 535 ff. BGB ausgesetzt, für deren Erfüllung er, wie jede Vertragspartei, persönlich haften müsste. Die Übereignung des Grundstücks von Herrn und Frau M an S gem. §§ 873 Abs. 1, 925 Abs. 1 BGB (Verfügungsgeschäft) wäre daher für S nicht lediglich rechtlich vorteilhaft (vgl. hierzu auch BGH NJW 2005, 1430).

Anmerkung: Die Frage, ob ein Verfügungsgeschäft zu Gunsten eines beschränkt Geschäftsfähigen lediglich einen rechtlichen Vorteil darstellt, wird nicht immer ganz einheitlich beantwortet (Vgl. hierzu *Medicus*, BGB AT, 9. Aufl. 2006, Rz. 560 ff. m.w.N.; ausführlich *Preuß*, JuS 2006, 305, 306 ff.). Schwierigkeiten bereiten vor allem die Fälle, in denen ein Grundstück an einen beschränkt Geschäftsfähigen übereignet wird und sich daraus Haftungsrisiken ergeben. Grundsätzlich wird man von folgender Unterscheidung ausgehen können (vgl. auch BGH NJW 2005, 1430):

1. Haftet der beschränkt Geschäftsfähige nur mit dem an ihn übereigneten Grundstück, so wird man von einem lediglich rechtlich vorteilhaften Geschäft auszugehen haben.

Beispiel: Wenn das veräußerte Grundstück mit einer Hypothek belastet ist, so wird der beschränkt Geschäftsfähige Hypothekenschuldner und muss die Zwangsvollstreckung in das Grundstück gem. § 1147 BGB dulden. Er haftet jedoch nicht mit seinem persönlichen Vermögen für die durch die Hypothek gesicherte Forderung. Übersteigt im äußersten Fall die Hypothek den Wert des Grundstücks, so erhielte der beschränkt Geschäftsfähige *nichts*, so dass das Geschäft für ihn jedenfalls nicht *rechtlich nachteilig*, sondern allenfalls *rechtlich neutral* wäre.

2. Haftet der beschränkt Geschäftsfähige dagegen, wie hier, mit seinem persönlichen Vermögen, so liegt ein rechtlich nachteilhaftes Geschäft nahe.

(cc) „Durchschlagen" der Nachteilhaftigkeit des Verfügungsgeschäfts auf das Verpflichtungsgeschäft?

Fraglich ist, ob die Tatsache, dass das Verfügungsgeschäft für S rechtlich nachteilhaft wäre, auch bei der hier vorzunehmenden Beurteilung des „lediglich rechtlichen Vorteils" des Verpflichtungsgeschäfts, also des Schenkungsvertrags, zu berücksichtigen ist, obwohl der Schenkungsvertrag selbst eigentlich für S lediglich einen rechten Vorteil begründen würde.

In Rechtsprechung (BGHZ 78, 28, 34 f.; nunmehr offengelassen von BGH NJW 2005, 415) und Teilen der Literatur (*Palandt/Heinrichs*, BGB, 66. Aufl. 2007, § 181 Rz. 22, § 107 Rz. 6) wird insofern bei der Beurteilung des rechtlichen Vorteils bei einer Schenkung eine *Gesamtbetrachtung* des schuldrechtlichen und des dinglichen Rechtsgeschäfts durchgeführt. Sei danach das Erfüllungsgeschäft rechtlich nachteilhaft, so erstrecke sich dieser rechtliche Nachteil auch auf das Verpflichtungsgeschäft. Danach wäre der Schenkungsvertrag zwischen S und den Ms für S nicht lediglich rechtlich vorteilhaft, so dass eine wirksame Vertretung durch die Ms gem. § 181 BGB ausgeschlossen wäre.

In weiten Teilen der Literatur wird dem entgegengehalten, dass eine solche Lösung die rechtliche Beurteilung von Verpflichtungs- und Erfüllungsgeschäft vermische und dadurch das Trennungsprinzip verletze (*Jauernig*, JuS 1982, 576; *Preuß*, JuS 2006, 305, 309; *Erman/Palm*, BGB, 11. Aufl. 2004, § 107 Rz. 5, § 181 Rz. 28; vgl. auch *Larenz/Wolf*, BGB AT, 9. Aufl. 2004, § 46 Rz. 130). Der Schenkungsvertrag wäre danach vorliegend für S lediglich rechtlich vorteilhaft; aufgrund der teleologischen Reduktion des § 181 BGB wäre eine wirksame Vertretung des S durch die Ms möglich.

Dem Schutz beschränkt Geschäftsfähiger trägt diese Ansicht dadurch Rechnung, dass sie in Fällen, in denen die Erfüllung eines Schenkungsvertrags zwischen den Eltern und dem beschränkt Geschäftsfähigen rechtlich nachteilhaft wäre, eine teleologische Reduktion des Satzes „zur Erfüllung einer Verbindlichkeit" in § 181 aE BGB vornimmt. Ein Erfüllungsgeschäft könne danach also durch den gesetzlichen Vertreter nicht „zur Erfüllung einer Verbindlichkeit" vorgenommen werden, wenn es für den beschränkt Geschäftsfähigen rechtlich nachteilhaft sei.

Anmerkung: Dieser Ansicht zufolge wäre das Verpflichtungsgeschäft hier als lediglich rechtlich vorteilhaft wirksam. Es bestünde zwischen den Ms und S ein wirksamer Schenkungsvertrag. Dessen Erfüllung (Übereignung des Grundstücks) könnte jedoch als rechtlich nachteilhaftes Geschäft wegen §§ 1629 Abs. 2 S. 1, 1795 Abs. 2, § 181 BGB nicht durch die Ms als gesetzliche Vertreter vorgenommen werden, da ihre Vertretungsmacht insofern beschränkt wäre. Es bedürfte der Zustimmung eines Pflegers gem. § 1909 BGB. Der beschränkt geschäftsfähige S wäre also auch nach dieser Ansicht im Ergebnis vor der rechtlich nachteilhaften Übereignung geschützt.

Letztendlich führen beide Ansichten zu einem ähnlichen Ergebnis, da die Vertretungsmacht des gesetzlichen Vertreters zumindest für das (rechtlich nachteilhafte) Erfüllungsgeschäft gem. § 181 BGB beschränkt wäre.

Die Wahrung des Trennungsprinzips ist in diesem Rahmen ein gewichtiges Argument für die zweitgenannte Ansicht. Allerdings ist zu berücksichtigen, dass von einer strikten Anwendung des Abstraktionsprinzips auch in anderen Fallkonstellationen abgewichen worden ist, wenn eine Partei besonderen Schutzes bedarf. Ein Beispiel hierfür ist das „Durchschlagen" der Anfechtung des Verpflichtungsgeschäfts durch einen arglistig Getäuschten gem. §§ 142 Abs.1, 123 BGB auf das Verfügungsgeschäft (vgl. dazu Fall 12). Der umfassende Schutz beschränkt Geschäftsfähiger kommt vorliegend also durchaus als Rechtfertigung einer Durchbrechung des Trennungsprinzips in Betracht.

Zudem führt die zweitgenannte Ansicht zu Schwierigkeiten bei der Anwendung des § 181 BGB. Auf der Ebene des Verpflichtungsgeschäfts geht sie insofern von einer teleologischen Reduktion des § 181 BGB für lediglich rechtlich vorteilhafte Geschäfte aus, so dass eine wirksame Vertretung für das Verpflichtungsgeschäft möglich wäre. Auf der Ebene des Verfügungsgeschäfts würde dann jedoch § 181 angewendet, obwohl die Ausnahme in § 181 aE BGB („zur Erfüllung einer Verbindlichkeit") nach ihrem Wortlaut eigentlich vorliegt. Damit ist diese Meinung zu einer weiteren Korrektur des Wortlauts des § 181 BGB gezwungen.

Vor diesem Hintergrund erscheint es durchaus als konsequent, mit der erstgenannten Ansicht aus Gründen des Schutzes beschränkt Geschäftsfähiger bereits die Möglichkeit einer teleologischen Reduktion des § 181 BGB für das Verpflichtungsgeschäft zu verneinen. § 181 BGB wird dann für das Verpflichtungsgeschäft dem Wortlaut entsprechend angewendet, wenn mit dem Verfügungsgeschäft ein rechtlicher Nachteil verbunden ist.

Mithin ist der erstgenannten Ansicht zu folgen. Eine teleologische Reduktion des § 181 BGB ist hier wegen der Gesamtbetrachtung von Verpflichtungs- und Verfügungsgeschäft nicht vorzunehmen.

(2) Zwischenergebnis - Keine wirksame Stellvertretung des S durch die Ms

Eine Ausnahme von dem Grundsatz des § 181 ist daher nicht gegeben; die Ms handelten bei Abschluss des Schenkungsvertrags ohne die erforderliche Vertretungsmacht gem. § 181 BGB. Daher wurde S auch nicht gem. §§ 164 ff. BGB wirksam durch die Ms vertreten.

bb. Ergebnis - Erfüllung einer Verbindlichkeit

Ein wirksamer Schenkungsvertrag zwischen S und den Ms liegt damit nicht vor. Herr und Frau M waren also bei der Erklärung der Auflassung am 1.9.2006 nicht zur Übertragung des Eigentums an dem Grundstück auf S verpflichtet. Die Vornahme des Verfügungsgeschäfts stellt damit nicht lediglich die Erfüllung einer Verbindlichkeit im Sinne des § 181 BGB dar.

b. Ausnahme von § 181 BGB durch teleologische Reduktion des § 181 BGB?

Fraglich ist jedoch, ob angesichts einer teleologischen Reduktion des § 181 BGB eine Ausnahme von dieser Vorschrift für die Vertretung des S durch Herrn und Frau M bei der Abgabe der Auflassungserklärung in Betracht kommt.

Durch die Auflassung sollte zwar der Vertretene S von den Vertretern, Herrn und Frau M, Eigentum an dem Grundstück erhalten. Angesichts der Tatsache, dass S im Falle der Veräußerung des Grundstücks gem. § 566 BGB in die zwischen den Ms und ihren Mietern bestehenden Mietverträge eintreten würde, handelt es sich bei dieser Veräußerung jedoch nicht um ein für S lediglich rechtlich vorteilhaftes Geschäft (vgl. oben). Damit liegt die Gefahr eines Interessenkonfliktes beim Vertreter hier vor, so dass eine Ausnahme vom Grundsatz des § 181 BGB hier nicht in Betracht kommt.

2. Ergebnis - Keine wirksame Stellvertretung durch Herrn und Frau M

Gem. § 181 Alt. 1 BGB hatten Herr und Frau M daher keine Vertretungsmacht, als sie im Namen des S die Auflassung des Grundstücks an S erklärten. Daher wurde S auch nicht gem. §§ 164 ff. BGB wirksam durch die Ms vertreten.

II. Ergebnis - Eigentumsübergang

Mangels wirksamer Auflassungserklärung des S ist das Eigentum an dem Grundstück nicht von Herrn und Frau M gem. §§ 873 Abs. 1, 925 Abs. 1 BGB auf S übergegangen.

C. Ergebnis

Somit sind Herr und Frau M Eigentümer des Grundstücks geblieben.

Sachverzeichnis

Die Zahlen verweisen auf die Seiten des Buchs. Hauptfundstellen sind hervorgehoben.

Abgabe einer Willenserklärung
s. Willenserklärung
„abhanden gekommene" Willenserklärung
s. Willenserklärung
Abstraktes Geschäft 25 f.
Abstraktionsprinzip **25 f.**, 198 f., 245 f.
Abwesenden, Willenserklärung unter s.
Willenserklärung
Analogie **118 f.**, **176 ff.**, 181 f., 220 f.,
236
Anfechtung **76 ff.**, 80, **81**, 85 ff., 93 ff.,
96 f., 110 ff., 119 f., 163, 174 f., 219 ff.,
226 ff.
- arglistige Täuschung s. arglistige Täuschung
- Ausschluss gem. § 164 Abs. 2 BGB
163
- Drohung, widerrechtliche s. Drohung
- Erklärung **78 f.**, 81, **85**, 95, 110 f.,
120, 174 f. **212 ff.**, 219
- Frist **79**, 81, 86, 95, 111 f., 174 f. 214
- Irrtum s. Irrtum
- durch Minderjährigen s. beschränkte
Geschäftsfähigkeit
- Teilanfechtung 86 f.
- Rechtsfolgen 81
- des Verfügungsgeschäfts 98 ff.
- Vertrauensschaden s. Vertrauensschaden
- durch Vertreter ohne Vertretungsmacht
226 f.
- des Vertretergeschäfts 219 ff.
- einer Vollmacht s. Vollmacht
Angebot **11**, 12, 32 f., 36
- essentialia negotii 10 f., 36, 74, 107
Annahme **11**, 12, 32 f., 37, 42 f., 64 f.
- Frist 168 ff.
- modifizierende 32 f.
Anrufbeantworter 53, 170

Anscheinsvollmacht s. Vollmacht
Anspruch 2 f.
- Durchsetzbarkeit 10, 14
- Entstehen 10, 13
- Erlöschen 10, 14
Anspruchsaufbau 10, 22
Anspruchsgrundlage 2 ff.
Anspruchsprüfung 22, 44, s. auch An-
spruchsaufbau
Anspruchsvoraussetzungen 4
Anwesenden, Willenserklärung unter
s. Willenserklärung
Arbeitsvertrag 198, 199
arglistige Täuschung 81, 97, 101, **227**,
230
- durch einen Dritten 227 f., 230
Auflassung s. Eigentumsübertragung
Auftrag 177, 198, 199
Auslegung s. auch Empfängerhorizont
- von Willenserklärungen 16, 73 ff., 80,
84, 109 f., 117, 168, 176
Außenvollmacht s. Vollmacht
Bargeschäft des täglichen Lebens
s. Geschäft für den, den es angeht
Bereicherungsanspruch
s. Herausgabeanspruch gem. § 812 BGB
beschränkte Geschäftsfähigkeit 124 ff.,
133, 136 ff.
- Anfechtung durch Minderjährigen
138 f.
- beschränkt geschäftsfähiger Vertreter
154 f.
- einseitiges Rechtsgeschäft 51, 77, 139
- Einwilligung des gesetzlichen Vertreters 126 ff., 130 f., 133, 137
- „Erneuerung des Schwebezustands"
gem. 108 Abs. 2 S. 1 BGB 139
- Genehmigung des gesetzlichen Vertreters 128, 132, 133, 138, 140 f.

- Gesamtbetrachtung von Verpflich-
tungs- und Verfügungsgeschäft 244 ff.
- gesetzlicher Vertreter s. gesetzlicher
Vertreter
- lediglich rechtlicher Vorteil 126, 133,
137, 139, 141 f.
- schwebende Unwirksamkeit 128, 131,
133
- „Taschengeldparagraph", § 110 BGB
126 ff., 131, 133, 137 f.
Beseitigungsanspruch 7 f.
Besitz 5, **6 f.**, 18, 23 f., 132, 162, 193
Besitzdiener 162
Bote s. auch Stellvertretung, s. auch Willenserklärung
- bewusste Falschübermittlung (Bote
ohne Botenmacht) 178 ff.
- unbewusste Falschübermittlung 176 ff.,
179
causa s. Kausalgeschäft
Definition eines Tatbestandsmerkmals
s. Tatbestandsmerkmal
Drohung, widerrechtliche 101 f.
Duldungspflicht 8
Duldungsvollmacht s. Vollmacht
Durchsetzbarkeit (des Anspruchs)
s. Anspruch
Eigenschaftsirrtum s. Irrtum
Eigentum **7**, 18 f., 24
Eigentümer 5 f., 19, 22
Eigentumsbeeinträchtigung 7
Eigentumsübertragung **17 ff.**, **22 f.**, **25 f.**,
26 f., 29, 42 ff., 98 ff., 108, 124 f.,
129 ff., 141 f., 233 ff., 238 ff., 242 ff.
- Anfechtung der dinglichen Einigung
98 ff.
- Auflassung 19, 148, 233, 238, 242 ff.
- bei beweglichen Sachen 18 f.
- Einigung 17, 18, 22 f., 27, 42 f., 124,
129 f., 141 f., 148, 162
- Erwerb vom Nichtberechtigten 193 f.,
220 f., s. auch Rechtsschein
- bei Grundstücken 18, 148, 233 ff.,
238 ff., 242 ff.
- Übergabe 18, 23, 42
- Verfügungsbefugnis 19, 23, 43
- Vertretung 162
Einigung (dingliche)
s. Eigentumsübertragung
Einrede 14
einschränkende Normen s. Rechtsnorm

Einschreiben 61
Einwilligung s. beschränkte Geschäftsfä-
higkeit
elektronische Willenserklärung s. Wil-
lenserklärung
E-Mail 53, 167 ff., s. auch elektronische
Willenserklärung
Empfängerhorizont 16, 33, **73 ff.**, 84,
106, 109 f., 117, 140, 168, 176
Empfangsbote 66
Empfangsvertreter 65 f.
Entstehen (des Anspruchs) s. Anspruch
Erfüllung 10, **13**, 17, 24, 28 f.
Erfüllungsgeschäft 19, **25 f.**, 245 f.
Erfüllungsschaden s. positives Interesse
erga omnes 18 f.
Ergebnissatz 5, 12

Erklärungsbewusstsein 75 f., 80
- fehlendes 117 ff., 121
Erklärungsbote 66 f., 140, s. auch Stell-
vertretung
Erklärungsirrtum s. Irrtum
Erklärungszeichen s. Willenserklärung
erläuternde Normen s. Rechtsnorm
Erlöschen (des Anspruchs) s. Anspruch
Erwerb vom Nichtberechtigten
s. Eigentumsübertragung
essentialia negotii s. Angebot
ex tunc-Nichtigkeit 76 f., 81, 85
Exekutor 195 ff.
Fallbearbeitung 2 ff.
Fälligkeit 14
Formerfordernisse
- Auflassung 237
- Grundstückskauf 146 f.
- Heilung 46, 110, 148
- Schenkung 46 f., 110, 237
- notarielle Beurkundung 46, 147
Genehmigung s. beschränkte Geschäfts-
fähigkeit, s. Vertreter ohne Vertre-
tungsmacht
Generalvollmacht s. Vollmacht
Geschäft für den, den es angeht
s. Stellvertretung
Geschäftsfähigkeit s. beschränkte Ge-
schäftsfähigkeit
Geschäftswille 75 f., 80
gesetzlicher Vertreter 126, 130, 157, 234,
239

Grundstück s. Sache,
s. Eigentumsübertragung,
s. Formerfordernisse
Gutachtenstil **4 f.**, 37
gutgläubiger Eigentumserwerb s. Erwerb
vom Nichtberechtigten
Handeln in fremdem Namen
s. Stellvertretung
Hausarbeit 69
Heilung eines Formmangels
s. Formerfordernisse
Herausgabeanspruch gem. § 812 BGB
23 ff., 44 ff., 102 f., 108 ff., 125 ff.,
132 f., 142 f.
- etwas erlangt 24
- durch Leistung 24
- ohne Rechtsgrund 24 ff., 102 f., 109
ff., 125 ff.
Herausgabeanspruch gem. § 985 BGB
6 f., 42 ff., 98 ff., 107 f., 124 f., 129 ff.,
141 f.
- Recht zum Besitz 132
Hilfsnorm 4 f.
Inhaltsirrtum s. Irrtum
Innenvollmacht s. Vollmacht
Insichgeschäft 234 ff., 239 ff., 242 ff.
- bloße Erfüllung einer Verbindlichkeit
235 f., 239 ff., 243
- Gesamtbetrachtung von Verpflich-
tungs- und Verfügungsgeschäft 244 ff.
- teleologische Reduktion des § 181
BGB bei lediglich rechtlichem Vorteil
236 f., 241, 243 f., 247
Internet-Chatroom 169
inter partes 18
invitatio ad offerendum **73 f.**, 80, 106,
109
Irrtum 74
- Arglistige Täuschung s. arglistige
Täuschung
- Eigenschaftsirrtum 81, 94 f., 96 f., 99,
102, 228 ff.
- über Eigenschaften einer Person 211 f.
- Erklärungsirrtum 77 f., 81, 85, 101 f.,
219 f.
- bei fehlendem Erklärungsbewusstsein
s. Erklärungsbewusstsein
- des Geschäftsherrn s. Stellvertretung
- Inhaltsirrtum 77 f., 81, 93 f., 102, 111
- Motivirrtum 96 f., 230
- Rechtsfolgenirrtum 111

- Übermittlungsirrtum (§ 120 BGB)
173 ff., 177, 179 f.
- Verkehrswesentlichkeit beim Eigenschaftsirrtum 94 f., 211 f., 229 f.
- über den Wert einer Sache 96 f.
Kaufpreisanspruch (§ 433 Abs. 2 BGB)
12 ff., 72 ff., 106 f., 136 ff., 146 ff.,
150 ff., 153 ff., 156, 157, 160 ff., 173 ff.,
178 ff., 180 f., 181 f., 185 ff., 188 ff.,
208 ff., 218 ff., 224 ff.
Kaufvertrag 10 f., 16 f., 24 f., **106 f.**
- über Grundstücke 146 ff.
- Kaufpreisanspruch s. Kaufpreisanspruch
- Lieferungsanspruch s. Lieferungsanspruch
- Schutz des Mieters von Wohnraum bei
Verkauf 244
- typengemischter Vertrag 72
Kausalgeschäft 25 f.
Kollusion s. Vertretungsmacht
Kondiktion s. Herausgabeanspruch gem.
§ 812 BGB
konkludente Willenserklärung
s. Willenserklärung
Kündigung 51, 55, 57
lediglich rechtlicher Vorteil s. beschränk-
te Geschäftsfähigkeit, s. Insichgeschäft
- Gesamtbetrachtung von Verpflichtungs-
und Verfügungsgeschäft 244 ff.
Legaldefinition 3, 4
Leistung (i.S.d. § 812 BGB)
s. Herausgabeanspruch gem. § 812 BGB
Leistungszeit 14
Lieferungsanspruch (§ 433 Abs. 1 S. 1
BGB) 27 f., 32 f., 36 ff., 93 ff., 96 f.,
116 ff., 167 ff., 196 ff., 204 ff.
Mehrfachvertretung s. Insichgeschäft
Meinungsstreit, Darstellung 67 ff.
Mietvertrag 51 ff., 55 ff., 59 f., 84 ff.
- Kündigung s. Kündigung
- typengemischter Vertrag 72
- Schutz des Mieters von Wohnraum bei
Verkauf 244
Minderjährigkeit s. beschränkte Ge-
schäftsfähigkeit
Missbrauch der Vertretungsmacht s. Ver-
tretungsmacht
modifizierende Annahme s. Annahme
Motivirrtum s. Irrtum
negatives Interesse s. Vertrauensschaden

Nichtigkeit einer Willenserklärung
s. Willenserklärung
Norm s. Rechtsnorm
Obersatz 4, 12
objektiver Empfängerhorizont
s. Empfängerhorizont, s. auch Auslegung
objektiver Tatbestand der Willenserklärung s. Willenserklärung
Offenkundigkeitsprinzip s. Stellvertretung
positives Interesse **89 f.**, 113
Prioritätsgrundsatz 19
Realakt 18, 162
Recht
- absolutes 18
- relatives 18, 244
Recht zum Besitz s. Herausgabeanspruch
gem. § 985 BGB
Rechtsbindungswille **74**, 80, 117
- invitatio ad offerendum s. invitatio ad
offerendum
Rechtsfolge 3, 11
Rechtsfolgenirrtum 111

Rechtsgeschäft **11**, 18 f., 51, 77
- Definition 11
- einseitiges 51, 77
- Teilnichtigkeit 86 f.
Rechtsgrund s. Herausgabeanspruch gem.
§ 812 BGB
rechtshemmende Einrede 14
Rechtsnorm 2 f.
- einschränkende 4
- erläuternde 4
- verweisende 4
- Zitierweise 8
Rechtsschein 38 f., 187 f., **192 ff.**
- Anscheinsvollmacht s. Vollmacht
- Duldungsvollmacht s. Vollmacht
- Fortbestehen einer Vollmacht gem.
§§ 171 ff. BGB s. Vollmacht
- Rechtsscheinsträger 187, 190, 192 f.
- schutzwürdiges Vertrauen 187, 191,
193
- Zurechenbarkeit 38 f., 187, 190 f., 193
Rechtzeitigkeitsfiktion
s. Willenserklärung
Sache 6
- bewegliche 18
- Grundstück 19

Sachverhalt 2
- Auslegung 2, 6
Schadensersatz statt der Leistung
s. positives Interesse
Scheingeschäft 146 ff.
Schenkung 45 ff., **109 ff.**, 235
- Form s. Formerfordernisse
- Widerruf 47
Scherzerklärung 117 ff., 121
schlüssiges Verhalten
s. Willenserklärung, konkludente
schwebende Unwirksamkeit
s. beschränkte Geschäftsfähigkeit,
s. Vertreter ohne Vertretungsmacht
Schweigen als Willenserklärung
s. Willenserklärung
Selbstkontrahieren s. Insichgeschäft
Sittenwidrigkeit 200 f.
SMS 169
Stellvertretung **150 ff.**, 153 ff., **158**,
160 ff., 185 ff., 188 ff., 196 ff., 208 ff.,
218 ff., 224 ff., 233 ff.
- Abgrenzung zum Boten 65 ff., 151,
153, 158, 161, 168, 185 f., 196, 208 f.,
218, 234
- Anfechtung des Vertretergeschäfts
219 ff., 222
- Ausschluss der Anfechtung gem. § 164
Abs. 2 BGB 163
- beschränkt geschäftsfähiger Vertreter
154 f.
- Empfangsbote 66
- Empfangsvertreter 65 f.
- Erklärungsbote 66 f., 140, 168 ff.,
173 ff., s. auch Bote
- Genehmigung durch den Geschäfts-
herrn s. Vertreter ohne Vertretungsmacht
- Geschäft für den, den es angeht 161 f.
- Handeln in fremdem Namen (Offen-
kundigkeitsprinzip) 151, 154, 158,
161 f., 186, 197
- Insichgeschäft s. Insichgeschäft
- bei Verfügungsgeschäften 162
- gesetzlicher Vertreter s. gesetzlicher
Vertreter
- Vertreter mit gebundener Marschroute,
§ 166 Abs. 2 BGB 220 ff.
- Vertretungsmacht s. Vertretungsmacht
- Vollmacht s. Vollmacht

- Willensmangel des Geschäftsherrn
  (§ 166 BGB) 220 ff.
subjektiver Tatbestand der Willenserklä-
rung s. Willenserklärung
Subsumtion 5, 12
„Taschengeldparagraph", 110 BGB
s. beschränkte Geschäftsfähigkeit
Tatbestand (einer Rechtsnorm) 3
- Voraussetzungen 12
Tatbestand (einer Willenserklärung)
s. Willenserklärung
Tatbestandsmerkmal 4
- Definition 12
Teilnichtigkeit eines Rechtsgeschäfts 86
f.
Telefax 53, 169
teleologische Reduktion **236 f.**, 240 f.,
243 f., 247
Trennungsprinzip **18 f.**, 245 f.
Treu und Glauben 16, 38
typengemischter Vertrag 72
Übereignung s. Eigentumsübertragung
Übergabe s. Eigentumsübertragung
Übermittlungsirrtum (§ 120 BGB) s. Irr-
tum
Unwirksamkeit, schwebende
s. beschränkte Geschäftsfähigkeit,
s. Vertreter ohne Vertretungsmacht
Urteilsstil 4, 37
Verfügungsbefugnis s. Eigentumsüber-
tragung
Verfügungsgeschäft **18 f.**, 25 f., 244 ff.
- Anfechtung der dinglichen Einigung
  98 ff.
- Stellvertretung 162
Verjährung 10, 14
Verkehrssitte 16, 38
Verkehrswesentlichkeit (beim Eigen-
schaftsirrtum) s. Irrtum
Vernehmungstheorie 169
Verpflichtungsgeschäft **18 f.**, 25 f., 244
ff.
Vertrag 10 f.
Vertragsschluss **10 f.**, **12 f.**, 16 f., 32 f.,
136, 146 f., 160 f., 167 ff.
Vertrauensschaden **88 ff.**, 112 f., 121,
175, 177 f., 210, 213, 214 f.
Vertreter s. Stellvertretung
Vertreter ohne Vertretungsmacht 155 f.,
157, 158, 176 ff., 179 f., 181 f., 203,
204 f., 210 f., 214, 225 ff.

- Ausschluss der Haftung 157, 204, 210,
  226
- eigenes Anfechtungsrecht 226 f.
- Genehmigung durch den Geschäftsherrn 156, 157, 177, 179, 182, 203,
  204, 214, 225
- Missbrauch der Vertretungsmacht
  203 ff.
- Rechtsfolge 177, 181 f., 198 f., 203, s.
  auch schwebende Unwirksamkeit
- schwebende Unwirksamkeit 155 f.,
  177, 179, 214, 225
Vertretungsmacht 151 f., 158, 197 ff.
s. auch Vollmacht
- Abstraktheit von Innen- und Außenverhältnis 197 ff.
- kraft Gesetzes 151
- gesetzlicher Vertreter s. gesetzlicher
  Vertreter
- Kollusion 200 f.
- Missbrauch 199 ff.
- Vertreter ohne Vertretungsmacht
  s. Vertreter ohne Vertretungsmacht
- Vollmacht s. Vollmacht
verweisende Normen s. Rechtsnorm
Vindikation s. Herausgabeanspruch gem.
  § 985 BGB
Vollmacht **151 f.**, 154 f., 158, 186 f.,
197 ff., 209 ff.
- Anfechtung der ausgeübten Innenvoll-
  macht 209 ff., 222
- Anscheinsvollmacht 190 ff., s. auch
  Rechtsschein
- Außenverhältnis 197 ff.
- Außenvollmacht 151, 199, 213
- Duldungsvollmacht 189 f., s. auch
  Rechtsschein
- Erlöschen der Vollmacht 186 f., 199
- Fortbestehen gem. §§ 171 ff. BGB 187
- Generalvollmacht 197 ff.
- Innenverhältnis 197 ff.
- Innenvollmacht 151, 199, 209 ff.
- kundgegebene Innenvollmacht 186 f.
- rechtliches Dürfen 198 ff.
- rechtliches Können 198 ff.
- Widerruf 209
Wer will was von wem woraus? **2 f.**, 6
Widerruf einer Schenkung s. Schenkung
Widerruf einer Willenserklärung
s. Willenserklärung
Willenserklärung 12, **16 f.**, 51 f.

- Abgabe 37 ff., 51 f., 55, 57, 59
- „abhanden gekommene" 38 f.
- Anfechtung s. Anfechtung
- Auslegung s. Auslegung
- Definition 11, 73 ff., 80
- eines beschränkt Geschäftsfähigen
  s. beschränkte Geschäftsfähigkeit
- elektronische 53, 167 ff.
- Entbehrlichkeit des Zugangs 43, 46
- Empfangsbote 66
- Empfangsvertreter 65 f.
- Erklärungsbewusstsein
  s. Erklärungsbewusstsein
- Erklärungsbote 66 f., 168 , s. auch
  Stellvertretung
- Erklärungszeichen 74, 80, 116
- Fiktion des rechtzeitigen Zugangs 54,
  58, 60
- Geschäftswille s. Geschäftswille
- Handlungswille 75 f., 80
- Inhalt s. Auslegung
- invitatio ad offerendum s. invitatio ad
  offerendum
- konkludente 16 f., 22 f., 27, 42 f., 45,
  107, 127
- Nichtigkeit gem. § 105 Abs. 2 BGB
  23, 24 f., 27

- Rechtsbindungswille
  s. Rechtsbindungswille
- Schweigen 33, 45
- Tatbestand, objektiv 37, 73 ff., 80,
  116 f.
- Tatbestand, subjektiv 75 f., 80, 117 ff.
- unter Abwesenden 168 ff.
- unter Anwesenden 168 ff.
- verkörperte 169, 170
- Verweigerung der Annahme 57 f.
- Widerruf 37, 65 ff.
- Zugang 37, 42 f., 46, 51, 52 ff., 55 f.,
  57, 59 f., 61, 64 ff., 169 f., 171 ff.
- Zugang unter Anwesenden 154 f.,
  169 f.
- Zugangsfiktion 54, 58, 59 f.
- Zugangshindernisse 53 f., 57 f., 61
Willensmangel 17, 220 ff., s. auch Irr-
tum, Drohung, arglistige Täuschung
Zahlungsanspruch s. Kaufpreisanspruch,
s. Mietvertrag
Zitierweise (von gesetzlichen Vorschrif-
ten) 8
Zugang einer Willenserklärung
s. Willenserklärung
Zugangsfiktion s. Willenserklärung
Zugangshindernis s. Willenserklärung
Zustimmung 126, 128

SPRINGER NATURE

GPSR Compliance

The European Union's (EU) General Product Safety Regulation (GPSR) is a set of rules that requires consumer products to be safe and our obligations to ensure this.

If you have any concerns about our products, you can contact us on ProductSafety@springernature.com

In case Publisher is established outside the EU, the EU authorized representative is:

Springer Nature Customer Service Center GmbH
Europaplatz 3
69115 Heidelberg, Germany

The manufacturer's authorised representative in the EU is Springer
Nature Customer Service Centre GmbH, Europaplatz 3, 69115 Heidelberg,
Germany. If you have any concerns regarding our products, please
contact ProductSafety@springernature.com

Printed and bound by CPI Group (UK) Ltd, Croydon, CR0 4YY

23/04/2026

02095592-0012